ドキュメント 通貨失政

ドキュメント

通貨失政

戦後最悪の
インフレは
なぜ起きたか

西野智彦

岩波書店

はじめに

何十年かぶりに物価が上がり続けている。

２０２２年2月のロシアによるウクライナ侵攻で原油価格が急騰し、欧米でインフレが昂進したこと、さらに金融引き締めを急ぐ米国と日本の金利差が拡大し、急激に円安が進んだことが原因だ。原油高と円安の影響で、22年度上半期の貿易収支は過去最大の赤字となった。

調べてみると、物価高と円安と貿易赤字の三つが並ぶのは、オイルショックのとき以来である。特に最初の１９７３年秋から74年にかけては、狂乱物価と円の暴落、貿易赤字の急拡大という「三重苦」に直面し、日本経済は大混乱に陥った。

あのころに比べれば、あるいは現在の欧米と比較すれば、そう騒ぐほどのレベルではない、春になれば物価上昇率も鈍化する、と当局者たちは平静を装う。

だが、賃金が上がらず、ゼロ金利が長期化する現状では、たとえ年率2―3％のインフレでも家計にはずしりと響く。仮に鈍化したとしても、物価上昇が続くことに変わりない。

日本銀行のアンケート調査によると、生活者が実感する過去1年間の物価上昇率は「前年比10％」に達し、暮らしにゆとりがなくなったとの回答は5割を超えたという。多くの国民が苦しんでいる事実は、今も昔も同じである。

この本は、その70年代半ばの混乱を招いた「通貨失政」のドキュメントである。

71年の夏、米国がドルと金の交換を停止すると突如発表し、「ニクソン・ショック」に狼狽した日本の通貨当局が外国為替市場を開けてドルを買い支えた結果、国内に「過剰流動性」が発生し、その後のオイルショックを引き金に戦後最大級のインフレが起きた。近代経済史に残る一大事件であり、通貨政策の失敗事例として長く語り継がれている。

だが、冷静に考えてみると、大蔵省(現財務省)や日銀のテクノクラートたちがなぜそのような初歩的な過ちを犯したのか、インフレを回避する道は本当になかったのか、時の政治リーダーたちは何を考え、官僚機構に何を指示したのか――。断片的には分かっているが、その全体像と権力間の相互作用、さらに舞台裏の駆け引きは未だ解明に至っていない。

幾多の学術研究があるにもかかわらず、あえてこの時代の再検証を思い立ったのは、一つに狂乱物価から半世紀が経ち、あの騒ぎの記憶が風化しつつあること、そして冒頭にも書いたように当時と現在の間に気がかりな「共通点」が見られるからだ。

たとえば、第一次オイルショックは第四次中東戦争、今回はロシアのウクライナ侵攻という、いずれも予期せぬ軍事衝突がエネルギー危機の始点となった。欧米は前回も今回もインフレ基調にあり、世界的な供給不足もあいまって、まず輸入物価が先導する形で国内物価全般を押し上げた点もよく似ている。

さらに、70年代は円レート切り上げに対する過剰な恐怖心から金融緩和が再三強化され、それが過剰流動性を生む温床となった。10年近く続いている現在の「異次元金融緩和」も、もとは2008年のリーマン・ショック以降の超円高デフレを克服するために導入されたものだ。強い政治力によってそのレールが敷かれたこと、超カネ余りを背景に株価など資産価格が一時急騰した点でも両者は重なり合う。

ちなみに、全国規模でトイレットペーパーの買いだめ騒ぎが起きたのも73年秋以来だったが、前回はオイルショック、今回は新型コロナウイルス感染症に対する社会不安が引き金となった。

一方、あのころとは全く異なる部分もある。

強い逆風にもかかわらず、上り坂をじりじりと登っていくパワーが70年代にはあった。リーダーは多士済々にして教養と責任感に溢れ、国家財政も盤石だった。

だが、バブル崩壊後の長い停滞と人口構造の変化で成長エンジンは劣化し、今はだらだらと続く下り坂をひたすら下り続けている。リーダーは選挙目当てのばら撒きを繰り返し、財政状態はすでに世界最悪レベルにある。一部には、日本でももはや大インフレが起きる可能性はないとの声もあるが、それは即ち活力なき低体温経済が今後も続き、ますます衰弱していくということであり、喜べる話ではない。

筆者は、現在とのつながりを感じさせるあの時代を再検証すれば、今後の問題解決につながるヒントが得られるのではないか、同じ過ちを繰り返さないための教訓が見つかるのではないか、と考えた。誤った通貨政策がいかにして採択され、どんな結末をもたらすのか、インフレを知らない世代に知ってもらう良い機会でもある。

とはいえ、70年代の当局者はその多くがすでに鬼籍に入られ、再取材しようにも限界がある。そこで今回は、原則として当局者が自身の言葉で語ったオーラルヒストリー、あるいは自ら書き残した文書や書籍のみを根拠とし、さらにその出典を明らかにするという自主ルールを設けることにした。筆者が直接聞いた「一次情報」は限られるが、「公開情報調査(Open Source Investigation)」にも通じるこの手法を使えば、情報の客観性と信頼性をある程度担保できるかもしれない。

幸い、財務省や日本銀行には幹部経験者を対象にした膨大なオーラルヒストリー記録(以後「史談録」)が残されている。史談録は政策に関する体験と教訓を次世代に伝承するため、組織内でひそかに行われており、メディアによるインタビューなどと違って「本音」や「人間臭さ」に溢れている。またOBの一部は、『週刊 金融財政事情』や『週刊 東洋経済』といった経済専門誌に回顧録を寄稿しており、史談録と併せ読めば彼らの心の内が浮かび上がってくる。

筆者はこれら史談録やインタビュー記事、さらに私的なメモや備忘録を可能な限り収集し、それらを相互に突き合わせながら、当時の意思決定過程を微に入り細に入り調べ直した。

このうち、今回の報告で主人公の一人となっている佐々木直《ただし》日銀総裁(当時)については、日記や手記が見つからなかったため、生前の雑誌インタビューと没後に出版された追悼録、さらに部下たちが残した備忘録を検証の手がかりとした。

また、当時の政策選択に多大な影響を与えた米国政府の内部資料も随時活用した。米国立公文書館所蔵の対日関連文書をまとめた『アメリカ合衆国対日政策文書集成』(柏書房)に依拠したものもあるが、別のルートから入手した文書もある。さらに政府・日銀の発表や記者会見などを確認するため、朝日、毎日、読売、日本経済新聞の縮刷版も適宜参照した。

文中の肩書は原則として当時のものを用い、敬称はすべて略させていただいた。史談録やインタビュー、国会議事録などは「話し言葉」で書かれているため、読みやすいように発言の大意を変えず要約引用した箇所が複数ある。英(欧)文については、断りのない限り拙訳を採用した。事実誤認や誤引用があれば、すべて筆者の力不足によるものであり、ご指摘いただきたい。

前置きはこのぐらいにして、そろそろ1971年の春にタイムスリップすることにしよう。

64年東京オリンピックに続き、70年大阪万博を成功裏に終えた自信と熱気が、まだ国中に満ち溢れていた。当時は物価も賃金もうなぎ登り。光化学スモッグなど大気汚染が深刻な社会問題となり、大企業は公害対策に追われていた。ボウリング・ブームが最高潮に達し、無敵の巨人は7連覇を目指す。街で尾崎紀世彦の「また逢う日まで」が流れ、テレビで「仮面ライダー」の放送が始まった。

そんな賑やかで活気ある日本に、遠くから巨大な雷雲が近づいているのを、まだ誰も気づいていない——。

目次

装丁＝森　裕昌

主な登場人物たち

1971年　1972年　1973年　1974年

総理大臣	佐藤 栄作	田中 角栄			
大蔵大臣	福田 赳夫	水田 三喜男	植木 庚子郎	愛知 揆一*	福田 赳夫
事務次官	澄田 智	鳩山 威一郎	吉国 二郎	相沢 英之	
官房長	高木 文雄	竹内 道雄	中橋 敬次郎		
財務官	柏木 雄介	細見 卓	稲村 光一		
国際金融局長	稲村 光一	林 大造	松川 道哉		
主計局長	鳩山 威一郎	相沢 英之	橋口 収		
主税局長	細見 卓	高木 文雄			
理財局長	相沢 英之	橋口 収	竹内 道雄		
銀行局長	近藤 道生	吉田 太郎一			
日本銀行総裁	佐々木 直				
理事(政策)	渡辺 孝友				
理事(国際)	井上 四郎	星野 大造			
理事(調査)	吉野 俊彦				
総務部長	中川 幸次	三重野 康			

米国側：リチャード・ニクソン大統領、ジョン・コナリー財務長官、ポール・ボルカー財務次官、アーサー・バーンズFRB議長。
＊愛知氏の急死後、田中首相が蔵相を3日間兼務した。

プロローグ――大臣のカミナリ

１９７１年4月5日。大阪・天満の造幣局で、創業百周年を祝う記念式典が皇太子ご夫妻を招いて盛大に開かれた。日本の通貨単位が両から円に切り替わってちょうど百年の節目であった[1]。式典にご夫妻を迎えるため、この前日、大蔵大臣の福田赳夫《たけお》が新幹線で大阪に向かっていたときのことである。同行した大蔵省官房長の高木文雄（のち事務次官、国鉄総裁）が、辺りを気にしながら隣の席に腰かけた。

「大臣、お耳に入れておきたい話があります」

官房長とは大臣を補佐し、省内の組織管理と政策調整にあたる大臣官房の責任者である。高木は大蔵省が抱える課題についてかいつまんで解説したあと、最後にこう言った。

「実は、為替レートが現在の固定相場から離脱した場合について、この2年ほど官房で勉強会を続けております。だいたい2カ月にいっぺんぐらいの割合ですが、大臣にも黙っておりました。申し訳ありません」

高木の言う「為替レートの勉強会」は、当時事務次官だった澄田智（のち日銀総裁）の極秘の指令を受けて、マスコミはもちろん、省内にも気づかれぬよう行われていた。澄田は「目のつかない会合場所を確保し、記者に気付かれぬようにうまくやれ」と高木に命じていた。

ところが、春になって財務官の柏木雄介から「このままでは１ドル＝３６０円の現行レートはもたない」

と耳打ちされ、高木はいつまでも大臣に秘密にしておくのはまずいと判断する。そこで大阪出張に同行する機会をとらえ、福田に伝えようと考えたのだ。

だが、それまで高木の話を黙って聞いていた福田の顔色がみるみる変わっていく。

「何を余計なことをやっているか」

声を押し殺しながらも、福田は厳しい口調で高木を叱った。

「為替の問題というのは経済の問題じゃない。財政金融の問題でもない。あれは社会の問題であり、政治の問題だ。余計な作業はすぐにやめなさい」

これはしくじったと高木は思い、慌てて話を打ち切った。そして翌日、記念式典で皇太子殿下の祝辞を聞き、急ぎ帰路についた。

すると、帰りの新幹線で今度は福田が高木を手招きする。

「昨日の話だが、いったい何をどういうふうに勉強しているんだ」

高木はここぞとばかりに1ドル＝360円の固定相場を変更した場合に備えた検討状況を一通り説明した。だが、聞き終えた福田は再びかぶりを振って言った。

「それは絶対にいかんよ。こないだも言ったが、すぐにやめなさい」

そう言ったあと、福田は問わず語りに「自分史」を話し始めた。

1929年に東京帝国大学から大蔵省に入省した直後、井上準之助蔵相の下で金解禁の準備に奔走し、その後ロンドン駐在となって世界恐慌の猛威とファシズムの勃興を肌で感じたこと。さらに帰国後は陸軍省担当主計官として2・26事件に遭遇したことなど(2)、数奇な体験と戦争への歩みを1時間半近く話し続けた。

円を過大評価して行った金解禁が、米国発の世界恐慌と重なって国内経済を混乱に陥れ、それが政治不信と軍部の台頭につながっていったことを福田は後輩に伝えようとしたのである。

振り返って高木はこう話す。

「ああいう顔を見たことがない。（中略）為替問題というのは経済問題ではないよ、金融問題ではないよ、政治問題、社会問題なんだから、お前ら官僚がそんなよけいなことをやっちゃいかぬと。（中略）まあそういう意味でおれは怒ったんだけども、気を悪くするなよということだったと思います(3)」

帰京した高木は、欧州出張を間近に控えていた柏木に早速この話を伝え、「大臣に帰国報告する際には、為替の動きに十分焦点を合わせてほしい」と頼み込んだ。

翌5月、欧州から帰ってきた柏木は、ドルを基軸とする通貨体制が危機に直面している、と福田に報告する。危機感を強めた福田は、直ちに外務、通商産業、農林、経済企画の各閣僚に声をかけ、円切り上げ防止のための検討作業に入った。初会合のたたき台となったペーパーは、福田自身が筆をとって書き上げたものだった。

輸入自由化や関税引き下げなど8項目からなる「総合的対外経済政策（円対策）」はこうして短期間でまとめられ、6月4日の緊急閣僚会議で決定した(4)。

すべては円の切り上げを何としても食い止めなければならないという福田の危機感の表れだった。福田は国会や記者会見で「円の切り上げは行わない」と何度も繰り返した。

だが、この1カ月後の内閣改造で福田は蔵相から外務大臣に横滑りし、祈るような思いで円切り上げ阻止を後任の水田三喜男に託すことになる。

ちょうど同じころ、米国のワシントンＤＣで対日戦略にかかわる重要な書簡が交わされた。

この年の２月に財務長官に就任したジョン・コナリーが、大統領補佐官のピーター・ピーターソン（国際経済政策委員会事務局長）に宛てたもので、書簡の日付は１９７１年６月28日。福田が水田に蔵相を譲る１週間前のことだ。

コナリー書簡はこんな「日本異質論」で始まっている。

文化や伝統の面で日本は西洋とまるで違う。政府と民間が一体化し、国家貿易立国の側面もある。米国が許容できる期間内にこうした点を変えさせることは期待できないので、今後の交渉は「目に見える結果」を基本にしたい。達成すべきは日米貿易収支の是正である

コナリーはテキサス州知事時代にダラスでケネディ暗殺事件に遭遇し、大統領の前席で流れ弾を受けた数奇な体験を持つ。弁護士出身らしく強気の交渉態度と巧みな演説を武器に、このころ中央政界の階段を一気に駆け上がろうとしていた。

新長官の下には、財務次官のポール・ボルカーからドル切り下げを目指す大胆な通貨調整案がすでに示されていた。書簡の中でコナリーは、通貨調整の核となる円切り上げについて、次のような持論を述べている。

円切り上げはこの目標を達成するための可能な手段だが、彼らが十分に動くとは考えにくいし、この話を何度も持ちかけると上っ面だけの切り上げに終わり、貿易目標の達成を阻害しかねない危険性もはらんでいる。やるべきことは、我々が何を目指しているのか、そして政府のすべての部門に確固たる決意があることを、日本人に理解できる言葉で届けることである(5)

財務長官となって以来、コナリーは日本など貿易黒字国に十分な通貨切り上げを促すには「輸入課徴金」の発動が欠かせない、と主張し続けていた。輸入課徴金とは国産品を保護するため、輸入品に特別の関税や付加税を課す制度である。

関税貿易一般協定(GATT)に違反するこの過激な措置に対し、米財務省内では反対論が強かったが、「目に見える結果」を求めるコナリーは意に介さない。文化や経済体制の異なる日本と交渉する以上、輸入課徴金という「先制パンチ」を打たなければ「上っ面だけの円切り上げ」に終わる、と今後の交渉を見抜いていたのだ。

コナリーの苛立ちが示すように、「東洋の奇跡」と称された日本経済の勢いは70年代に入ってさらに強まっていた。

戦後最長の「いざなぎ景気」こそ前年夏に途切れたものの、GNP(国民総生産)(6)で世界第2位に躍り出た自信と誇りを胸に産業界は輸出攻勢を強め、さらに上を目指そうとする野心とエネルギーが国中にみなぎっていた。

かくして輸入課徴金をテコに通貨調整をもくろむ米国と、1ドル=360円を死守しようとする日本の衝突のときが近づいてくる。
円が誕生して１００年目の「大事件」は、もう目前に迫っていた。

第 1 章
運命が変わった日

柏木雄介(© Toyo Keizai Inc.)

1971 年 8 月 27 日、暫定的な変動相場制への移行を発表する水田三喜男蔵相(中央)(© 時事通信社)

1971 年 3 月	名古屋の世界卓球選手権で、米中ピンポン外交実現
4 月	天皇・皇后両陛下、広島の原爆死没者慰霊碑に初参拝
6 月	沖縄返還協定、東京とワシントン DC で同時調印
7 月	環境庁発足
	日本マクドナルド第 1 号店が銀座で開店
	阪神の江夏豊投手がオールスター戦で 9 連続奪三振

I

ニクソン・ショック、そのとき

1971年8月16日、月曜日。朝からうだるような暑さだった。

東京・大手町にほど近い常盤橋のたもとで6年半続いた日本銀行新館の建設工事も、いよいよ大詰めを迎えていた。すでに半分近い部局が隣の本館から引っ越しをすませている。

この真新しいオフィスに、この日、外国局総務課長の緒方四十郎(のち理事)が早朝出社すると、為替課長の今井只彦がそっと歩み寄ってきた。

「アメリカが何か重大発表をするという話があるのですが、お聞きですか」

緒方はピンとこなかった。この時間、米国東海岸は日曜の夜である。バカンス真っ盛りのタイミングで一体何を発表するというのか――。

緒方は、保守合同の立役者であり元朝日新聞主筆の緒方竹虎を父に持つ。終戦から5年後に日銀に入行したあと、当時では珍しい米国留学を経て国際畑を歩んでいた。ちなみに、留学後に結婚した相手は、のちに国連難民高等弁務官となる緒方貞子である。

「で、どこからの情報なんだ」と、緒方は今井に聞いた。

「読売新聞と富士銀行です」

富士銀行の名を聞いて、緒方は少し反応した。この大手都市銀行のニューヨーク支店長のことは古くから知っており、その情報網には一目置いていた。すぐに手元の朝刊を手に取ったが、各紙1面は26回目の終戦記念日を伝える記事ばかりで、気になる見出しは見当たらない[1]。

お盆休み明けのこの日、日銀は事実上「開店休業状態」にあった。

たとえば総裁の佐々木直は、お忍びで京都を訪れていた。関西財界の招きにより、全国銀行協会連合会の会長を務める三井銀行社長の小山五郎と連れだって、五山送り火を見に行ったのだ。一行は祇園に宿をとり、月曜日夜の大文字をながめる粋なプランを立てていた[2]。

本店を留守にしていたのは総裁だけではない。

金融政策の司令塔である総務部（現企画局）企画課長と営業局、外国局、考査局の総務課長の主力4課長は、前週金曜日からそろって名古屋に会議出張し、15日はゴルフに興じていた。緒方はゴルフには参加しなかったが、一足早く帰京して日曜日を山中湖で過ごしている[3]。

一方、霞が関の大蔵省も似たような状況だった。

国際金融局長の稲村光一は家族とともに箱根に滞在中で、審議官の藤岡真佐夫は安芸の宮島をめぐったあと岩国の錦帯橋を訪れていた[4]。つい一カ月前まで財務官だった柏木雄介（大蔵省顧問）もこの日の午後から1週間、家族との関西旅行を計画していた。

当局者たちがこうして羽を伸ばしていたそのとき、世界を揺るがす重大声明が米国から飛び込んできたのだ。

「戦争のない新たな繁栄を樹立するため、新経済政策をとるべき時が来た。目指すは失業とインフレの阻止、そして国際的投機からドルの地位を守ることである」

第37代米国大統領リチャード・ニクソンが、全米に向けて「平和の挑戦」と題するテレビ・ラジオ演説を行ったのは、米国東部時間8月15日午後9時、日本時間では16日午前10時だった。

国際通貨投機屋たちはドルに全面戦争を仕掛けてきた。一国の通貨の力はその国の経済力に基づく。そこで私は財務長官に対し、投機屋たちの攻撃からドルを守るため、金またはその他準備資産へのドルの交換性を一時的に停止するよう指示した。（中略）欧州やアジアの主要国も自由を守るための公正な負担を負うべき時である。米国だけが片手を背後に縛られたまま競争する必要はもはやない(5)

視聴率の高い日曜夜のゴールデンタイムを狙って発表された「新経済政策」には、各種の減税措置と対外経済援助を含む歳出の削減、90日間の賃金物価凍結令に続き、ドルと金の一時交換停止、10％の輸入課徴金というビッグ・サプライズが盛り込まれていた(6)。

演説の一報が伝わるや否や、箱根にいた国際金融局長の稲村のところに、「大変なことになりました、すぐ帰ってきてください」と部下から電話が入る。稲村は急ぎ自家用車を運転し、東京に向かった(7)。

午後から旅行に出る予定だった柏木は、朝いったん大蔵省に出勤した。すると夫人から「ボルカーさんから急ぎの用事、と自宅に電話がありました」との連絡が来た。相手は米財務次官のポール・ボルカーである。
慌ててコールバックした柏木は、まもなく発表される大統領声明の骨格を知らされ、言葉を失う。時刻は「朝十時少し前」[8]だった。

このときの衝撃について、柏木は米アーカイブ機関収蔵のオーラルヒストリーで「来たか。ついにドルと金とのリンクを切った。やっぱりか」[9]と振り返り、新聞の取材に対しては「寝耳に水だった。何かあるとは思っていたが、まさか金兌換停止にまで踏み切るとは思いもつかなかった」と語っている。[10]このボルカーからの電話が、日本側当局への事実上の第一報だったと考えられる。

実はこれに先立ち、柏木の後任の財務官である細見卓にも米国大使館から連絡が入っている。ただ、大使館側は「大統領が経済政策について重要演説するのでラジオで聞いてほしい」としか言わなかった。このため、電話を受けた財務官室長の行天豊雄(のち財務官)は「ボイス・オブ・アメリカ(米国の海外向け国営放送)」を聴ける短波ラジオを至急取り寄せ、窓からアンテナを伸ばし、細見とともに耳をそばだてた。しかし受信状態は悪く、「天皇の終戦の詔書のような感じで、詳しくわからなかった」という。[11]

行天は仕方なく演説のテキストを取り寄せようとしたが、米国大使館にも届いていなかった。結局、全文が日本大使館から外務省に届けられたのは午後2時20分、日本語のサマリーが来たのは午後3時7分だった。[12]

一方、京都にいた日銀総裁の佐々木にも本店から至急報が入り、佐々木は同行していた全銀協会長とともに新幹線に飛び乗った。

本店には米連邦準備制度理事会(FRB)議長のアーサー・バーンズから公式連絡が入る段取りになっていたが、移動中の佐々木は間に合わず、国際担当理事の井上四郎が受けることになる。ただ、バーンズからの電話も、結局ニクソンの演説が終わるまでかかってこなかったという。

退任後のオーラルヒストリー記録（史談録）で緒方は、「日銀ではニューヨークからは何も連絡がなかったのです。（中略）あの時に我々の日米の絆というものが、情報的にも細いという感じはして、僕は非常に失望しました」と語っている。[13]

もっとも、国際通貨基金（IMF）専務理事でフランス出身のピエール・シュバイツァーも似たり寄ったりで、「日曜の朝に突然起こされて、財務省へ来いと。財務省でテレビを見ながらニクソンの演説を聞いていただけ」だった。[14] 西ドイツ（当時。以後「西独」）の蔵相は旅先のハンガリーで初報に接し、英国の蔵相は地中海旅行に出発する数時間前に演説を知らされバカンスを断念した。

極秘裏に計画を進めていた米国は、主要国との事前協議を一切行わず、一方的に通貨調整を仕掛けてきたのである。

何のことか分からなかった

時の首相である佐藤栄作に米国務省から国際電話がかかってきたのは、ニクソンの演説が始まる30分前だった。ただ、官邸側は通訳の手配に手間取り、佐藤が国務長官のウィリアム・ロジャーズに折り返したのは演説開始10分前だったとされる。

異例の長期政権を築き、盤石を誇った佐藤の政権基盤にも、このころ綻びが出始めていた。

悲願の沖縄返還合意にはこぎつけたものの、日米繊維摩擦でニクソンとの信頼関係にひびが入り、つい1カ月前の7月15日には大統領補佐官のヘンリー・キッシンジャーが北京を電撃訪問し、ニクソン訪中計画をセットする「第一次ニクソン・ショック」に見舞われる。事前に何も知らされなかった親台湾派の佐藤は面目を失った。

さらにこの2週間後の7月30日、自衛隊機と全日空旅客機が岩手県の雫石町上空で衝突する戦後最悪の航空機事故が起きる。6年に及ぶ政権運営への飽和感と反感が国内に広がるなか、よりにもよってニクソンから「二の矢」が飛んできたのである。

8月16日の佐藤の日記には、またも米国にしてやられたという悔しさが率直に綴られている。

ドラスチックな政策の発表で、驚くと同時に為替相場のあり方について注意する事を水田君(蔵相)に連絡する。やりもやったりの感[15](傍点筆者)

佐藤の下で官房長官を務めていた竹下登の回想はさらに生々しい。

「いゃあ、参りました。ドルと金の兌換停止と書いてあったって、なんのことかよくわかりませんでした。外務省の電報をみながら、閣議後の官房長官会見に出たのですが、本当に冷汗ものでした」

竹下は自身の回顧録にも「佐藤さんも僕も、ドルの兌換制停止ということの意味の大きさはわからないんです。金《きん》に換えておけばよかったな、ぐらいのことですね(笑)」と語っている[16]。

このとき蔵相は福田赳夫から水田三喜男に交代したばかりだった。水田は池田・佐藤両内閣で蔵相を三回務めた自民党有数の政策通だが、財務官の細見から第一報を聞いたとき、金・ドル交換停止がどういうことなのか説明を聞いてもさっぱり分からなかったという[17]。

もっとも、通貨のプロであるテクノクラートたちもニクソン声明の真意を正しく理解できていたわけではなかった。

細見は自著でこう告白する。

「放送を聞いて私たちが感じたのは、正直いってニクソンが何を考えているのかよくわからないが、一つは課徴金をとれば日本の輸出攻勢が抑えられ、アメリカの国際収支はバランスがとれるだろう、また金・ドル交換停止はフランス、ベルギーといった金選好の強い国々(中略)の相手はしないということだろう、ということであった。このニクソン演説がドル切り下げを意味するものだとは考えもしなかった」(18)

また、日銀の緒方も、当初は金・ドル交換停止よりも輸入課徴金の影響の方が当初懸念されていたと史談録で明かしている。当時総務部にいた小島邦夫(のち理事)は「金の交換停止というのが実質的にはフロート(変動相場制)じゃないかという議論が、なんとなく夕方になるまでみんな確信が持てないような状況だった」と史談録で語った。

総裁の佐々木でさえ、「アメリカが金から離れたときには円はドルと一緒に動くほかないいんじゃないかと予想していた」とのちに打ち明けている(19)。

日本側がかくも狼狽し、混乱に陥ったのは、米国が巧妙かつ入念に「奇襲作戦」を組み立てていたからだ。

ボルカーの発案、バーンズの抵抗

それは緒方ら日銀の主要課長が名古屋に出張していた8月13日、金曜日のことである。

ワシントンDCから北西に100キロメートルほど離れたメリーランド州の山中にある大統領専用山荘キ

ャンプ・デービッドで、秘密の戦略会議は開かれた。

ホワイトハウスから大統領専用ヘリで山荘に降り立ったのは、ニクソンと財務長官のジョン・コナリー、FRB議長のバーンズ、大統領経済諮問委員会(CEA)委員長のポール・マクラッケン、行政管理予算局長のジョージ・シュルツの5人。少し遅れて財務次官のボルカー、CEA委員のハーバート・スタイン、大統領補佐官のピーター・ピーターソンらが別のヘリで到着した。時計の針は米東部時間13日の午後2時を回っていた。


ニクソン政権が発足した1969年の段階で、ドルを基軸とする国際金融秩序はすでに崩壊の危機に瀕していた。

戦後の国際経済システムはブレトンウッズ協定とGATTの2本柱で構成される。このうちブレトンウッズ体制は、世界恐慌に端を発した通貨の切り下げ競争とブロック経済化が世界大戦につながった反省を踏まえ、1944年にスタートした。

為替相場の安定と貿易決済の円滑化を目標に、まず金とドルの交換レートを1トロイオンス(約31・1グラム)＝35ドルで固定し、ドルと各国通貨を「調整可能な固定レート(アジャスタブル・ペッグ)」で結んだ。そのうえで米国はドルと公的保有金の無条件交換に応じ、その見返りに他の国々はドルとの交換レートを一定範囲内に収めるよう努め、IMFが全体を監視するという枠組みだった。

当時米国は世界の金準備の3分の2を保有する唯一無二の経済大国だったため、金とリンクしたドルを基軸通貨に据える「金ドル本位制」は実現可能だと考えられた。実際、1945年時点で米国は対外債務68億ドルの約3倍に相当する200億ドルの金を保有していた。

だが、欧州や日本の経済復興とともに米国の優位は徐々に崩れ、巨額の対外援助も重なって恒常的な国際収支赤字に悩まされるようになる。さらにベトナム戦争の泥沼化で財政赤字も膨らみ、インフレが進行した。ドルの信認は低下し、手持ちのドルを金に換えようとする動きが欧州を中心に加速した。

1960年、米国の対外債務は210億ドルに達し、金保有高178億ドルを上回る逆転現象が起きる。この7年後には対外債務331億ドルに対し、金保有高は120億ドルにまで減少し、ついに71年、レッドラインと言われた100億ドルを割り込んだ。ドルと金との交換性はもはやフィクションとなり、ニクソンが「投機屋たちの全面戦争」と呼ぶドル危機と金投機が欧州で頻発するようになった。

この難題解決を託されたのが、ニクソン政権下で財務次官となったボルカーである。ボルカーは当時抱いていた危機感を回顧録にこう書いている。

「座したままでは金との交換の要請が増えるばかりであり、それに応えることもできない。(為替)レートの十分な調整と抜本的な制度改革を受け入れてもらうしかない[20]」

1971年2月にコナリーが財務長官に就くと、ボルカーは「時期が到来したら、われわれはまず金の売却を停止し、為替相場の大幅な調整と通貨制度の改革のイニシアティブをとるべきだ」と提言した[21]。

すると5月には、西独が投機筋に屈する形でマルクの変動相場制移行を決断し、通貨危機が再燃する。8月6日には米議会の両院合同・国際通貨小委員会が金交換停止とドルの変動相場制移行を求める提言を出し、これに慌てた英国がドルと金との交換に動いた。

英国の動揺を知ったボルカーは、休暇中のコナリーに「これは9月まで待てない」と決断を促し、コナリーがニクソンに働きかけて前述のキャンプ・デービッド会議が招集されたのである。

ボルカーの回顧録によれば、山荘に全員が到着するなり、コナリーは新経済政策を説明した。①金とドルの交換停止、②金の公定価格は維持、③賃金と物価を90日間凍結という案に加えて、ボルカーらが反対していた10％の輸入課徴金も盛り込まれていた。１９１７年制定の「対敵取引法」に基づき、大統領は米国の国際経済力強化を必要とする「国家非常事態」を宣言し、一律10％の輸入課徴金を発動する。(22) ニクソンは多くを語らなかったが、コナリーの案を支持するつもりでいることは疑問の余地がなかった、とボルカーは書いている。

これに対し、ＦＲＢ議長のバーンズがドルと金との交換停止に真っ向から反対した。通貨調整は協調的な国際交渉の下で行われるべきであり、金交換停止はそれに失敗した場合のカードとして取っておくべきだという主張だ。

この場にいた大統領のスピーチライター、ウィリアム・サファイア（のち『ニューヨーク・タイムズ』紙コラムニスト）が、緊迫したやり取りを克明に記録している。

マクラッケン　「つまり輸入課徴金に加えて、金の窓口を閉めてドルをフロート（変動）させようということか」

コナリー　「米国民には課徴金の方が分かりやすい。確かに政策は首尾一貫していないが、課徴金があれば通貨調整はやりやすくなる」

バーンズ　「その金の窓口閉鎖（交換停止）についてお聞きしたい」

ニクソン「アーサー、言いたいことは分かっている。まず問題の核心につながるすべてのことをやり、それでもだめなら窓口を閉鎖する道をなぜ取らないのかと言いたいんだろう。だが、財務省はそれでは準備資産が瞬く間になくなってしまうと反対している」

バーンズ「財務省は間違っています。もし財務省の言うとおりなら、1週間後に金窓口を閉じることも可能です。それまで賃金・物価政策や輸入課徴金、さらに政府支出の削減を命じてはどうでしょうか。そうすれば世界は驚き、金の流出は止まると思います。もし私が間違っていなければ、それから窓口を閉鎖しても遅くはありません」

ニクソン「そんなことをやったら投機屋は次は金窓口の閉鎖だと言って、取り付けが起こるんじゃないか」

コナリー「英国はきょうドル準備の全額、30億ドルのカバー(23)を求めてきた。今や誰でもわれわれを倒すことができる」

ボルカー「私だってこんなことはやりたくない。すべての人生をかけてドルを防衛してきた。でも、今はこの策が必要だ(24)」

結局、金交換停止に反対を表明したのは、バーンズだけだった。

ボルカーは交換停止という荒業を繰り出さない限り、どの国も通貨調整に乗ってくることはないと考えていた。コナリーはさらに輸入課徴金というカードを用意することで、今後の対外通貨交渉、とりわけ日本との交渉で主導権を握り、「上っ面だけの円切り上げ」を防げると計算していた。

日本円や西独マルクの大幅切り上げを柱とする多角的通貨調整の必要性は、すでにニクソン政権内で広く共有されていた。キャンプ・デービッド会合の3日前にも、大統領補佐官のピーターソンが主宰した「対日経済戦略」をテーマとする次官級会議でこの問題が論じられている。

議事録によると、会議では各省次官が「ドルは高すぎ、円は安すぎる」との認識で一致し、出席者の間から「日本がやれる円の切り上げ幅はせいぜい7％だろうが、それでは足りない。15あるいは20％必要だ」「73年から74年末までに日米の貿易収支を均衡させるべきだ」といった発言が相次いだ。

この会議の出席者は、ピーターソンを除き、水面下で金とドルの交換停止が計画されていることを知らされていない。それでも「安すぎる黒字国通貨」の是正は、喫緊のテーマであると認識されていたのだ。[25]

ホワイトハウスによる、金交換停止の情報管理は徹底していた。

在外公館を通じて情報が漏れるリスクがあるとして、国務省の関係者は一人もキャンプ・デービッドに呼ばれなかった。また国際協調の下でドル防衛体制を築いてきたニューヨーク連邦銀行も埒外に置かれた。[26]そのうえでニクソンはキャンプ・デービッド会議の冒頭、他国に情報を漏らさぬよう出席者全員に釘を刺し、「もし誰かにしゃべったら責任を負ってもらう」とまで言った。

だが、ボルカーはあえてこの禁を破ったことを自著で打ち明けている。ボルカーから柏木への電話が、日本への第一報だったことを裏付ける証言がこれだ。

「海外の同僚たちには事前通告するなと厳しく指示されていたが（中略）柏木雄介だけには電話をかけた。ニクソンがテレビで話している頃、日本の金融市場が開く。私は彼に警告しておきたかった」[27]

大統領声明が日曜日の夜にセットされたのは、全米の注目を引き寄せるとともに、欧米市場が閉まっている時間帯を選ぶことで混乱を抑えようという狙いもあった。

だが、そこには落とし穴があった。ボルカーが案じたように、東京市場だけがこのとき開いていたのである。

ハチの巣つつく大騒ぎ

ニクソンが演説を終えたのは、日本時間8月16日の午前10時20分過ぎだった。東京市場はすでにハチの巣をつついたような騒ぎとなっていた。

日本橋兜町の東京証券取引所には当時「場立ち」と呼ばれる約2000人の証券マンが立会場にひしめき合い、独特の手サインを使って売買注文を取引所に伝達していた。演説内容が報じられるや自動車・電機など輸出関連株が一斉に売り込まれ、午前の取引だけで225種ダウ式平均株価（東証旧ダウ）は史上3位の大幅下落を記録した。

東京外国為替市場ではドル売りが殺到し、1ドル＝360円を維持するため日銀は午前11時半までに4億ドルを超える平衡操作[28]（円売り・ドル買い介入）を行った。先物市場では買いがつかず、商いが成立しなかった。

日銀外国局の緒方は「もう（市場が）開いているから閉めるわけにいかないのです。ジャンスカ、ジャンスカ、為銀[29]（外国為替銀行）がドルを売っている。その日はずっと介入を続けました」と史談録で述懐する。

霞が関の大蔵省では、経済政策の総合調整を担う大臣官房調査企画課長の佐上武弘（のち財務官）が、米国通信社の配信記事を分析し、①金交換停止はドルの自由変動制への移行を意味し、フロートを通じてドルの実勢を明らかにしつつ、各国に対して平価調整への圧力を強めると思われる、②当面平衡買いにより動揺を防ぐ必要があるが、海外市場が閉鎖されているためわが市場のみが開かれていると一方的にアタックを食う恐れがあり、海外市場の動向により間髪を入れぬ措置が必要、などとする「総合的所見」を書き上げた。

そのうえで「為銀のドル売りは利敵行為であると言っても、私企業である以上、ドルを売ることを禁止できない。結局、買い持ち分がスクエア(売買均衡)になるまで外貨準備の増加を甘受するか、市場閉鎖する以外には手がないと思われる」と書き添え、昼過ぎ、事務次官の鳩山威一郎に届けた。

鳩山は7月の人事異動で主計局長から事務次官に昇任したばかりである。ペーパーを一読し、「このドルの金兌換の一時停止というのは何を意味するのか。君の解釈でいいのか、もう一度チェックしてほしい」と佐上に追加調査を命じた。

佐上も7月まで銀行課長を務めていた。その人脈を使って大手銀行から情報を集め、「ドルの金兌換停止の意味と影響について」と題するメモを認める。時計の針は午後2時半を指していた。

金交換停止の意味について、佐上は二つの説をメモに併記した。一つは、「ドルは変動相場制に移行した」というもの。もう一つは、「フランス、スイス、オランダのように遠慮会釈なくドルを金に兌換する国があるため、その動きを封殺するための緊急措置として一時的にドルの金兌換を停止したに過ぎない」という解釈だった。フランスは代表的な金選好国として知られる。

そのうえで、「両説のいずれが正しいかは欧州市場の反応を見なければ判断しがたい」として、日本の市場のみが開いていると「アタックが強まると予想される」と結論付けた(30)。できる限り速やかな市場閉鎖を進言する意図が込められていた。

これに対し、鳩山も「いずれは円切り上げが避けられない」とうすうす感じていた。佐上を官房調査企画課長に異動させたのも、彼が在西独日本大使館の勤務後に書いたマルク切り上げ戦略の書籍を読み、衝撃を受けたからだった。来るべきXデーに備え、「円切り上げの政策参謀」として配下に据えたのである。

円切り上げとは、IMF協定に基づく平価1ドル＝360円を円高・ドル安の新レートに「リセット」することだ。ドルの信認低下と日本の経済復興を背景に、鳩山は円切り上げ不可避と考えていたが、実は当時の日本にとって、この話題は「タブー」となっていた。

1ドル＝360円の平価が設定されたのは1949年4月、連合国軍総司令部（GHQ）からの通告によるものだった。当時の日本経済の実力からすれば「円高水準」であり、日本はその後長く国際収支赤字に苦しむが、たゆまぬ企業努力と対米輸出を頼りに営々と復興に取り組んできた。このため、輸出にマイナスとなる円切り上げは「日本経済の死」を意味すると政財界に恐れられ、「平価維持」はいわば国是となっていた。

1971年5月に西独の外為市場が閉鎖された直後、当時蔵相の福田は「わが国として現行の通貨体制を堅持するという基本的な態度を変える必要もないし、その考えもない」と閣議報告まで行っている。だが、マルクとオランダ・ギルダーがこのあと変動相場に移行し、スイス・フランも切り上げられ、「次は日本円」との観測が一気に高まった。

海外からの切り上げ圧力をかわすため、福田主導で円対策8項目が決まったのは6月。自民党から共産党に至るまで主要政党はそろって切り上げ反対を表明し、産業界も労働界もこの問題では足並みをそろえた。首相の佐藤は国会で「円の切り上げを実施するつもりはない」と繰り返し、7月の内閣改造でベテランの水田を蔵相に再登板させた。

水田は就任後の講演で「円切り上げは絶対しない方針であり、信用してほしい」と産業界に約束した。(33) こうして1ドル＝360円の堅持は佐藤政権の揺るがぬ方針となった。

振り返って鳩山は、「一ドル三六〇円というものが日本の経済運営の基礎なんだという発想が非常に強かったですね。公定歩合政策とか、民間企業における投資計画などで、一ドル三六〇円の固定レートが、あたかも不動のものと観念されていた（中略）。暗黙の前提といった感じでしょうかね」(34) と語る。

日銀総裁の佐々木ものちに同様の感想を口にした。

「一ドル＝三六〇円を堅持するというのが鉄則なんですね。（中略）私ども政策当局にいるものは円の切上げがありうるというような言葉をまったく口から出すわけにいかない。（評論家の）山本七平さんの言い草じゃないですけれども、当時はそんなことの許される〝空気〟じゃなかったですから」(35)

隠密の切り上げ作戦

平価維持を「国是」としつつも、万が一に備えた円切り上げの図上演習は、プロローグに記述したように、大蔵省内でひそかに進められていた。

当時官房長だった高木文雄の史談録によると、秘密の勉強会は事務次官の澄田智の指示で始まり、約2年間続けられた。その狙いについて、澄田はのちに日銀総裁に就任したあと、『日本銀行百年史』の編纂室長である石川通達《みちさと》に対し、次のように説明している。

「国際収支の黒字が累積していけばやがてアメリカやIMFなどから切り上げすべきであるという要請を受けるような事態になるのではないかという予想があった。そういう要請を受けた場合に急に慌てふためいても適切な対応ができないから、あらかじめ十分に研究しておこうということで研究を命令したのだ」[36]

極秘指令を受けて、検討作業に参加した一人が当時大臣官房審議官の林大造である。林が退任後に発表した手記[37]によると、円切り上げは関係者の間で「アルファ作業」と呼ばれていた。切り上げという言葉自体がタブーだったため、アルファ(α)というコードネームが用いられた。実務的な研究は1969年11月から12月にかけて官房調査企画部門の4人で行われ、その成果を基に「最高幹部会議」が3回開かれたという。

11月12日に開かれた1回目の幹部会議に、林らは3つの選択肢を提示した。

第一は、海外のインフレ傾向に応じて日本の国内物価水準を上昇させ、海外経済余剰(黒字)を適当な範囲に収めるようにする方向。つまり「調整インフレ」である。

第二は、国内で物価安定に努力し、この結果生じる貿易黒字は後進国への援助や資本輸出の形で海外へ押し出す方向。「黒字還流」と呼ばれる方策だ。

そして第三の案が、円の切り上げ。同時に輸入自由化や関税率の引き下げを実施する必要性にも言及した。

そのうえで、最初の調整インフレは「日本経済社会の体質を破壊するもの」であり、第二の黒字還流についても「過大な黒字が残るため海外からの非難はやまない」などとして疑問を呈した。

他方、円切り上げについては、①海外からの非難を受けなくなる。アメリカからの有形無形の圧迫も緩和されることになろう、②国内の物価安定に効果がある。国内の需要超過を緩和し、政府投資、民間投資を増やすことができる。これは国民福祉の向上に役立ち、日本経済の成長力を温存することにもなる――と指摘し、「国内の力関係からすれば、ともすれば政策は第一および第二の方向に押し流されがちになるが、長期的、基本的な判断に立った政策運営を行うことが大切である」として円切り上げを強く推奨した。

12月15日の3回目の会議で、林らはダメ押しするように、円切り上げを見送った場合は黒字拡大で日本が国際的に孤立し、対日感情も悪化する恐れがあるとし、さらに「切り上げを先へ延ばすほど矛盾は激化し、円切り上げの幅を一挙に大きなものとせざるを得なくなる」として、早期切り上げを訴えた。

林の構想では、西独の前例に倣い、小刻みに継続してレートを切り上げる「クローリング・ペッグ」と呼ばれる手法を用いながら直ちに切り上げに踏み切る計画だった。林はボンの日本大使館に勤務した経験がある。後輩の佐上と同じく、間近で目撃したマルク切り上げのプロセスに影響を受けていたのだ。

だが、国際金融局（以後「国金局」と表記）は林らの提案に真っ向から反対した。日本経済に黒字基調が定着したという前提に同意しえないこと、1ドル＝360円のレートは「聖域」であり、ここに足を踏み入れるべきでないというのが主な理由だった。

ニクソン・ショック時に国金局長だった稲村はこう述懐する。

国際収支の赤字で日本が大騒ぎしていたのは、それよりたった二年前のことなんです。（中略）一九六九年、七〇年と黒字になっていくなかで、林君の「α作戦」の議論が始まってたんですが、国際収支の黒字が定着するのかどうか、とてもはっきりしたことなどいえなかった。（中略）景気がよくなれば黒字はなくなってくるはずだと。したがって、円レートの変更を要する事態にはなってないという考え方が主でした(38)

また、アルファ・チーム内からも「日本の政治の現実に照らして円切り上げのような大きな賭けはすべきでない」という慎重意見が出ていた。

確かに、通貨の切り上げは大衆討議にはそぐわない。議論が出た瞬間に投機を招き、市場を混乱に陥れるからだ。このため政府が一方的に抜き打ち実施するしか道はなく、結果として政府が全責任を負う形となる。日本の政治風土から見て、このような大きなリスクを取るのは賢明でない、というのが彼らの指摘だった。

2時間近い議論の末、「最高幹部」は次のような裁断を下した。林は手記で実名を伏せているが、おそらく澄田だったとみられる(39)。

「反対意見の第一と第二はやや固定観念にとらわれているように思われるため、持ち帰って再検討してもらいたい。しかし、いまただちにゴーサインを出すには事柄はあまりに重大である。従って、今回の作業は一応ここまでとし、総選挙が終わり、年が明けたところでもう一度検討しなおすことにしよう」

折あしく、衆議院選挙が暮れの12月27日に迫っていた。国内が選挙一色となるなか、このような重大事を事務レベルで決断することには無理がある。官僚組織ではごく常識的な判断だった。

検討作業はここで打ち止めとなり、年明け以降、再開されることはなかった。

柏木はこの幹部会議に財務官として出席したことを鮮明に覚えている。

私が一番反対した。(中略)いきなり相場に行くのは間違っているじゃないかということで、財務官の声の方が強かったかな。(中略)国際金融局長も国際畑はみんな反対した。大蔵省政策の中心は成長なんだ。池田さんの所得倍増ではないけれども、どうやって国民の生活を良くしていくかと一生懸命やってきた。そのためには一番のネックは国際収支だから、輸出を増やし、輸入を抑えることは当然なんです。レートで調整する前にまず輸入を自由化したらいいんじゃないか。僕はいつも正論と思っています(40)

戦後の国際金融を引っ張ってきた柏木には、「一貫して為替相場を変えなかったことが、(中略)日本経済の成功の非常に大きな要因(41)」になったという自負心があった。クローリング・ペッグなどという机上のアイデアにおいそれと乗るわけにはいかなかったのだ。

一方、曲がりなりにもその可能性を検討した大蔵省とは異なり、円切り上げに対する日銀の態度は終始及び腰だった。

総裁の佐々木は、切り上げを唱えるペーパーを書いた調査局長の呉文二を役員集会に呼び出し、厳しく叱責した。

また、1971年春の支店長会議では「この問題は議論の対象にもしない方がいい」と発言し、行内での議論を完全に封じた。議論すること自体が円切り上げの思惑を招くというのが理由だったが、タブー視する度合は日銀の方が格段に高かった。

戦後復興に取り組んできた佐々木にとって、悩みの種は常に国際収支の赤字だった。赤字になれば、景気の強弱にかかわらず金融引き締めで内需にブレーキをかけ、輸入を抑え込まなければならない。そんな国際収支従属型の金融政策が長く続いていた。

このため60年代後半からの黒字が本当に定着しているのか、大蔵省の国金局と同じく、佐々木もまた自信が持てなかった。円切り上げ反対の国内世論が沸騰するなか、現実の政策テーマとして取り上げるのは時期尚早だと考えていたのだ[42]。

佐々木はこう回想している。

> だんだんに日本の貿易収支は黒字基調に変わってきつつあった。しかし、それをどの程度に評価するかという場合の評価の仕方が、ある意味では厳し過ぎた。（中略）自分の経済力に対する評価が非常に低くて、自分の姿が外国人にどのように映っているかという見きわめがあのときに足らなかったと言えるかもしれません[43]

アルファ作業に関する幹部会議から1年後、大蔵省官房長の高木は新幹線内でこの構想を福田に伝え、こっぴどく叱られたのはプロローグに書いたとおりだ。その後の作業に林がどうかかわっていたかは不明だが、少なくとも首脳部では「円切り上げの勉強」がひそかに続けられていたことになる。

同様の取り組みはアカデミズムにもあった。ニクソン・ショックを間近に控えた7月11日、東京大学教授の小宮隆太郎ら経済学者36人が円対策8項目は不十分だとして「クローリング・ペッグ」の採用を提言したのである。

提言は林の構想とほぼ同じで、マスコミの注目を集めたが、大蔵省はこれに真っ向から反論を加え、「円切り上げはまったく考えていない」と強調した。この反論の記者会見を行ったのは、皮肉にも国金局次長に転じたばかりの林自身だった。

君子の果てなき討論

東京を直撃した「ニクソン・ショック」は、8月16日午後になっても収まる気配がない。外為市場ではドル売りが殺到し、出来高は通常の9倍近くに膨らんだ。

午後2時半、大蔵省は「わが国としては従来の姿勢を堅持していくことに変わりはない」とする短い大臣談話を出し、日銀はさらに踏み込んで「現行平価を維持する方針に変わりはなく、為替市場の安定に万全をつくす」との総裁談話を発表する。そのうえで先進国間で求められた上下各0・75%の変動幅を守るため、6億ドルの円売り・ドル買いを実施した。7月末時点で79億ドルだった外貨準備はこの日90億ドルを突破した。(44)

株式市場でも輸出株を中心に午後も投げ売りが続き、前週末比210円50銭安の2530円43銭で引ける。下落率7・7%。東京証券取引所の開所以来最大の下げだった。

午後5時過ぎ、大蔵省国金局と日銀外国局による合同会議が財務官室で始まった。

主たるテーマは翌17日以降の対応である。夜が明けた欧州からは、ロンドン、チューリヒ、フランクフルトなど主要な外為市場で次々と閉鎖が決まったとの連絡がもたらされていた。

大蔵省顧問の柏木は、後任財務官の細見、国金局長の稲村らとともに日銀側から市場の状況と今後のシミュレーションを一通り聞いたうえで、会議を中座した。遅れて事務次官室で開かれる幹部会議に出席するためだ。2階の次官室では、切り上げ不可避と考える鳩山と官房長の竹内道雄(のち事務次官)、官房調査企画課長の佐上が待っていた。

鳩山と柏木は41年入省の同期である。元首相の鳩山一郎の長男である威一郎は、入省時から次官候補と目され、主流の財政畑を順調に上り詰めた。片や、横浜正金銀行(のちの東京銀行、現三菱UFJ銀行)の頭取を父に持ち、ロンドンやニューヨークで育った柏木は、戦後の通貨外交を率いてきた。国内派の鳩山と国際派の柏木は大蔵省の双璧と言われ、互いにその力量を認め合っていた。

2人は以前にも円切り上げについて議論したことがある。鳩山が主計局長のころ、外国為替資金特別会計(外為特会)の71年度予算について財務官だった柏木と向き合ったのだ。

この席で、鳩山は日本の貿易黒字が定着していると指摘しつつ、こう切り出した。

「日本はだいたい西ドイツの後を2、3年遅れで走っている。今度は日本の番で、国際収支を調節するには西ドイツがやったように切り上げしかないだろう」

そして「どうせアメリカには協力しなけりゃならない。それならあまりギスギスする前に早めに切り上げした方が有利じゃないか」と水を向けた。

だが、柏木はとんでもないと言わんばかりにかぶりを振る。

「切り上げをやるとすれば10%以下じゃ収まらない」

柏木は物事の順序として市場開放をまず先にやるべきだ、黒字減らしにつながる内需の喚起が必要だと鳩山に反論した。[45]

このときはそれ以上詰めた話にはならなかった。だが、今回は省の方針を決める場である。とことん議論するしかない。

ニクソン声明への対処方針を決める幹部会合は、まず次官室で数十分ほど行われ、結論が出ないまま隣の大臣室に場所を移し、蔵相の水田を交えてさらに続けられた。

どの発言がどちらの部屋で行われたかは判然としないが、出席者の史談録などを総合すると、2人は冒頭から激しくぶつかった。

鳩山「アメリカが金兌換停止によりドルを切り下げたいと言っているのは、ニクソン演説を読めばはっきりしている。こうなれば為替市場が混乱するのは当たり前だから、閉鎖するのが常識じゃないか」

柏木「市場を閉めるというなら、一体いつ再開するのか。市場を閉鎖して貿易決済に支障がないのはせいぜい1週間が限度で、そう長期にわたって閉めることはできない。市場を再開するときには、当然円を切り上げるか、変動相場制に移行するかを決心しなければならないが、その決心がついているのか」

確かに、鳩山も切り上げを断行すべしとまでは言っていない。円切り上げは政府部内でタブーだったのだ。

それでも鳩山は、市場を続行した場合の問題点を挙げて食い下がる。

「市場を開けておいては、えらい国損を出すことになるじゃないか」

国損とは国の外為特会が抱える為替差損のことである。円高・ドル安になることが分かっていながら1ドル＝360円でドルを買い続けようという国際派の主張が鳩山ら財政畑の人間にはどうしても理解できない。

また、投機的取引を放置するのは当局として不適切だという考えもあった(46)。

これに対し、柏木は「ドイツのように為替管理を自由化してしまった国と違い、日本は世界に冠たる為替管理制度を敷いている。投機的な動きはこれで未然に防止することができる」と反論し、さらにこう迫った。「これまで政府は円は切り上げない、円対策8項目などの施策によって円切り上げを防止するという基本線を維持してきたのに、それを現段階でにわかに転換していいのか」

政策の一貫性を突かれると鳩山は分が悪い。円対策は2カ月前に決めたばかりであり、しかも大蔵省が深くかかわっていたからだ。

国金局長の稲村も史談録で「あのときはレートを堅持するというのが最高方針」だったと指摘したうえで、「為替管理がだいぶ効いているはずだし、今と違って円が外でそう持たれているということはない。（中略）ある程度は投機が起こってくるかもしれないけども、それを乗り切ればなんとかできるんじゃないかというような感じもあった」と話す。

鳩山と柏木の論戦は延々と続いた。この間、細見も行天も発言しなかった。佐上はその様子を「両雄相対立して頑として譲らない。君子の争いは延々と続いた」と手記に記している(47)。

蔵相の水田は、2人の論争を静かに聞いていた。ただ、気になる点が二つあった。

まず貿易への影響、特に中小事業者への打撃である。ポンドやマルクなど自国通貨での決済が多い欧州と異なり、日本では輸出入の約9割がドル建てで取引されている。柏木が指摘した「市場閉鎖に伴う貿易決済の混乱」は、水田にとって看過できない問題だった。

水田自身、「英国、西独は市場閉鎖しても貿易取引に支障ないが、日本は全面ストップの状態になる。そうなれば日本経済はたとえば中小商社の輸出手形も為銀に買取ってもらえぬなど大混乱になる」とのちに指摘している(48)。

また、欧州の出方も気がかりだった。会議の途中、水田は「ほかの国はどうするんだろうか」と聞き、事務方は英国とスイスがすでに市場を閉鎖し、西独もほぼ閉鎖状態、さらに16日がキリスト教の祭日にあたるためフランスやイタリアなど多くの国で市場が休みであると報告した。

鳩山の記憶では、これを受けて「日本が世界中でいちばん先に日が明けるんだから。いちばん先に市場閉鎖したんじゃ責任をかぶるから、ヨーロッパの状況をみましょう、一日延ばしてくれ(49)」という意見が国金局側から出され、欧州の出方が分かる日本時間8月17日夕刻まで市場を開けておくべきだという方向に一気に傾いた。

それでも明確な結論が出ないまま、刻々と時間が過ぎていく。と、鳩山が手元の時計を気にしながら水田に問いかけた。

「大阪行き、いかがいたしましょうか」

事務次官に就任したばかりの鳩山は、この日の夜に大阪に出張し、関西財界に挨拶する予定になっていた。新幹線の出発時刻が迫ってきたのである。

水田は少し考えて「ちょうどいい。向こうの声をいろいろ聞いてきてくれ」と鳩山に出立を促し、議論を引き取るようにこう締めくくった。

「判断は俺が預かった」

論争はここで水入りとなる。

鳩山は、「17日夕には欧州が市場を閉めるだろうから、それを追って日本も閉めることになるはずだ」と思い、大臣室を後にした。そして官房長の竹内に「明日は市場を閉鎖せざるを得ないだろう。そのための次官決裁はあとでいいから、手続きは進めておいてくれ」と言い残し、大蔵省を出た。

大論争を目撃した財務官室長の行天はこう述懐する。

すでに柏木さんは顧問だったんですけれども、あのころの大蔵省における発言力は非常に大きかった。とにかくほかに専門家は全然いなかったから、柏木さんが非常に信念をもって言われることに対して、正面から「絶対それは違う」と言って、柏木さんを論破できるような人はいなかったでしょうね。(中略)皆さん、腹の中で心配というか危惧、疑惑の念を持ちながら、開けておけという説に対して論破できる自信のある人もいなかった(50)

実際、国金局にも閉鎖論がなかったわけではない。財務官の細見は「うかつにも当初は閉めた方がいいぐらいのことを言った」と史談録で告白し、次長の林は閉鎖説に当初与していたことを手記に書き、行天も「どちらかと言えば、閉めるべきだと思っていたかもしれない」と振り返る(51)。この際、市場を閉じるべきではないかと感じながらも、国金局の天皇と呼ばれた柏木の意見を覆せる者はいなかったのだ。

柏木自身は「次官と元財務官が大ゲンカしているんだ。僕は当然開けておくと思っていた」とこの論争を振り返り、「実際に鳩山自身がそんなに深い考えがあるはずないけれども、官房に佐上さんという人がいた。(中略)入れ知恵をしたんだと思います。だからしゃべっているのは鳩山だけれども、考えは佐上だと思います(52)」と回想している。

「鶴の一声」は出なかった

それから数時間が経った。

大阪のホテルから官房長の竹内に電話した鳩山は、予想もしない報告を耳にする。

竹内「市場を開くことに決めました」

鳩山「なぜだ」

竹内「日銀との打合せでは閉めたら開けるときはたいへんなことになる、ドル売り・円買いが殺到する、その対策はどうするか、というようなことで、開くことにしました(53)」

実は、次官室と並行して財務官室で行われた国金局と日銀外国局の合同会議で、日銀側は市場継続を強く主張していた。

具体的には、①貿易取引の大半がドル建てで行われているわが国で市場を閉鎖すると貿易取引に支障を生じ、経済に混乱をもたらす恐れが大きい、②いったん閉鎖すると市場を再開した場合、これまでと同じ為替レートを維持することは困難、③わが国は為替管理や為銀に対する諸規制を実施しているので、海外からの大幅な投機資金の流入は防止できる、などと説明し、国際担当理事の井上がこう締めくくった。

「市場閉鎖をすると難しい問題が起きる。市場は開き続けるべきであります(54)」

平価の変更や市場開閉の決定権限は大蔵大臣にあるが、いずれも通貨価値の安定と深くかかわるため、日銀は「金融の専門家」として蔵相に助言すべき立場にある。この見解は大臣室にも報告され、柏木の主張を後押しする有力な材料となった。

ただ意外なことに、この日の幹部会で水田は最後まで具体的な方針を示していない。「判断は預かる」と鳩山に言いながら、実際は「様子見」を決め込んだまま幹部会議を閉じたのである。

会議を見届けた行天は、「大臣がみんなの意見を聞いてそれを十分咀嚼し、「分かった、じゃあこうしよう」と鶴の一声を出されたということはなかった」と証言する。

そのうえでこの日の会議を次のように振り返った。

いったいこの措置というのが日本並びに国際金融市場にどんな影響を及ぼすかということについて、明確な判断ないしは将来についての確たる見通しを誰も持てなかった。柏木さん自身もやっぱりちょっと様子を見たいという気持ちは非常に強かったと思います。つまりいっぺん閉めたら開ける時が大変だから、どっちにせよ、決める前にちょっと様子を見たいと(55)

この点に関連して、柏木の前の国金局長で当時ＩＭＦ理事だった鈴木秀雄も、大蔵省は積極的に市場を開けておくというよりは、市場を閉じる決定ができなかったと指摘し、「「ノー・ディシジョン・イズ・オープン」ということになった」と語っている(56)。

市場を閉鎖するには大臣の決断と決裁が必要だが、市場継続であれば何のアクションもいらない。決断しなければ自動的に現状維持となる。

半ば「なし崩し的」に決まった市場継続について、鳩山はのちにこんな感想を口にした。

あとで聞くと、日銀のほうは「大蔵省が閉鎖しないでずっといくんだと主張したからだ」というし、大蔵のほうは「日銀が、いったん閉鎖するとあとがたいへんだから、あとの対策が決まらないと閉鎖できないと主張したからだ」という。結局、両方ともあの段階では決断できなかったということでしょうね(57)

一方、日銀外国局の緒方は史談録でこんな裏話を明かしている。緒方は午後5時過ぎからの国金局と日銀の合同会議に間に合わず、かなり遅れて参加した一人だ。

「(国金)局長室に入るや否や井上さんが「緒方君、もう話はついちゃったんだ」と言うから「どうしたんですか」と聞いたら、「水田蔵相が佐藤首相と電話して明日も市場を開くということにした」と言うので、結局なんのために集まったか分からなくて別れたのです」

水田が佐藤に電話をしたという井上の話が本当かどうか、今となっては確かめようがない。ただ、水田が「ノー・ディシジョン」で現状維持を選び、それを佐藤に報告して了承を得たとすれば辻褄が合う。堅実な佐藤は、リスクをとらない「待ちの政治」で知られていた(58)。

夜が明けて8月17日、火曜日。

市場継続にどうしても納得いかない鳩山は、大阪で開かれた記者会見できっぱりと言った。

「東京為替市場で投機的な取り引きが強くなれば閉鎖も検討する[59]」

当局内に広がる「様子見気分」を一掃しようという鳩山からの強いメッセージだった。

II

閉鎖できない切なる事情

ニクソン・ショックの衝撃は、夜が明けたヨーロッパに伝播した。

ベネツィアでドルとイタリア・リラの交換に応じてもらえず、土産物店で怒っていた米国人観光客を見かけたのは、たまたま旅行中だったIMF理事の鈴木である。

イタリア人に事情を聞くと「銀行がドルを受け取ってくれない」と言うばかりで要領を得ない。このあと大統領声明のニュースを聞いた鈴木は、慌ててツアーを切り上げ、ローマからワシントンに飛んで帰った。(60)

ドルの交換制限はローマやロンドン、パリなど各地で起きていた。スイスでは公定レートでの交換が30ドルに制限され、身分証明書の提示まで求められた。無制限の交換に応じるとした米国系の航空会社や旅行会社の現地支店には長蛇の列ができた。(61)

各地に混乱が広がるなか、米財務次官のボルカーが空路ロンドンに向かっていた。ニクソン政権の新経済戦略を主要国に説明するためだ。

通貨当局者による緊急会議は、現地時間16日午後4時（日本時間17日午前零時）からロンドン市内の米公使公邸で開かれ、英、仏、西独、伊の大蔵次官クラスと中央銀行の副総裁・理事が集まった。日本にも呼びかけがあったが、東京から飛んでも間に合わないため、在英日本大使館に出向中の大蔵省の原秀三と日銀ロンドン駐在参事の速水優《まさる》（のち日銀総裁）が代理出席することになる。

ボルカーが到着すると欧州側は米国の一方的措置を激しく批判し、「値打ちの落ちたドルはみな持ちたがらないし、売ってくるに決まっている。買うのはわれわれ中央銀行だけだ。そんなことはできない。ドル平価の見通しを明らかにせよ」と迫った。

だが、ボルカーは「交渉に来たのではなく、説明しに来ただけだ」と言い、これといった結論も出ないまま協議は2時間ほどで終了する。

帰り際、速水はイングランド銀行の理事に呼び止められ、こんな助言を受けた。

「きみ、今日みたいな日に市場を開けておくのはバカげているぞ。いくらドルを買わされるかわからないから、早く東京へ電話して閉めるように言うべきだ」

速水も同意見だったため、大使館に戻って東京に電話した。しかし、本店側から「せっかくだが、もう〝聖断〟が下っていて、明日も開くことになっているよ」と聞かされたという。(62)

同じころ、原が大蔵省に送った報告書には、気がかりな「対日要求」が会議で出たと記されていた。西独連銀副総裁のオトマール・エミンガーが会議の締めくくりに、米国の輸入課徴金を批判しつつ、「日本が何もしないで従来の態度を続けるのでは現在の歪みはそのまま残って困る。円は何らかの措置を取らなければならない」と付言したのである。一足早くマルクを切り上げた西独の目に、円は不当に過小評価されていると映っていた。

また、東京の日銀本店には、イングランド銀行総裁のレスリー・オブライエンから親書を送りたいという至急連絡が入った。緒方は史談録で「オブライエン総裁が、このまま放っておくとフロートになってしまう。フロートになると国際通貨制度はガタが来るので、日本が切上げれば解決すると思ったのでしょう(63)」と語る。西独と同様、英国も「ボールは日本側にある」と考えていたようだった。


8月17日、火曜日。夜が明けた東京は厚い雲に覆われ、猛暑は一段落した。

首相官邸では定例の閣議に続き、緊急経済関係閣僚協議会が開催された。首相と経済閣僚、自民党三役に加え、日銀総裁の佐々木と財務官の細見が出席し、「固定相場制度を維持するとともに現行円レートを堅持する」「8項目の円対策を完全に実施する」ことが確認される。これにより、外為市場は閉鎖せず、平衡操作による円売り・ドル買いを続けるという基本路線が正式に承認された(64)。

ただ、会議では「海外の考え方が必ずしもよく把握されていない」との意見が出され、首相の佐藤が「柏木は目下何もせずに遊んでいるはずだから、この際直ちに欧米の実情調査、情報収集のため派遣してはどうか(65)」と発案する。こうして柏木は、財務官を退いた身でありながら、異例の「政府特使」として欧米に派遣されることになった。

外為市場では朝から大量のドル売り・円買いに見舞われ、日銀による平衡介入は史上最高の6億9000万ドル、外貨準備高は100億ドルを突破した。平均株価も続落し、2日間の下落率は10％を突破した。

もっとも、大蔵省と日銀で調べたところ、売りに出されたのはほとんどが外為銀行や商社による手持ちのドルであり、しかもこの2日でほぼ出尽くしたとみられていた。このため、大蔵省は市場を18日以降開けていても混乱は起きないとの見通しを佐藤と水田に伝え、了承を得る。

この日の日記に、佐藤なりの「判断」が記されている。

日銀の弗《ドル》売りに対しての買いさゝえもあるので、このまゝ続けていゝかどうかこゝ一番と考へ、場合によっては他国並閉鎖も亦止むを得ないかと思って動向を見守って、夕刻になりこのまゝ市場を開いて行く事に決定した。

昨日と今日約十二億ばかり弗がふへる事となったが、為替管理令もある事だから投機的な売買はないと思はれるので引続いて市場を開いておく事にした(66)

「閉鎖も亦止むを得ないか」との記述に佐藤の迷いがうかがえるが、実はこの時点で大蔵省・日銀の国際畑から市場閉鎖という選択肢は完全に消えていた。

当時外国局総務課の調査役だった菅野明(のち理事)は、大統領声明の直後に大蔵省短期資金課の課長補佐と電話で議論したことを鮮明に覚えている。

この電話で課長補佐は「絶対に市場を閉めないようにしよう」と提案し、菅野も同意見だったため、「市場閉鎖といった事態にならないようそれぞれやりましょう」と申し合わせたという。

これに対し、国際担当理事の井上はニクソン声明のあと電話で相談したカナダ中央銀行の総裁から「市場を閉じた方がよい」と助言され、当初市場閉鎖の方向に傾いていた、と菅野は言う。

しかし、為替管理の現場から強い反対意見が上がり、最終的に外国局として市場を継続すべきだとする基本方針が固まった。菅野は「海外では閉鎖が常識だったので、外国に知人の多い人ほど直感的に閉めるべきだと思ったようだ」と回想する。(67)

これを踏まえて井上は17日午後、主要部局の局長を集め、「円切り上げはすべきでなく、これを阻止する」との対処方針を説明した。これに対し、調査局長の呉が「そんなことをいつまでも続けることができるのでしょうか」と聞いたが、井上は「やろうと思えばできるさ」と答えたという。(68)

前日の大蔵省との合同会議を含め、井上が「市場は閉じない」と言い張っていたという証言は、日銀幹部の複数の史談録に残されている。当時、総務部の課長が閉鎖を進言しに外国局に行ったが、「さんざん叩かれて帰ってきた」「井上さんが一人で頑張った」という回顧談もある。(69)

井上をはじめ外国局ラインが市場継続を唱えたのは、いったん閉じると二度と３６０円に戻れないと考えたからだが、もう一つ、外国為替銀行に「負い目」があったことも大きく影響していた。

当時、「外国為替資金貸付（外為資金貸し）」と呼ばれる輸出振興の優遇措置があった。

為銀が輸出企業から買い取った外貨建ての輸出手形を引き当てに日銀から円資金の低利融資が受けられるという制度で、為銀は円資金を安く調達できる代わりに見合いのドル資産を持ち続ける（ドルの買い持ち）よう求められていた。大蔵省と日銀にとっては、見かけの外貨準備が増え過ぎないようにし、円切り上げ圧力を緩和する「弥縫策」でもあった。

外為資金貸しは1ドル＝３６０円が続く限り何の問題もないが、ドル不安が起きると手持ちのドル資産が減価するリスクに直面する。このため為銀はドル売り・外為資金貸し早期返済による為替リスク回避を認めてほしいと再三要請したが、円切り上げ圧力を恐れる日銀はドルを持ち続けるよう強力に指導し、結果として10億ドル弱のドル買い持ちが為銀に残った[70]。そこに運悪くニクソン・ショックが重なったのだ。

ここで市場を突然閉鎖すると、為銀はドル売却の機会を失い、巨額の損失に見舞われる。買い持ち解消の機会を与えぬまま市場を閉じることは信義則に反し、通貨当局への信頼を損なう、というのが井上の主張だった。現場にいた菅野も「為替管理を行った者には道義的責任があった」と話す。

この件をめぐっては、大蔵省も同じ後ろめたさを感じていた。

国金局長の稲村は「われわれの方も責任を感じた」と言い、史談録で次のように証言している。

円のレートを維持するために若干無理して、別にそういう命令なり指示をしていたわけじゃないけれども、ドルを持ってくれということで銀行に協力を求めてたわけですね。だから、あるところでぴしっとやりますと、銀行の中に非常にアンバランスが生じる。しかも真剣に協力してくれたところが一番大きな損をすることになりますから

柏木の言い分は、さらに単刀直入だ。史談録でこう言い切っている。

日本の体制というのはドルの買い持ちでずっと来たわけよ。それを一遍にひっくり返したら、大損が出るか、倒産するかもしれないし、大混乱に陥るかもしれない、その過程において、ますます不況になっていくということで、これはとても耐えられない。少しぐらい政府が損してもいいというか、買い戻

してもいいんじゃないか

この問題はのちに「銀行を不当に優遇し、国損をもたらした」との批判を招くことになる。ただ、16日から17日にかけて最も重要な判断材料だったことは間違いなく、市場閉鎖を唱えた鳩山でさえ「結局、ドル債権を多額にもってるところはどうするんだということが最大の問題だった」と後日明かしている。(71)

外為資金貸しを含め、日本の為替管理政策は大蔵省国際金融局と日銀外国局が互いに連携しながら行ってきた。とりわけ司令塔だった柏木と井上の信頼関係は強く、2人は密接に連絡を取り合っていた。井上に近い日銀OBは、ニクソン・ショック後の一連の対応を「柏木さんと井上さんの合作だった」と評している。

外為取引、不測の停止

8月18日、水曜日。ここ数日の猛暑がうそのような涼しい一日となった。

当局の読みどおり、ドル売りは3日目にしていったん落ち着いたが、午後に市場閉鎖の噂が流れてドル売りが再燃。結局、2億8000万ドルの平衡買いを余儀なくされた。株式市場でも引けにかけての10分間で暴落し、3日間の下落率は15%に達した。

政府特使を命じられた柏木は、水田や鳩山と対処方針を確認したうえで、「帰ってくるまで市場を閉めないように」と言い残し、午後10時の日航機で羽田を発った。向かうはパリである。

西独ではなく、フランスを選んだのは「ヨーロッパで特異の意見をもち、日本と同様固定相場維持にもっとも熱心」と考えたからだった。(72)また、16日のロンドン緊急協議に関する報告書に、「フランス代表は、会議中終始沈黙を守り、何らの発言を行なわなかった」と書かれていたため、円切り上げを迫った西独や英国は避け、フランスとの共闘を探ろうと考えた(73)。

19日午前8時、ハンブルク経由でパリに到着した柏木は、まず仏大蔵省を訪ね、フランスの変動相場制移行はないことを確認する。そのあと経済協力開発機構(OECD)事務局長のヴァン・レネップとの昼食会で次のような話を聞かされた。

一、今回の危機の収拾には主要国の協調に基づく集中的努力が必要である。できるだけ早い機会にG10(74)などを開くべきだ
二、平価維持か、金価格の改定による調整しか考えないというフランスの決意は非常に固い。このため解決には長期間を要するだろう
三、平価を維持しようという日本の考え方は、フランスを除くヨーロッパから見れば、国際協調に大きく欠けている。米国の国内事情としてドルの切り下げが不可能ならば、強い国の切り上げによる調整は不可避ではないか。フランスを除く国々はそう考えており、フロートすることになろう
四、日本の今後の出方は注目の的だ。将来のことも十分考え、くれぐれも協調的に対処しなければならない(75)

オランダの大蔵次官を長く務めたレネップは、柏木が一番相談したい相手であり、欧州域内はもちろん、米国の真意も的確につかんでいた。この会談で柏木は、これは円の問題でなく、多角的な通貨調整の始まり

であることを正確に理解した。と同時に、このまま平価維持で頑張ると対欧州通貨で円は切り下げとなり、理解を得るのは難しいという感触も得た。柏木は直ちに東京に報告し、午後5時の便で慌ただしく米国へ向かう。

同じころ、「様子見」の状態から一刻も早く抜け出そうとする動きが大蔵省内で始まっていた。

官房調査企画課長の佐上は18日夜、後任の銀行課長である松下康雄（のち日銀総裁）と都内の小料理店で話し込んでいた。この時間、すでに柏木はパリを発っている。

そもそも事務引き継ぎが目的の会だったが、議論が進むうちに話題は自然とニクソン・ショックに移っていった。市場閉鎖論の佐上は言った。

「大臣はどう考えておられるのだろうか。君は水田さんの秘書官を務めたこともある。何かいい知恵はないか」

松下はかつて水田の秘書官だった。松下は腕時計に目をやり、「大臣のお宅に電話して、これから2人で参上するが差し支えないか伺ってみましょう」と言って座敷を出て行った。

ほどなく戻ってきた松下が、明朝8時に自宅に来るように言われたことを告げると、佐上は「君が同席してくれれば〝帷幄上奏《いあくじょうそう》〟したわけではないという一身上の弁明になるのだが」と申し訳なさそうに同行を頼み込んだ。松下は快く引き受けた(76)。

翌8月19日、木曜日。この日も気温は低く、時折雨がぱらつく空模様だった。

午前8時に文京区西片の水田邸に着いた佐上は、30分ほど待たされたあと水田と向き合い、次のように切り出した。松下はまだ来ていない。

「大臣はあす20日に那須御用邸で天皇陛下に内奏されるご予定ですが、その原稿は今回の大統領声明の前に書いたもので、手直しが必要と思います。つきましては原稿の修正について大臣のご感触を伺いたい」

すると水田は、「陛下は誠実なお方で、うそを言った閣僚のことはよく覚えておられ、その後は信用なさらない。したがって現在の事態について正確にお伝えしたいので、そのような文章にしてもらいたい」と返した。

佐上はすかさず修正済みの原稿案を取り出し、水田に差し出す。そこには「円問題」について次のように書かれていた。

平価問題は多国間で協議しながら解決していくということも十分予想されます。その場合におきましては、わが国は、長期にわたる真の国益の有するところを見きわめつつ、主張すべきところは率直に主張し、協調すべきところは進んで協調するという、是々非々の姿勢で対処してまいる所存であります

ポイントは、1ドル＝360円の平価を堅持するという一文がないことだ。水田は原稿に目を通し、自問自答するように言った。

「是々非々の姿勢で対処するか。これなら今後、円を切上げる事態になっても陛下にウソを申し上げたことにならないと思う。これで結構だ」

水田の言葉に佐上はハッとした。大臣は円切り上げの腹をとうに固めている――(77)。

ニクソン・ショック直後には様子見を決め込んだ水田だったが、いつまでも「ノー・ディシジョン」のまましのげるとは思っていなかった。実は8月18日夜、水田は一部の大蔵省幹部を集め、「円の大幅切り上げは不可避である。これからはそれを前提に政策を立案してほしい」と訓示していたのだ。(78)

水田訓示の情報はやがてマスコミの知るところとなり、さらに円切り上げを望む米側の意向が在米日本大使館に伝えられたとの外務省情報も18日夜に飛び込んでくる。加えて欧州共同体(EC。EUの前身)が近く変動相場制に一斉移行するとの観測も高まったことから、翌19日の朝刊1面トップには次のような大見出しが並んだ。

「円」実質的切上げへ――政府、方針転換の意向(朝日新聞)

政府、変動相場制移行きめる――まず外為市場閉鎖?(読売新聞)

「円平価維持」放棄へ傾く　政府――国際的孤立避ける(日本経済新聞)

この報道に外為市場は動揺し、激しく反応した。

円切り上げ近しとみた商社やメーカーが輸出代金を前受けして大量のドルを為銀に持ち込み、(79)さらに為銀自身も外国銀行(外銀)からドルを借り入れて売り続ける。

結局、この日午前中だけで6億ドルが売り込まれ、市場閉鎖の噂が乱れ飛んだ。危機感を強めた大蔵省・日銀は為銀24行に対し、外銀からの借入残高を前日の水準で凍結するよう求める緊急通達を発出した。

異例の通達は、これ以上のドル売りに歯止めをかける非常手段だった。だが、調達源を断ち切られた為銀側はすぐさま顧客向けの為替取引を中止、市場は事実上の閉鎖状態に陥った。

日銀の緒方の史談録によると、大蔵省国金局の審議官が「借入を制限してしまえ」と言いだしたのが通達発出のきっかけで、「（ドルを）借りられなきゃ売れない、売れないのだったら取引をしないというような状況になって、ほうぼうから「日本式だね。表向きは市場閉鎖すると言わないのに、実際は閉鎖しているのか」とか問い合わせがあった」という。

通達は19日正午に出され、午後の為替取引は輸出手形の買い取りから外貨両替、トラベラーズチェックの発行に至るまで複数の為銀で全面ストップした。

緒方は「借入を制限したのが失敗だった。だって、ちょっとおかしいですよ。市場を開いておいて、借入を制限するということはね。（中略）だから、これはすぐ崩れた」と回想する。(80)

外為市場が機能停止したショックは株式市場にも波及した。

朝一番の取引開始時点で6000万株という記録的な売りが出て、平均株価はこの日も暴落。東京証券取引所は「万一の必要に備えて売買管理の権限を強化する」方針を決定し、午後の取引開始も30分間遅らせた。東証理事長の森永貞一郎（のち日銀総裁）が急遽大蔵省を訪ね、「どんなことがあっても市場閉鎖しない」と水田に報告する一幕もあった。


この日の夜、ワシントンDCの鈴木IMF理事から財務官の細見に電話が入った。

鈴木は現地情報を基に、①円切り上げを考慮しない日本への苛立ちが募っている、②円が固定相場制を維持できる可能性はない、③対応が遅れると「日本問題」を深刻化させる、として東京市場の一時閉鎖と変動相場制への移行を強く進言した。[81] 細見はこの情報を直ちに事務次官の鳩山に伝えた。

柏木特使の読み違い

パリを発ち、現地時間19日深夜にワシントン入りした柏木は、翌20日朝、米財務次官のボルカー、大統領補佐官のピーターソン、CEA委員長、IMF専務理事らと相次ぎ会談し、翌日には財務長官のコナリーと面会、ボルカーと再協議した。パリでレネップが言ったとおり、米側が求めていたのは「自発的な円の切上げ」だった。

柏木とボルカーの1回目の会談記録が残っている。

一、柏木顧問よりニクソンの声明はわが国にとって最も悪いタイミングであったこと、わが国が固定平価を維持する方針であること、最近の状況などを述べたところ、ボルカーは以下のように事情を説明した
(a)週末に決定したものであり発表の時期は仕方がなかったものであり了承願いたい
(b)国内的な失業とインフレの併存の問題と対外的な5月以来の投機の動きと貿易バランスの悪化の問題とを解決するためにはほかに方法がなかった
(c)米国の貿易バランスの悪化は米ドルの基礎的不均衡を示すもので、国際通貨情勢の安定を害するものである。米国としてはユニラテラル(一方的)に何もできないので結局各国の方で必要な平価の調整をしてもらうしかない
(d)カナダと並び日本として今回の措置の影響が大きいことを認めるが、米国の赤字の大きな部分を

日本が占めているし、日本の貿易収支は安定的に黒字になっていることを考えてほしい
（e）世界は基本的に難しい局面に逢着した。国際通貨体制の維持のためには今後米国が相当の経常及び基礎収支の黒字を出すことを世界がアクセプトしなければならない。そのためには平価の変更が必要であると思う。米国としては経済援助と軍事負担のシェアリング等を考えれば基礎収支における黒字を確保しなければならない。現状では輸入課徴金を一時課すことにするほかない。保護主義の台頭は国際的に影響が大きく将来の不安定は極めて危険であり、輸入制限等は特にやりたくない
二、今後の日程についてはボルカーは次のように語った
米国はすでにアクションをとったのであり、ヨーロッパや日本の出方次第である。できるだけ2国間で話し合いたい。平価調整の作業においては日本のあり方がカギである。黒字の大きさからみても日本の今後の態度を知ることは絶対必要である。各国がばらばらの措置をとるのは困るので国際的合意が必要であり、なるべく早い機会にG10会議を開くように持っていきたい(82)

柏木は、ここにきて米国の真意を読み違えていたことに気づき始めていた。

それまで米大統領と財務長官がドル切り下げを繰り返し否定してきたこともあり、柏木はニクソン声明が出た直後、その意図を「ドルを金から切り離し、ドル相場を速やかに安定させる」ことにあると判断した。このため、日本が360円でドルを買い支えることが米国の利益につながり、日米協調の証とみなしてもらえると信じ込んだのだ(83)。

財務官の細見は史談録でこう振り返る。

基軸通貨であるドルを補強することによって、固定平価制度をとにもかくにも守っていこうという動きの中で考えたわけです。したがって、ここでアメリカが本格的にドルの切り下げを意気込んでおるという面のウエートを比較的軽く見て、全体的なG10以来の国際的な協調のラインがまだ相当あるんだという感じだったんだろうと思います(84)

財務官室長だった行天は「柏木さんには市場を閉めないことで米国を助けているという意識があったようだ」と指摘し、こう総括した。

「米国は大幅なドル体制の変更を考えていない、との判断が柏木さんにはあったのではないか。結果としてみれば、ドル切り下げを狙ったニクソン政権の意図を読み違えていたことになる(85)」

確かに読み違えていた。米国ははなから円の大幅切り上げを狙っていたのだ。

協議の合間を縫って、柏木は首相の佐藤に電話で経過報告した。軽井沢で静養中だった佐藤の8月21日の日記に、柏木の「心変わり」が記されている。

渡米中の柏木君から第一報。どうも円の切り上げはやむを得ないか。二国間で下相談するにしても、多数国会議を開かなくてはならぬようだ(86)

米国での全日程を終えた柏木は21日夜、ワシントン市内でIMF理事の鈴木と夕食を共にした。この席で鈴木が市場閉鎖と変動相場制への移行を促すと、柏木は水田宛ての「建白書」を書いてほしい、と頼み込んだという。

鈴木は「米国入りした直後は市場閉鎖に反対していた柏木君も（中略）米国側の感触を知り、最後には私の考え方に同調してくれた。（中略）しかし、そうはいっても彼の立場では、いくら市場閉鎖に心が動いてきても手のひらを返すように閉鎖論は唱えられない。そこで、彼に代わって私が出してあげたわけです(87)」とのちに明かしている。

この翌日、鈴木は通貨調整は避けられないとする建白書を書き、行天の住む四谷の公務員宿舎に電話をかけた。日本時間で23日の午前6時。突然たたき起こされた行天は、パジャマ姿のまま宿舎玄関に設置された電話で鈴木の口述を書き取り、急ぎ水田に提出した。

この鈴木の建白書が省内の論調を変えた、と行天は言う。

「それまでの会議では柏木さんの考えが大きな影響力を持っていたが、率直に言ってそれが変わった。市場を閉めることに反対するロジックというものがなくなったということです(88)」

一方、ブリュッセルで開かれていたEC緊急蔵相会議は統一行動の合意には至らず、フランス、ベルギーは二重相場制（経常取引は固定相場、資本取引は変動相場）、西独やオランダは変動相場制を継続し、週明け23日から市場を再開することになる。ブレトンウッズ体制は瓦解寸前となり、焦点は固定相場にしがみつく日本の出方に絞られた。

「日本が良くなったと考えられないか」

大臣官房の危機感は日増しに高まっていた。

水田邸に突撃した調査企画課長の佐上が、上司の審議官に呼ばれたのは日本時間20日朝のことである。「官房長が心配している。円切り上げの前にやることがあるといった趣旨のペーパーを至急書いてくれないか」との指示だった。

佐上は課長補佐と2人で徹夜し、100ページほどの長文を書き上げた。タイトルは「αをめぐる最近の情勢変化と対処方針」。かつて検討されたアルファ作業を想起させるものだった。

報告書は「遺憾ながらα調整(円切り上げ)以外の方法によって収拾することはもはや至難となった」との書き出しで始まり、平価調整の選択肢として、①変動幅の拡大、②二重相場制、③円の単独切り上げ(10%案と15%案)、④変動相場制の暫定採用、の4案を提示した。

このうち①と②は不適当、③の10%案は考慮に値するが、「客観情勢が単独切り上げに即さない場合には(中略)変動相場制に踏み切るのも一案」と書かれていた。

21日夕刻、佐上がこれを事務次官室に持ち込んだところ、鳩山は「早速局長を呼んで会議を開こう」と言いだした。急ぎ主計、主税、理財など主要局長に根回しし、蔵相の水田に判断を仰ぐ緊急会議を22日に開くことが決まる。柏木は不在だがやむを得ない。

その水田は、佐上がペーパーを書き始めた20日午後、昭和天皇への内奏のため那須御用邸に赴いていた。

水田がのちに佐上に渡した手書きのメモによると、1時間半の内奏で昭和天皇は物価高騰や変動相場制移行の可能性について質問し、水田が「今しばらくこのままで様子を見たい」と説明すると、次のように問いかけたという。

「円の切り上げをすることは円が強くなったことであり、つまり日本の国が良くなったことだと考えるわけにはいかないか」

通貨問題の本質を突く問いかけに水田は感銘を受け、22日の幹部会議でこの話を披露することにした。(89)

8月22日、日曜日。むせ返るような熱気のなか、港区三田の日向坂にある大蔵大臣公邸で会議が開かれた。かつて渋沢栄一が保有していた私邸で、広大な庭を有する豪勢な数寄屋造りの建物である。

午後1時40分ごろ到着した水田が、トレードマークの禿げ頭を隠すように鳥打帽を深々とかぶり、マントを羽織って裏口から入ってきたのを複数の幹部が覚えている。(90) 水田は前夜、記者たちに「選挙区に戻りたいので明日は休戦にしてくれ」と頼み込んでいた。それだけに、姿を見られるわけにいかなかったのだ。(91)

会議では、佐上が作成したα作戦のペーパーを基に円切り上げ後のデフレ対策、続いて国金局から今後の選択肢として変動相場制、二重相場制、変動幅拡大それぞれの長短について説明があり、続いて国金局長の稲村が柏木の欧米歴訪の概要を報告した。

佐上の手記によると、稲村の報告は、①コナリー財務長官は、為替問題だけでなく貿易自由化、関税・非関税障壁、防衛費負担など戦後の懸案を一挙に解決するために平価調整が必要だと発言した、②ボルカーの主張は、米国は何もできないから各国が必要な平価調整を行ってもらうしかない、日本には円の大幅切り上げをやってもらいたい、日本が動かないなら国際通貨制度は崩壊する恐れがある――といった内容で、米側からいわば「最後通牒」を突きつけられている事実が初めて明かされた。

報告を聞いた出席者たちは「容易ならざる事態になった」と認識し、このあと平価調整の方法論についてはほとんど議論がなかったという。稲村も史談録で「どれにすべきかということは決めないで、さらに様子を見たい、市場の状況を見たいというのがそのときの結論であった」と回想する。

ただ、この日の議論は通貨調整が避けられないとの認識の下で行われており、細見は「そこで大体われわれとしてはフロートアップ（変動相場制下での実質切り上げ）について決意をしております」と史談録で話している。

3時間ほど続いた会議は、新聞社のカメラマンが街路樹によじ登り、塀の上から公邸内をのぞいているのが見つかったため急遽散会となった。

フロート決断、日銀の抵抗

8月23日、月曜日。午後7時40分着の日航機で柏木が帰国した。機内2泊を含め、5日で地球を一巡りするハードスケジュールだった。

羽田空港は報道陣でごった返し、まるで映画スターが来日したような騒ぎとなった。カメラの閃光を浴びながらタラップを降りた柏木は、待ち受けた行天にそのまま車に乗せられ、まっすぐ霞が関に向かう。大蔵省に到着するや、直ちに大臣室で緊急幹部会議が始まった。

会議は柏木の報告を基に2時間ほど続き、円の実質的な切り上げはやむを得ないことを確認したうえで、できるだけ早く変動相場制に移行する対処方針を固めた。(92)

柏木報告のポイントは、通貨の多角的調整にはかなりの時間が必要であり、米国の輸入課徴金の早期撤廃は期待できない、このため日本としても「やや長期的に無理のない体制で臨んでいく必要がある」ということだった。
そのうえで柏木は、欧州がすでにフロートに移行した事実を踏まえ、今後の国際会議において「わが国一国だけが固定相場制を堅持する態度をとり続けることは適当でない」と強調した。1ドル＝360円にこれ以上こだわると、欧州通貨に対して円は実質切り下げとなり、国際的に孤立しかねないとの判断である。[93]
また、柏木の外遊中に10カ国蔵相会議（G10）の9月開催が固まったため、同じ土俵に立った方が「長期的な戦略からすればむしろ有利になるんじゃないか」と細見は考えた。[94] さらに自慢の為替管理が必ずしも鉄壁でなかったこと、輸入課徴金を撤回させるために円切り上げもやむなしという声が財界で出始めたことも有力な判断材料となった。
「いろんな情報を総合すると（中略）日本も切り上げが必要だ。切り上げがいくらになるか分からないから、それまではフロート。そこが非常に難しい。フロートがいいと思っているのではない。必要悪なんだよ」とのちに柏木は語っている。[95]
とにもかくにも1週間の混乱と約27億ドルの平衡買いを経て、大蔵省は軌道修正にこぎつけた。だが、話はこれで終わりではなかった。
日銀がフロート移行に「待った」をかけたのだ。
日銀が反対したのは、①フロートに移行すると相場は相当な円高になる可能性が強く、将来それを基に平価調整が行われると大幅な切り上げを余儀なくされる懸念がある、②もし小幅な切り上げにとどめようとすると大規模な介入が必要になり、かえって投機を刺激する恐れがある、③フロート下では為替リスクも増大するため、現行の円転規制などの存続が困難になる、という理由からだった。[96]

また、厳格な為替管理が敷かれてきた日本に変動相場制を入れても、適切な価格形成ができずに振幅が大きくなる、むしろ自発的に思い切った円切り上げを断行すべきではないかという声が外国局の現場では強かった。

だが、日銀がフロートを渋った本当の理由は他にあった。理事の井上が気にした為銀の外貨ポジション（持ち高）の問題である。

持ち高規制とは、健全経営と投機防止のために外貨建て債権と債務の差額（持ち高）を月中平残および月末残高でスクエアにするよう義務付けたものだ。これにより、ニクソン・ショック後にドルを売った為銀は、大量のドルを買い戻さなければならなくなっていた。

8月下旬にかけて為銀のドル買いは膨らみ、24、25の両日には過度な「円安・ドル高」に歯止めをかけるため、円買い・ドル売りの逆介入まで行われた。

だが、こうしたポジション調整の結果、為銀は再び多額のドルを抱え込んだ。

ここでフロートアップすれば巨額の損失が発生し、しかも真面目にルールを守ったところほど損が膨らみかねない。為銀はもちろん、日銀にとっても銀行との信頼関係を維持するうえで看過できない事態となっていた。

柏木は「細かい実行は日銀がやっている。だから日銀にいつフロート（移行）するか決めてくれと言ってあった。そうしたらあと何日か待ってくれということだった」と話す。[97] 鳩山も「無防備のドル債権をそのままでいいのかということがあった。それにはある程度時間を貸してということにならざるをえなかったんですね」とのちに明かしている(98)。

また、細見の史談録によると、日銀は変動相場制に移行した場合、どこまで円の上昇幅を容認するかを非常に気にしたという。そこで改めて事務レベルで調整し、蔵相と日銀総裁のトップ会談で決着をつけることになった。

8月25日、水曜日。港区赤坂の日銀氷川寮で総裁の佐々木と蔵相の水田が向き合った。外為市場ではポジション調整のための円売り・ドル買い圧力が高まっていた。

会談では水田が早期のフロート移行を主張したが、佐々木は「翌日とか、翌々日に移行するのはいささか尚急《ママ》である」として、内部調整に時間を要するため「週末または月末」からの実施を希望した。これを受けて細見が週末土曜日を強く主張し、おおむねこの線で落ち着いた。

また、投機に対する日銀側の懸念については「かなりの円高相場が出たあと比較的安定した状態になるよう介入する」ことで「まずまず避けられる」と判断。肝心の変動幅について水田が「7%ないし8%のフロートアップ」、つまり335円程度を目途にするとの方針を示し、これが持続できない場合はまた相談することで佐々木と意見が一致した。

会議の終わりに官房長の竹内が会談結果を次のように取りまとめた。

一、国際協調のための施策として変動制をとる

二、実施は一日も早く、遅くとも今週末とする

三、実施と同時に政府はステートメントを出し、その趣旨を明らかにする
四、特に不適当な取引を排除するため日銀は介入を行うが、介入点（介入実施のめどとする為替レート）は動かさない
五、介入レートは7―8％程度を適当と考える

また、変動相場制への移行は1ドル＝360円のIMFレートに変更を加えるものではないこと、移行と同時に景気対策についても発表することの2点についても口頭で申し合わせた[99]。

固定相場制からの歴史的転換はこの翌日、元首相秘書官の田中敬《たかし》（当時文書課長）を介して佐藤の耳に入った。『佐藤栄作日記』に以下の記述がある。

田中敬大蔵総務課長がやって来て、土曜日に為替をフロートにする。大体の巾は七％の上下として、これを超過する際は日銀が調整の役をすると云ふもの[100]

すべての準備がこうして調った。だが、これを待っていたかのようにドル売りの嵐が再び吹き荒れた。

実は、日銀は為銀が求めていた外為資金貸しの期限前返済を8月26日付で原則自由化する方針を打ち出していた。この唐突な方向転換を受けて為銀は外為資金貸しの返済を急ぎ、手持ちのドルを一斉に処分しようと動き出したのである。

日銀としては、為銀に持ち高規制の順守を求めながら期限前返済には応じず、ドル買いによる新たな為替

リスクを負わせるのは道義的にまずいと考えたわけだが、[101]方針転換のタイミングが悪かった。為銀側に「裏に何かある」と感づかれ、ドル売りを誘発する結果となったのだ。

結局、この日だけで再び5億ドル近いドル買い介入が必要となり、翌27日の金曜日は午前中だけで5億4000万ドルのドル売りが殺到。午後はますます勢いが増し、結局11億8500万ドルという空前のドル買いを余儀なくされた。

輸出の実態があるのか不明なものも含め、大量の輸出手形が振り出され、これを買い取った為銀がドルを売り、円に換えようと急いだ。あまりの規模に事務作業が追い付かず、午後3時半までの取引時間は20分間延長され、この間だけでさらに2億ドルの平衡買いが上乗せされた。

結局、日銀はこの日、為銀が保有するほぼすべてのドル債権を引き取ったといわれ、日本の外貨準備高は125億ドルを突破、米国を抜き世界第2位(トップは西独)となった。

当時、佐々木の通訳兼秘書を務めていた若月三喜雄(のち理事)は、「今にして思えば、ニクソン・ショックでものすごく大きな間違いが3つあった」と総括する。

「一つは米国の意図を読み間違えたこと。ドルを買い支えることが米国のためになると思い込んでしまった。第二に、金とのリンクが断ち切られたにもかかわらず、1ドル=360円を「平価」だと信じ込み、これを堅持すると言ってしまったこと。そして日本の為替管理政策を過信したこと。特に最初の二つは大きかった[102]」

墨塗りされた大臣談話

この27日の午後、大蔵省の事務次官室では鳩山や柏木、細見、竹内らによる詰めの協議が行われていた。25日の水田・佐々木会談を踏まえて「28日(土)発表、30日(月)移行」の日程が組まれ、大臣談話や政府・与党内の連絡方法など最後の準備が進んでいた。

ところが、午後2時半ごろ国金局からドル売り殺到を知らせるメモが入る。すでに平衡買いが9億ドルを超えていると書かれていた。

鳩山は椅子から立ち上がり、「もう大きな売りはないと言っていたのに、これはどうしたことだ。不可解だ」と言い、「明日は市場を閉めるしかない」と言いながら大臣室に入っていく。官房長の竹内は市場閉鎖は混乱を招くと考え、すぐさま大臣室に飛び込んで鳩山を説得した。息詰まる話し合いの結果、予定より一日早い「今夜発表、28日(土)実施」に繰り上げる方針が決まった。(103)

午後8時、カメラの閃光を浴びながら、水田は淡々と大臣談話を読み上げた。

「最近の国際通貨情勢にかんがみ、現行の円平価を維持しつつ、外国為替の売買相場についての従来の変動幅の制限を8月28日より暫定的に停止することにした。(中略)今回の措置を通じ諸外国と協調して国際通貨体制の新たなる確立に向かって進むとともに、一日も早く対外取引の安定を回復したいと考えている」

記者会見場は100人を超える報道陣で溢れかえり、水田は前後左右を記者たちに取り囲まれて談話を読み上げた。と、背後にいた何人かの記者が水田の持つ原稿の下段に「墨塗り」があることに気づく。何が大臣談話から消されたのか――。

墨塗りされた部分に書かれていたのは、「デノミネーション」だった。

水田は円の呼称単位を１００分の1に切り下げ、「新1円貨」を発行すべきだと主張する「デノミ論者」だった。以前蔵相を務めたときも佐藤にデノミの可能性を打診し、却下されたことがある。

その水田に、デノミを進言した一人が鳩山だった。

水田が2度目の蔵相を務めていたころ、当時理財局長だった鳩山がデノミの必要性を伝えたところ、「やりたいね」と前向きな反応を示した。

それから時が経ち、鳩山が事務次官になった直後、偶然にも水田の再登板が決まる。水田は「オレが大臣で、君が次官とそろったときに、デノミができなきゃ、日本ではもうできまいね」と意欲を口にしたという[104]。

大戦後のインフレの後始末として通貨単位を切り下げるデノミは、すでに西独やフランスなどで実施され、日本でも１９６５年以降、数年おきに議論が巻き起こっていた。

かつては1ドル＝1円だった円の価値が敗戦後は３６０円まで下落し、単位貨幣である1円の購買力が著しく低下していること、対ドルの交換レートが3桁もある主要通貨は日本とイタリアしかなく国の威信にかかわること、ＧＮＰや国家予算などで「兆」という大き過ぎる単位が使われるのは計算上不便であり不適当である、などが理由だった。

鳩山以外にも省内には官房調査企画課長の佐上やα計画をたてた林ら「ドイツ派」がデノミを支持していた。鳩山が佐上を配下に置いたのも、円切り上げだけでなく、デノミ計画を作らせる狙いが込められていた。

そこにニクソン・ショックがぶつかったのだ。

8月22日の大臣公邸での御前会議に佐上が出した対処方針にも、実は「デノミ宣言」という項目が盛り込まれ、次のように書かれていた。

今次の平価調整を契機に計算事務の簡素化、国民的能率の向上をはかり、通貨単位を国際的な水準に適合させ、わが国通貨に対する内外の信認を高めるため、一〇〇分の一のデノミを十分な準備期間(約一年半)をおいて実施する

だが、この案に対し、通貨制度を管轄する理財局が異を唱えた。

反対したのは、①100分の1デノミでは大した簡素化にはならず、むしろ「銭」という補助貨幣が必要になるため小学校の教育からやりなおさなければならない、②造幣局の製造能力からみて、コインの全面切り替えには10年はかかる。1年半の準備期間ではせいぜい山手線の内側ぐらいにしか新1円貨幣を配れない、③デノミは心理的にデフレ効果を持つ政策であり、円切り上げのようなデフレ措置と並行してやることが得策かにわかに判断しがたい、という理由からだった[105]。

それでも水田と鳩山は理財局の慎重論を押し切って大臣談話にデノミの一項を盛り込ませる。「わが国の通貨に対する内外の信認を一層高めるとともに、通貨単位の国際水準への適合をはかるため、昭和48年(1973年)1月1日から現在の100円と等価の通貨単位(円)を設けることを目途として所要の準備を進めることとしたい」というものだった。

ところが、最終段階において官房長の竹内が「デノミのような重要政策事項は当然、総理の事前了解を得ておく必要がある」と注文をつけ、文書課長の田中が急遽官邸に差し向けられる。『佐藤栄作日記』に変動

相場制の報告があったと記述された8月26日、木曜日の夕刻のことだ。

鳩山の回顧録によると、佐藤は変動相場制移行については了承したが、デノミについては「コンプリケートするから」と言い、国民生活の混乱を理由に同意しなかった(106)。

さらにこの翌日、日銀の役員集会で理事の井上が「蔵相談話にデノミ実施が盛り込まれているようだ」と報告すると、佐々木が表情をこわばらせ、「そのようなことは何ら相談を受けていない。すぐに水田大臣に電話する」と言って席を立った、と同席した理事の吉野俊彦が備忘録(107)に記している。

吉野によれば、電話を終えた佐々木は「大臣から、そんなことを言うつもりは毛頭ないと言われた」と報告したという。

こうした佐藤や佐々木らの反対により、デノミに関する部分は土壇場で「墨塗り」されたのである。

それでも諦めきれない鳩山は、次官退任直後の72年8月、日本経済新聞に「デノミの実施急げ」と題する提言を寄稿し、国政転出後も繰り返しデノミ断行の必要性を訴え続けた。

振り返って鳩山は、「やはり、戦後以来の通貨体制が崩壊する過程では、その対策で大わらわでしょう。なんでこんなとき一緒にデノミの話まで持ち出すかということになってしまった(中略)。日本はやっぱり世論政治だから、デノミも多くの人が必要だと思うようにならないと、できませんね」と話している(108)。

8月28日、土曜日。気も遠くなるような残暑のなか、東京外為市場は変動相場制に移行した。

午前9時の取引開始から30分ほど売りと買いのにらみ合いが続いたあと、円買い・ドル売りが一気に進む。

すると、1ドル＝341円近辺で日銀が円売り・ドル買い介入に出た。最初の為替介入を取り仕切ったのは、為替課のチーフディーラー、松本恒二である。

松本は横浜正金銀行の出身で、日銀が戦後平衡操作を行うために引き抜いた辣腕のディーラーだった。外国局総務課長の緒方は、「実に絶妙なところで介入した。見事だった。非常にうまいところで最初の一日を送ったことを今でも覚えています」と史談録で述懐している。

第2章
スミソニアンへの難路

井上四郎(© 毎日新聞社)

1971年11月、来日したコナリー米財務長官(左)と会談する水田蔵相(© 時事通信社)

1971年	9月	台風25号で千葉県に甚大な豪雨被害、死者56人
		カップヌードル発売
	10月	第一銀行と日本勧業銀行が合併
		巨人が日本シリーズ7連覇
		米フロリダにウォルト・ディズニー・ワールド開園
	12月	『羅生門』『ガメラ』の大映が倒産

Ⅰ

急ごしらえの売出手形

8月16日のニクソン声明から28日のフロート移行までの間に、日銀が行った為替介入は39億ドルを超えた。これに8月前半分を加えた総額は46億ドル。すべては１ドル＝３６０円堅持という国是に従い、大蔵省の代理人として実施したものだが、この空前の大規模介入は日銀自身にとって頭痛の種となっていた。ドル買い介入を行えば、それに見合う円が金融機関に渡される。固定相場制下での「介入点」は１ドル＝３６０円近傍だったため、8月の供給総額は１兆６４００億円に達した。

当時、国内に出回っていた現金と預金通貨（要求払い預金）は合計24兆円ほどしかなく、これと比較すればいかに短期間で大量の資金が放出されたかが分かる。

この大介入がもたらした過剰資金を吸い上げなければ、コールレート[1]がさらに低下し、銀行貸出の増加を通じて景気を過熱させ、インフレにつながる恐れがあった。

そもそもこの１９７１年という年は、上期から資金がだぶついていた。前年秋からの景気の停滞で企業の資金需要が落ち込む反面、春先からの円切り上げ圧力に対抗しようとドル買い介入が強化され、財政資金の

「払い超」が続いた結果、金融機関にはすでに巨額の余剰資金が積み上がっていた。ちなみに外国為替資金特別会計の払い超は、4月から7月までの4カ月間で1兆1772億円にも上る(2)。

そうしたなか、日銀は1月、5月、7月と小刻みに公定歩合を引き下げ、景気の下支えと円切り上げ防止を図る。と同時に、市場から資金を吸い上げる新たなツールを開発しようと大蔵省との協議を急いでいた。その準備が調う前にニクソン・ショックが勃発したのだ。

短期金融市場で資金が余った場合、日銀はコールレートの低下を防ぐために市場で政府短期証券(FB)(3)を売却するか、日銀貸出を回収して資金需給を調節する。だが、このころオペに使うFBが不足し、前年末に2兆円を超えていた日銀貸出も民間銀行の資金繰り好転により残高が急減していた。ちなみに日銀貸出はこのあと11月に実質ゼロとなる。

そこで考え出された新たな資金回収手段が「売出手形」である。

日銀が自ら手形を振り出して市場で売却し、資金を吸い上げるというもので、適用金利は市場実勢を参考にして決める。ちょうどこの年の春、日銀主導で手形市場が発足したこともあり、市場の育成にもなると日銀は考えた。

ところが、大蔵省がこの案に難色を示した。

日銀が振り出す手形とはいわば「第二銀行券」のようなものであり、新たな負債を創出するのは問題であること、さらに売出手形の発行がコールレートなどの短期市場金利を下支えし、円切り上げ防止のための緩和路線に逆行するのではないかというのが理由だった(4)。

なかでも「第二銀行券」問題をめぐる交渉は最後までもつれた。売出手形は買い手にとっては余剰資金の運用手段となるが、大蔵省からみれば手形の利払い分だけ国庫に入る日銀納付金が減少することになる。通貨発行益が中央銀行の裁量によって使われることをおいそれと認めるわけにはいかなかったのだ。(5)

結局、振り出した手形の転売を認めないこと、売出額に限度を設けること、ニクソン・ショックという「特別の事態に対する特別の措置」であることを確認したうえで、6カ月の期限付きで何とか蔵相の認可が下りた。(6)

日銀は当初、資金需給が緩む秋口から導入しようと考えていたが、ニクソン・ショックで大規模介入が始まったため、思いもよらず予定を繰り上げ、8月19日の持ち回り政策委員会で20日からの実施を決める。売出先は当面短資業者に限定し、手形市場での売却も見合わせることにした。

ところがここでまた問題が起きた。肝心の手形が日銀になかったのである。

当時、総務部にいた小島邦夫によれば、もともと日銀には手形用紙がなく、「構想はあったけれどもまさかそういう形でやるとは思っていなかった」。急遽実施することが決まったため、やむなく本店地下にある印刷所で突貫工事で刷らせた。制度と同じく、手形そのものも急ごしらえだった。

小島は「利付き銀行券みたいなものだから。そんなものを日銀が出していいのかという議論がずっとあったわけです。日銀の中にもそういう議論があったし(中略)やるとなると第二銀行券を出すのかねという話になって、けっこう躊躇していた」と述懐する。(7)

さまざまな行内論議を経て、初の「売り手」は8月20日、1700億円規模で実施された。これにより前日のドル買い・円売り介入に伴う財政の払い超が吸い上げられた。

もっとも、緩和路線に逆行していないかどうかを常時監視され、各種の制限が付けられたこのオペは、日銀にとって必ずしも使い勝手の良いものではなかった。金融緩和の枠組みの下で導入されたこともあり、資金吸収の決定打とはならなかった。

日銀理事、国会に呼ばれる

大規模介入がもたらした「頭痛の種」は、金融調節上の問題だけではなかった。

変動相場制に移行した直後の国会で、日銀は「巨額の国損をもたらし、銀行や商社をもうけさせた」と厳しい批判に直面するのである。

フロート移行が外為特会と日銀本体にもたらした巨額の損失は確かに悩ましい問題だった。日銀の総務部長が全国の支店長向けに作成した文書に、苦しい弁明が記されている。

最大の問題は本行の損失で、とくに差し当っては先週来本行が多額の外貨を買い続け、損失を大きくしたという批判にどのように答えていくかが問題です。私どもとしては、いかなる事態においても為替市場を維持することが大切と考えたこと、今回買い入れた外貨はほとんどすべてが本邦銀行、企業等の為替リスクカバーのために売却されたもので、外国の投機者を利するようなことはなかったこと、今回の措置のような場合、外貨準備の保有主体である本行や政府に損失が出るのはやむをえないことの3点から説明するつもりでおります(8)

日銀が危惧したとおり、9月1日の衆議院大蔵委員会で自民党の藤井勝志は、日本だけが外為市場を開け続けたことを「どう考えても無為無策」と批判し、「投機筋にもうけさせて国民大衆に大きな損害を与え、国益に反した」と酷評する。これに社会党の堀昌雄が続き、フロート移行直前に実施された日銀の規制緩和を「為替銀行にフェイバー（贔屓）を与えるもの」と批判した。

日銀は8月26日に外為資金貸しの期限前返済を全面解禁し、これが大量のドル売りを誘発するきっかけとなった。野党側はこの措置に疑問を呈し、銀行ごとの為替取引の実態を公表するよう迫った。新聞や週刊誌も「為銀への事前の情報漏れがあったのではないか」と書き立てた[9]。

そして9月30日の参議院決算委員会で、ついに疑惑追及の矢が放たれる。

社会党の和田静夫が「日銀の井上四郎理事が8月26日に第一銀行の副頭取と面会し、ドル売りを勧めていた」と暴露し、関係者の国会招致を求めたのだ。現職の日銀理事が参考人招致される異例の事態である。

10月5日。井上は8月26日から27日にかけて主要為銀7行を回ったことを認め、そのうえで「情報漏れという事実は絶対にない。誓って申し上げる」と説明した。だが、和田は追及の構えを崩さない。

和田「変動相場制に入ることを知っていたか」

井上「いずれ移行しなければいけないのではという考えが大蔵省にあることは知っていたが、決定されたことは知らなかったし、時期については一切承知していない」

和田「（為銀側に）出したインフォメーションは」

井上「インフォメーションを流したのではなく、投機的な外貨売りをしないように説得して回った」

和田「変動相場制前に動いたことは非常識じゃないか」

井上「非常識だといささかも思っていない（中略）。格別疑惑を与える行動だったと思っていない」
和田「だれの指示によって行動したのか」
井上「これは私独自の判断で（中略）行動した」[10]

井上は動じることなく質問に答え、時には自ら挙手して補足説明しようとし、隣の日銀幹部に押しとどめられる場面もあった。結局、新たな材料は出ず、国会での追及は尻すぼみに終わる。

当時総務部長だった中川幸次（のち理事）は、史談録でこう述懐する。

「私は国会について行きました。ただ井上さんという人は私利私欲で走ったわけではないですから、国会で呼ばれても堂々としているんですね。（中略）あまり態度が堂々としているものですから、国会議員もそうつっつくことができなくて、うやむやになってしまったわけです」[11]

「何故そのとおりに書かない」

ところが、それから10年ほど経って、驚きの事実が明らかになる。

1982年から4年がかりで刊行された『日本銀行百年史』の編纂室長を務めた石川通達が、当時の関係者を再取材し、内部資料を洗いなおしたところ、井上の国会答弁に事実と異なる点があることが分かったのだ。

石川の回顧録に次のような記述がある。

確か火曜日(8月24日)ぐらいに丸テーブル(役員集会のこと)を開いて(中略)議論し、フロートに移行するのであれば例の外為資金貸しを早く返済させなければいかんということを決めた。ところが、銀行に対し資金貸しを返済してもいいと連絡したにもかかわらず返しに来ない銀行が1～2行あって、これが問題になった。
資金貸しを返済しないままフロートに移行してしまうと、その銀行だけが為替差損を被る事態が生じ、場合によっては銀行首脳部の責任問題になるかもしれない。日本銀行としては、形式論からすれば何の問題もないのだろうが、そういう事態が生じるとおそらくその銀行は日銀を恨むだろう。日銀がその銀行と円滑な取引関係を続けていこうとするならば、こちらからアドバイスして資金貸しを返済させた方が望ましいのではないか。そういうことが議論された結果、当該銀行にアドバイスすることが丸テーブルで決まり、総裁の指示で井上理事と藤本外国局長がその銀行に行った。もっとも、その銀行にだけ出向くと目立つので、ほかの銀行にも行った[12](傍点筆者)

石川は『百年史』の執筆責任者であり、同期入行の三重野康(のち日銀総裁)らも一目置く調査畑のエコノミストである。この記録が事実なら、井上の為銀歴訪は佐々木直の指示に基づき、差損回避を助言するため組織的に行われたもので、国会答弁とは大きくかけ離れている。

だが、石川はこの箇所を『百年史』に書いていない。回顧録によれば、編纂室内で検討した結果、取引先銀行との円滑な関係を維持するために「客観的に個別銀行に利益を与えるようなことをやるのは昔からいろいろな例があり、これはおかしいのではないかという形で取り上げると、この種の事がらをすべてとり上げないとバランスを欠くことになる」との判断に至ったからである。

ただ、この編集方針を聞かされた当時総裁の前川春雄は「君、なぜそれはそのとおりに書かないのだ」と石川を問いただしたという。詳しい理由を聞き、最後は「ああ、そうか」と言って矛を収めたが、「前川さんの顔つきからすると非常に不満のようだった」と石川は回想している。

井上の為銀歴訪をめぐっては、中川の史談録にも次のような記載がある。


為替銀行は（中略）外為貸しを返そうとしたわけですね。だけど、返されると外貨準備がいっぺんに増えるものですから、「返してくれるな。返してくれるな。切り上げないから大丈夫だ」と言ったんではないかと、（中略）それで、がんばった井上さんは（中略）本当の切り上げということになったときに、為銀を回りまして「売ってもいい」というふうなことを言ったんじゃないかと思います[13]

国会招致の前夜、外国局総務課長の緒方四十郎は、ようやく書き上げた想定問答を井上の自宅マンションまで届けに行った。

ガウン姿で出てきた井上は、部下の労をねぎらいつつも「君、質問がわからないのに（答えを）準備したってしようがないじゃないか」と話したという。その泰然とした構えに緒方は「大したものだ」と感心した[14]が、為銀との信義を重んじる井上としては、国会で何を聞かれようと言えないことは言えない、と心に決めていたのかもしれない。

井上は第一線を退いたあと、日銀旧友会の会報で次のように回想している。

今にして思えば三六〇円でドルを買い支えたことは歴史の流れに掉《(ママ)》さすものだったといえるでしょう。ただ、その八月十五日（中略）、こちらはすでに月曜の朝十時で市場はもう開いていたんです。それを閉めたら、もう今度は三六〇円で開けられませんよね。結局戦後二十数年続いた「神聖不可侵」なものを変える決心がつかなかったということです。（中略）

もし日銀が全く関与しないで、ドルが大幅に下落するのをそのまま放置していたら、為替差損を全部民間に押しつけてしまうことになり、随分大変なことではなかったかと思います。戦後、政府・日銀は一ドル＝三六〇円を堅持するということで、民間を引張ってきましたから、当時の銀行、商社をはじめ多くの企業はドルの価値を信じて多額のドル建資産を保有していた。ところが手のひらを返すようにあっさり一ドル＝三六〇円を放棄してしまうのは、「民間の手を縛ったまま海に蹴落とすようなもの」であって、政府・日銀に対する信頼が大きく低下することになったと思います。そのようなことをすれば、民間企業は二度と日銀の見解に耳を傾けなくなってしまったのではないか、ということが私としては一番の心配でした⒂

実は変動相場制に移行した直後、1971年8月30日の臨時支店長会議で、佐々木が「反省の弁」を述べていたことはあまり知られていない。

9階の大会議室に集まった支店長と幹部職員を前に、佐々木は「いったん閉鎖すると為替市場を再開する際には何らかの新しい措置を実施せざるを得ないであろうが、それだけの自信なり展望がなかった」と正直に認めたうえで、次のように話した。

今にして思えば、海外からの投機資金はほとんど流入しなかったものの、わが国の企業や銀行による外貨売却は予想外に大きく、外貨の流入という点では見通しが甘かったことは否定できない（中略）今回の措置（フロート移行）に踏み切るまでを振り返って言えば、いろいろな批判があるようだ。その一つは銀行だけがリスクを回避できるように誘導したのではないかという声である。（中略）銀行の資金貸し返済等に関する本行の指導にはいくぶん一貫性が欠けていた点は認めざるを得ないが、この点は切り上げ不安の強い折に円転換規制といった行政指導的色彩の強いもので銀行に買い持ちを強制させていたのはやはり無理があったと反省している(16)

ひとり日本だけが市場を開け続けた1971年夏の判断は歴史的失策だった、というのがその後日銀内では定説となっている(17)。

特別声明は簡素に柔らかく

欧州の後を追って日本もフロートに移行したことで、次の焦点は新たな基準レートをいつどのように設定するかに移っていった。

変動相場制はあくまでも暫定的な措置であり、1ドル＝360円に代わる新たな「平価」が早晩設定されると通貨当局者たちは思っていた(18)。

1971年も9月に入り、多角的通貨調整という難解なパズルを解く作業が始まった。いわばその前哨戦という形で、まず日米両国が9月9日からワシントンDCで対峙する。第8回日米貿易経済合同委員会に出席するため、日本から蔵相の水田三喜男、外相に横滑りした福田赳夫、通産相の田中角栄ら主力閣僚がワシントン入りした。

日本にとって死活的に重要なこの会議を前に、米国務長官のウィリアム・ロジャーズが大統領のニクソンに宛てたメモに米側の戦略が記されている。

今回の協議でわれわれの方から切り上げ幅を示唆するつもりはないが、もし日本が10％近辺の数字を提示してきたら、さらに大きな数字が必要だと示唆する必要があるだろう(19)

これを受けて、大統領補佐官のヘンリー・キッシンジャーは9月5日、財務省などとの意見調整を経て次のような対処方針を大統領に提案し、了解を取り付ける。

一、73年末までに日米貿易収支を均衡させることが重要かつ可能であると米国が確信していることを伝えること

二、優先目標は円の大幅な切り上げを含む主要国通貨の再評価実現である。ジョン・コナリー財務長官には、もし本人が望むなら「15─20％」の切り上げが必要であることを日本側に私的に伝える権限を与えること

三、輸入課徴金については、われわれの対外ポジションが保証されたときに撤回すると示唆すること(20)

9、10の両日開かれた合同委員会で、米側はこの方針に沿って交渉に臨み、大幅切り上げを回避したい日本を激しく揺さぶった。

米側はまた、通貨調整だけでなく、ニクソンがこだわる繊維製品や自動車、家電製品の対米輸出自主規制、米国製コンピューターや牛肉、オレンジの輸入自由化、さらには在日米軍の駐留費肩代わりなど次々と要求項目を並べ立てた。沖縄返還の見返りと貿易収支の早期改善を求める米側のボルテージは高まる一方だった。

同席した財務官の細見卓は、「円の切り上げについて言えば、25%ぐらいというようなことを言っておりました。(中略)放っておくと大変な黒字になってしまう数字がその当時公表されておったものですから、彼らは盛んに大幅な切り上げ、たとえば25%というような言い方をしております」と史談録で証言している。

25%切り上げ(IMF方式)だと1ドル＝288円程度、15%でも313円となる。日本側からみてとても受け入れられない水準だった。もちろん、この数字は対外秘とされ、差し障りのない相応の言い分と友好関係の再確認を綴った共同声明を採択して合同委員会は閉幕した。

蔵相の水田は、このあとカナダの軍用機でトロントに飛び、日加閣僚委員会に出席したあと、今度は大西洋を渡ってロンドンで10カ国蔵相会議(G10)に参加した。

多角的通貨交渉の主舞台となるこのG10で、欧州各国は「危機の原因は米国のドル垂れ流しにある」と非難し、輸入課徴金の撤廃とともに金価格の引き上げ(ドルの切り下げ)を米側に要求した。黒字国だけでなく、赤字国の米国も相応の負担をすべきだという主張だが、同時に通貨調整により欧州各国が保有する金準備の評価損を回避したいという思惑もあった。

これに対し、財務長官のコナリーは「新経済戦略は130億ドルの不均衡改善を目標にしている」と国際収支改善の具体的な数値目標を掲げ、これを黒字国の責任で実現するよう迫った。同時に、ドルの切り下げには絶対に応じられないと反発した。金に対するドルの切り下げは、すなわちニクソン政権の経済失政を認めることになるからだ。

これを皮切りに交渉はＩＭＦ総会やＯＥＣＤ、次官級のG10代理会議など場所とメンバーを変えながら断続的に続けられるが、とりわけドル切り下げをめぐる対立は激しく、議論はなかなか進展しなかった。(21)

8月の柏木雄介に続き、2週間足らずで地球を一周することになった水田は、通貨調整の難しさと円切り上げに対する要求の強さを再認識させられた。

そんな厳しい状況を逆に利用してはどうかという「逆転の発想」が出たのは、9月16日夜のロンドンでの夕食会の席である。日米、日加、そしてG10に出席した今こそ、円切り上げの必要性について日本国民に訴えかける好機ではないのか――。水田に進言したのは細見だった。

細見は財務官に就く前まで主税局長を務めていた。税制改正に取り組んだ経験から、国民にある種の「負担」を求める際には事前の根回しと簡易な説明が必要であることを分かっていた。史談録で細見はこう話す。

多少芝居じみた感じもしないわけじゃないですけれども、何かこういうきっかけとか、何かの大きな行事の後でもないと、なかなか態度の変更というようなことを公表するのはむずかしいわけですから、われわれもそういうことを水田さんに申し上げて、ここで考えが変わったということを打ち出す、つまりアメリカと交渉し、カナダと話し合い、しかもここで10カ国蔵相と会ったわけで、その後の世界の動きと、あるいは世界が日本に対して何を期待しておるかということがわかったんだということを言うには絶好のチャンスだと

同行した財務官室長の行天豊雄の話では、まず細見が原案を考えて口述し、それを行天らがメモに書き留め、徹夜で声明文に仕立て上げた。

翌朝これを見せたところ、水田は2、3カ所に筆を入れ、過去に例のない「大蔵大臣特別声明」が仕上がった。政策運営に関する文書は、それが大臣発言であっても大臣官房文書課のチェックを受けるのが大蔵省のしきたりだったが、細見は文案を本省に伝える際、「これは大臣の政治的な声明文だから一字一句直してはいけない」と厳命したという。

9月18日、土曜日。午前11時過ぎに帰国した水田は、羽田空港近くのホテルで記者会見し、「国民に呼びかける特別声明」を発表した。

私は妥当な範囲内であれば、円の切り上げは日本にとって必ずしも不利ではないと考えるものであります。円の他の通貨に対する価値が高まるということは、とりもなおさず戦後26年のわれわれの努力によって日本経済の実力が高まったことの表われであり、皆様のもっておられる円の国際的な購買力が増加することに他なりません

4000字を超える声明は、水田のたっての希望で「簡素で柔らかい言葉」(細見史談録)が用いられ、中央省庁の文章には珍しい、国民に語りかけるような内容だった。円切り上げを前向きにとらえようというこの部分などは、昭和天皇が那須御用邸で水田に問いかけた場面を彷彿させる。声明の要旨は次のとおり。

一、国際経済不安の原因は米国の国際収支悪化にあり、不安解消のため平価調整を含む打開策が必要。しかし解決にはさらに相当の期間を要する見通しである

二、もし国際協議によって解決が図られるなら進んでそれに参加する。ただし、協議が成立したときは輸入課徴金は直ちに撤廃されなければならない

三、平価の再調整を含む共同行動は必要なことである。日本単独で切り上げを行っても解決にならないばかりか、かえって国際交渉における立場を弱めることになる

四、必要なのは冷静な思慮と沈着な行動であり、政府としても景気の落ち込みを防ぐために必要な措置を講じる(22)

ニクソン・ショックから1カ月。ついに政府は「円切り上げ」のタブーを破り、新たな平価設定に向けた多角的通貨交渉に臨む方針を明確に打ち出した。

この日、外為市場ではドルが一斉に売り込まれ、出来高は久しぶりに1億ドルを超えた。

ダーティか、それともクリーンか

思いを込めた特別声明にもかかわらず、円切り上げへの恐怖心は鎮まらなかった。

主要企業の海外との大口の商談は8月16日から軒並みストップし、9月半ばまでの新規輸出成約は平年の1割ほどに落ち込んだ。為替の先物予約が事実上できなくなったため、為替変動リスクを恐れる貿易業者は身動きが取れなくなり、他方で数カ月分の受注残を抱えていた主要輸出産業は、円相場の帰趨を見極めようと様子見を決め込んだ。

この結果、「輸出立国」の機能は1カ月にわたってほぼ停止状態に陥る。産業界からは、もし新たな平価を設定するなら「できるだけ早く、しかも小幅な切り上げにとどめてほしい」という悲鳴が噴き出した。

もちろん通貨当局も、フロート移行後の円相場を外為市場の自由意思に任せる気は毛頭なかった。変動相場制はあくまでも暫定的な緊急避難に過ぎず、いずれ新平価による固定相場制に復帰させる腹積もりだった。

外国局総務課長の緒方は史談録でこう打ち明ける。

「だんだんフロートして自由にしなきゃいけないと思いながら、まだ固定相場時代だと思っているわけです。変わるのは平価であって、あくまで変動相場は過渡的なものだ。僕もそういうふうに思っていました」

柏木も「全部市場に任せるなどというのは無責任極まると思う。(中略)マーケット・ノウズ・ベストじゃ困る」[23]とのちに語っている。

こうした当局の思惑と産業界の悲鳴はやがて共鳴し、徹底管理された「日本型フロート」が着々と形作られていく。

まず大蔵省は商社やメーカーによる輸出代金の前受け(リーズ)について、8月31日付で1件1万ドル以下の小口のものを除いて許可制に切り替え、前受けしたドルを円に転換することを事実上禁止した。さらに9月1日、証券会社経由で海外からの投機資金が流入しないよう証券会社の外貨特別勘定の残高規制を追加。その後、円転規制と対外債務残高規制を行政指導から省令改正に切り替えて法定化し、円転規制については従来の月中平均残高および月末残高ベースから毎日残高ベースに変更するなど矢継ぎ早に管理強化を打ち出した。

一連の対策は、輸出前受金をはじめとする為替管理上の「水漏れ防止」を狙ったものだが、これと並行して外為市場では市場介入を使った巧みな相場誘導が展開された。『日本銀行百年史』にこうある。

永い間1ドル＝360円に慣らされていたため、それが崩れたとき、それにかわるレートがいかなる水準にあるべきか、当時の人々にはそうしたいわゆる新しい相場観はできていなかった。また（中略）政府は円の切上げ幅を極力小幅にとどめようとする強い意向をもっていた。当時の実情は、為銀をはじめ市中の市場関係者がいかなるレート水準へ相場の誘導が行われるのか、日々、否刻一刻かたずをのんで当局の一挙手一投足を見守るなかで、相場形成自体は事実上完全に当局にゆだねられるという状態に近かったといえよう(24)（傍点筆者）

『百年史』によると、相場誘導の実態は、日銀が日々のレートについて「水田蔵相の指示」を受け、外国局と国金局が緊密に連携しながら「市場の秩序を維持しつつ、望ましい円レートに向けてソフト・ランディングを図る」というものだった。つまり日銀は大蔵省の意向を確認しながら為替介入のレベル（介入点）をじわじわと引き上げ、緩やかな円高を演出していたのだ。

フロートとは名ばかりの市場操作により、円レートは9月以降、「半月で1％」という極めて緩慢で安定したテンポで上昇カーブを描くことになる。『日本銀行百年史』に記録されたフロート移行後の円相場（東京市場、インターバンク直物）の推移は次のとおりである。

8月28日　341円30銭（旧平価比5・2％の円高）
9月月央　337円55銭（　同　6・2％の円高）
9月末　334円21銭（　同　7・2％の円高）
10月月央　329円47銭（　同　8・5％の円高）

こうした動きに対し、9月末のＩＭＦ総会で西独蔵相のカール・シラーは「ダーティ・フロート」と日本を厳しく批判した。ニクソン・ショックのあとマルクは10・5％切り上がったのに円の上昇幅はあまりにも小さく、今後の通貨調整で円の切り上げ幅をマルクより大きくすべきである、という指摘だった。細見はこう回想する。

「ダーティ・フロート」と相当口汚くののしられました。あのときは、そういわれても仕方ないんです。（中略）そのころの日本のやり口というのが、諸外国に知能犯をやるんだなと、印象づけられちゃったんですね。確かにマルクはどんどん上がっていくのに、円は上がらなかったんです。（中略）要するに

新しい固定平価を決めるために日本はあらゆることをやってフロートアップを抑えていると言われたんです(25)

通貨当局の管理下に置かれた「ダーティ・フロート」の対義語は、自由変動相場を意味する「クリーン・フロート」だが、これに関する緒方の史談録は実にフランクで興味深い。

(日本は)フロートしたけれども、もちろんクリーン・フロート・アップをする勇気も意志もないのです。というのは、基準為替相場の多角的調整が行われることは必至だったし、その場に出なきゃならない。(中略)交渉事だと、できれば小幅にしたい。日本がいちばん大幅になるかもしれないけど、小幅にしたいという気持ちはありました(中略)。やっぱりまったく自由にしてしまうことについては自信がなかったんだと思うのです

外からの批判を受けながら、通貨当局は「日本型フロート」の落としどころを懸命に模索し続けた。

比類なきエリート

予想もしない固定相場制の崩壊は、ようやく底入れしかけた国内景気に氷水を浴びせかけた。頼みの輸出は凍りつき、株価は急落を続け、景気の先行き不安が産業界を覆いつくす。「エンキリ(切り上げ)で昭和初期の大不況が再来する」といった経済評論が出回った。

日銀はすでに7月までに公定歩合を4回連続引き下げ、懸命に景気を下支えしてきた。公定歩合は年5・25％で、戦後最低の水準にあった。

その緩和効果によってマネーサプライ（通貨供給量、現在はマネーストック）は年初から増勢を強め、6月にM1ベース（現金＋要求払い預金）で前年同月比25・2％、M2（M1＋定期性預金）で20・6％という8年ぶりの高い伸びを記録した。7月にはさらに26・6％、21・3％増と勢いを増す。

マネーサプライが伸びたのはもっぱら銀行融資が増えたためで、全国銀行の貸出残高は6月に20・7％増加している。春先以降の大量のドル買い・円売り介入の結果、銀行の資金ポジションは改善し、それが融資を後押しするというサイクルが作動し始めていた。

このため佐々木は「金融面で打つべき手はすべて打った」と繰り返し、追加緩和には慎重な姿勢を示してきた。が、すべての見通しがニクソン・ショックで崩壊した。

9月末のIMF総会から帰国した佐々木は、「公定歩合引き下げもニクソン・ショック後の日本経済を洗い直す中で政策的にどうするかを決めたい」(26)と、第5次利下げの検討を示唆せざるを得なくなる。

在庫調整の一巡により回復しかけていた企業マインドは再び冷え込み、10月18日の日銀支店長会議では「景気回復のきざしは大きく後退した」「来年1―3月にかけて不況が深刻化する」といった弱気の報告が相次いだ。またマイナス基調で推移していた卸売物価指数（WPI、現在は企業物価指数）は9月に一段と落ち込み、消費者物価指数（CPI）も上昇率が鈍化する。急激な円高により景気は再び調整局面入りする気配を見せていた。

佐々木は昭和恐慌が始まった１９３０年（昭和5年）に日銀に入り、37歳で企画課長（初代）、40歳で総務部長、47歳で理事となった比類なきエリートである。前蔵相の福田と同じく、第二次世界大戦前にロンドン駐在を経験し、金解禁と米国発の恐慌が戦争につながっていくプロセスを欧州の地で目撃した。

調査局長を務めた呉文二は、こんな佐々木のエピソードを自著に記している。

「佐々木さんはわれわれに時々日銀入行当時の話をされ、不況のため大学卒業時に就職の決まっていない人が沢山いたなどと語っていた。若いころの深刻な不況の体験が佐々木さんの円切り上げに対する態度に影響を与えていたのかもしれない(27)」

また、元理事の外山茂も「切り上げをしたら、昭和四～五年の金解禁と同じことになると故・高橋亀吉さんは強調しておられた。日銀上層部としては、あのとき失敗をしたのは井上準之助や深井英五（当時副総裁）という日銀の大先輩であるから、余計に切り上げを回避したかったのだろう」と語る(28)。

佐々木自身、「今でも思い出すのは、入行当時の不況のすさまじさと、その後の〝満州事変〟から戦争に突っ込んでいく時代の勢いがまず第一に浮かぶ(29)」と語っている。

昭和恐慌は金解禁に伴う円の実質切り上げと浜口雄幸内閣の緊縮財政、それにニューヨーク発の世界恐慌という3つの要素が同時期に重なった結果だった。ドルのばらまきで世界的にインフレ傾向が強まっていた70年代とは明らかに環境が異なっていたが、それでも佐々木は円切り上げを最小限にとどめ、不況を未然に防ぐべきだと考えた。

これは戦後復興の担い手に共通することだが、佐々木もまた経済成長と国際収支を重視する当局者の一人だった。もちろん大蔵官僚のような高度成長志向ではなく、インフレなき安定成長を目指していたが、副総裁時代には「国際収支と物価に支障をきたさない限り、できるだけ高い成長を遂げるのが理想だ」と言い切っている。[30]ここは二番底に入りかねない景気を早く上向かせ、内需回復による黒字減らしに取り組む以外にない、と固く信じていた。

佐々木のこんな回顧談が残っている。

「円が切り上げられたら、どういう影響があるだろうかということですね。(中略)輸出はガクンと落っこちるだろう。そして輸入はふえてくる。国際収支は非常に悪化をきたして、資源のない国として日本は国際収支のつらさを味わわされるんじゃないか。そういう恐れを非常に感じましたよ」[31]

このころ毎日のように総裁室に通っていた外国局長の藤本巌三は、佐々木の言葉の端々に「国際収支の赤字に悩まされていたころの日本の姿の残像があった」と回想し、「いま思えば認識を早めに改めるべきだった」と振り返っている。[32]

II

コナリー台風と4つのオプション

秋も深まり、「外交の季節」がやってきた。

まず長年の懸案だった日米繊維交渉が10月15日、ついに決着を見た。

戦後初の日米貿易摩擦となったこの問題は、ニクソンが日本からの毛・化学繊維製品輸出を規制する「政府間取り決めを交わす」と大統領選で公約したことに端を発している。

米側は沖縄返還の見返りとして協定の締結を迫ったが、佐藤政権は国内業界の猛反対で身動きできず、交渉は遅々として進まない。それを通産大臣の田中が手厚い国内保護を約束することで突破し、3年越しでけりをつけたのだ。

米側の要求に沿って繊維製品の輸出を規制するこの協定は、このあと自動車や半導体にも準用されることになるが、調印当時は沖縄返還を円満に実現させ、あわよくば円切り上げ圧力を和らげてもらうための代償と受け止められ、「糸を売って縄を買った」などと陰口を叩かれた。(33)

これに続き、外交上の重大問題となった国連の中国代表権問題が落着する。国連総会は、10月25日深夜、

「中国招請、台湾追放」の決議案を圧倒的多数で可決した。台湾の追放阻止に向けて日本が米国などと共同提案した決議案は否決され、親台湾派の佐藤栄作は、再び窮地に立たされた。

そして沖縄返還協定をめぐり国会が大荒れとなっている最中に、米財務長官のコナリーが突如来日することになった。南ベトナムなど東南アジアを歴訪した帰途に立ち寄るという突然の来訪に、マスコミは「コナリー台風が上陸」と騒ぎ立てた。

かつてコナリーは、ジョン・F・ケネディが暗殺されたときにたまたま大統領車に乗り合わせ、流れ弾を受けた。この数奇な運命が彼を有名にし、民主党員にもかかわらず共和党政権で抜擢されることになった。

8月のキャンプ・デービッド会議に出席したハーバート・スタインは、「彼はニクソンの要求を完全に満たしていた。彼は背が高く、ハンサムで力強く、派手で魅力的であり、少人数の場でも多人数の場でも卓越した話し手であり、政治的であった(34)」と評している。

ニクソンの信頼を得たコナリーは、通貨調整だけでなく、輸出規制や輸入自由化、さらには防衛費負担に至るまで一手に引き受け、日米交渉で次々と要求を繰り出した。その強引で速射砲のようなスタイルから、日本では「早撃ちコナリー」と恐れられていた。

11月9日夜、初来日したコナリーは、4日間の滞在中に蔵相、外相、通産相、農林相らと精力的に会談し、11日には首相の佐藤と2時間以上にわたり2人だけで話し込んだ。全日程を終えたあと、記者会見で「私は何も要求しなかったし、円や他国の通貨について具体的な議論はしなかった」と語ったが、佐藤との会談で次のような発言を行ったことが米財務省側の記録に残されている。

われわれの研究では、円は二四％切り上げられるべきだという結論がでています。ちなみにマルクは一八％、フランは一三％それぞれ切り上げられねばなりません。もちろん、政治的な問題を考えれば、これを一回でやることは難しいかもしれません(35)

また、細見の史談録によれば、これに先立つ水田との個別会談でも「かなりのブラフで、大幅な切り上げをしなきゃ世の中はおさまらない、あるいは貿易について思い切った自由化をしろとか、あるいは場合によっては輸出抑制をしろとかいうようなこと」を繰り返したという。20％を超える大幅切り上げを迫るコナリーの要求は、日本をさらに追い詰めた。

この間、円レートはじりじり上昇を続け、直物で1ドル＝328円、先物では318円をつけていた。10月以降、米国向け輸出成約も順調に回復し、それに伴う実需のドル売りを吸収し、円の急騰を抑え込む「日本型フロートアップ」の取り組みが続けられた。

当時の苦労について、細見は史談録でこう回想する。

政治家たちにとってはハッピーな環境じゃないものですから、フロートアップしていく幅を認めてもらうといいますか、大臣や総理とうまく連絡をとって切り上げていくというのはわりあい難事業でして、まあきげんのいいときを見ては少しずつ円を切り上げるのを認めてもらうというようなかっこうで切り上がっていって、（中略）大体320、30円というところでおさめたいというのが当時まさに政治家たちゃ財界の人たちの感触だったと思いますから、ここまで来るとなかなかただでは済まないというので、多少とも悲壮感が出ております(36)

コナリー台風が去ったあと、11月15日午後9時から多角的通貨調整に向けた省議が大蔵省で開かれた。出席者は水田、事務次官の鳩山威一郎、官房長の竹内道雄、調査企画課長の佐上武弘と財務官の細見、稲村光一ら国金局の幹部数人。翌16日から始まるOECDの会議に柏木が出席するため、コナリーの法外な要求に対する日本の方針をそろそろ決めた方がよいと考えたのだ。

細見の史談録や『昭和財政史』によれば、会議に用意された選択肢は4案だった。

(A案)ドル7%切り下げ。マルク4%、円7%各切り上げ(円レート315・79円)
(B案)ドル6%切り下げ。マルク3%、円6%各切り上げ(円レート321・43円)
(C案)ドル5%切り下げ。マルク3%、円5%各切り上げ(円レート327・27円)
(D案)ドル5%切り下げ。マルク6%、円9%各切り上げ(円レート315・79円)

それぞれの案には他の欧州主要国とカナダの通貨調整幅が細かく設定され、これを基準に米国の国際収支がどの程度改善するかが試算されている。調整幅の大きいA案とD案は80億ドル改善するが、B案だと65億ドル、C案は50億ドルの収支改善にとどまり、これでは輸入課徴金が撤廃されるかどうか分からない。

また、国内の円レートの許容水準については「315—320円程度」が大勢ではあるが、時間の経過とともに円高になる傾向があること、産業界は「早期」「小幅」の切り上げを期待しているが、「小幅」よりも「早期」に重点があるのではないか、といった報告があった。[37]

これらを総合的に判断した結果、省議ではB案、あるいはA案が望ましいという結論に達し、「B案ぐらいでヨーロッパでサウンドする」(細見史談録)ことが決まる。

A、B両案とも14～15%の大幅な切り上げとなるが、①現時点までのフロートアップが9・5%あり、②発動された10%の輸入課徴金の効果をレート換算すると「2・2%程度」となることから、「14～15%の切り上げというのは、11月でのフロートアップの現状からすれば実質的にはプラス2、3%の切り上げ」(同)ですむと計算したのである。

日本として切るべきカードは用意し、次の交渉に向けた態勢は整った。

同じころ、欧州はドルの切り下げを含む主要通貨の調整案を米側に内示し、事態打開を探ろうと動いていた。パリのOECD会合に出た柏木は、何とかクリスマスまでに結論を出したいという気持ちが欧米に広がっているのを敏感に感じ取ったという。[38]

沖縄返還協定の反対闘争が国内で最高潮に達したのもちょうどこのころである。11月19日夜、大規模なデモや集会が国会周辺を含む各地で展開され、過激派集団の投じた火炎瓶により日比谷公園のレストラン松本楼が焼き討ちされる事件も起きた。

宮殿から博物館へ

米国と欧州が激しく対立し、膠着状態が続いていた多角的通貨交渉に光が差したのは11月30日からローマで開かれたG10蔵相会議だった。

ロンドン、ワシントンに続く3回目のG10は、ローマ中心部にある美術館を兼ねた優美なコルシーニ宮殿で開かれ、日本からは水田、佐々木、柏木、細見らが出席した。東京市場では通貨調整の早期決着を予想したドル売りが膨らみ、円のフロートアップ率はこの日、ついに10%を突破した。

G10とこれに先立つ日米蔵相会談で、コナリーは「19%ぐらいの案」(細見史談録)を日本側に示し、水田は「不当な大幅な切り上げは受諾できない」と反論した。

また佐々木の記憶によると、FRB議長のバーンズから「円の切り上げ幅は20%」と言われ、「それは2回分かい。そんなことをしたら日本経済はつぶれてしまう」「せいぜい11~12%だと言って、バーンズ議長とやりあった」[39]という。いずれにしても日本側が用意した14—15%案では、とても合意にはたどり着けそうになかった。

輪番により議長を務めたコナリーは、初日から大臣と総裁だけの「秘密会議」に強引に切り替え、ここで米国独自の切り上げ案を提示する。だが、金価格の引き上げ(ドルの切り下げ)を求める欧州はこれを相手にせず、コナリーへの感情的な反発も加わって議事は膠着状態に陥りかけた。

しかし、2日目に入り景色が一変した。

議長のコナリーに代わり米国代表代理を務めた財務次官のポール・ボルカーが、「単に仮定の話ですが、われわれが金価格の問題を討議する意図があるとしましょう。もしわれわれが金価格を10%ないしは15%引き上げるとしたら、どうこたえるつもりですか」と発言した。

すると、コナリーが待っていたように「いま問題が提起されました。10％と仮定しましょう。皆様方はどうしますか」「同時に輸入課徴金を撤廃するとすれば、どの程度の平価調整に応じるか示してもらいたい」とたたみかけたのである(40)。

2人で示し合わせた譲歩案の提示に他の国々が驚いたのは言うまでもない。

その様子をコナリー自身がこう振り返っている。

「よろしい、問題の解決に必要なら、アメリカはドルを一〇％切り下げよう」と言ってやったのだ。その途端、会場は静まり返った。誰も発言しない。顔を見合わせてささやくばかりだ。長い長い時間が経過した。三〇分以上だったかな。英国の蔵相トニー・バーバーが、やっと口を開いた。「そんなに大幅にドルを切り下げては困る」「ドルを切り下げろと言ったのは、あなた方ではないか」「それはそうだが、そんなに大幅では困る」(中略)ま、こんな具合だった(41)

それまでドルの切り下げを拒み続けてきたコナリーの突然の心変わりには、西側同盟国とのこれ以上の対立を危惧したホワイトハウスの意向が働いたとされる(42)。米議会でもコナリーの強硬路線に対する批判が高まっていた。ただ、動機はどうあれ、この思い切った路線転換により、通貨調整の年内決着に向けた気運は俄然高まった。次回会合は12月17、18の両日、ワシントンDCで開かれることになった。

米国の首都には国際会議にふさわしい施設がいくつもあるが、コナリーが選んだのはスミソニアン博物館である。選定の理由について柏木は、ライバルである国務省の国際会議場を敬遠し、ローマのコルシーニ宮殿に対抗できる歴史的建物を選んだのだろうと回顧録に記している。政治家であるコナリーは、ローマではなく、ワシントンで「まとめる自信を有していた」(43)のだ。

このスミソニアン会議の直前、大西洋に浮かぶポルトガル領アゾレス諸島で米大統領ニクソンとフランス大統領ジョルジュ・ポンピドゥによる首脳会談が開かれた。

12月13、14の2日間にわたる話し合いで、両首脳は、①輸入課徴金を廃止し、金の価格を1オンス＝35ドルから38ドルに引き上げる、②為替変動幅は上下各2・0％から2・5％とする、③ドルの交換性回復は結論を急がない、との電撃合意に達した。3日後に迫ったG10の合意の枠組みを事実上決めるものであり、それまで徹底的に「ノン」と言い続けたフランスに米国が根負けし、花を持たせる形となった。

ただ、この合意の中身はスミソニアン会議まで極秘扱いとされ、フランスを除く欧州各国と日本は手探りで対処方針を決めざるを得なくなる。新たな対ドル相場の設定に向けて、日本は再び苦境に立たされた。

スミソニアン会議に臨む日本政府の方針を決める会議は、米仏首脳会談に先立つ12月7日午前、首相官邸で開催された。

首相の佐藤、蔵相の水田、日銀総裁の佐々木のほか、外相の福田、通産相の田中、官房長官の竹下登らが出席し、焦点の円切り上げ幅について「水田がワシントンDCから首相に訓令を仰いで決める」ことを確認する。

これを受けて大蔵省は、①受け入れ可能な合理的通貨調整に全力を尽くす、②要求が受け入れ可能な切り上げ幅を上回り、調整不可能な場合は交渉を打ち切る、③輸入課徴金の段階的廃止が提案された場合は受け入れも考慮する、などの基本方針を固めた。

また、当面の外為市場対策について「欧州の状況をにらみつつ、市場の閉鎖を行うことも考えられる」との方針が13日に決まった。大蔵省内では当初、「特別の対策は不要」との意見が強かったが、日銀との話し合いで「大量のドル売りが生じた場合、一定の相場で買い支えれば国損が生じ、国損回避のために介入を停止すれば異常な円高相場が実現し、交渉上不利になる」との判断に至る。[44]ニクソン・ショック時の「失敗」を繰り返したくない日銀側の強い申し入れによるものだった。

焦点の円ドル相場は、11月半ばまで「半月で1％」のペースで緩やかに上昇したあと、通貨調整が進展するとの思惑とともに再び騰勢を強めていた。商社やメーカーなどがあらゆる手段を使って輸出成約や決済の前倒しを図り、為銀によるドル売りは11月下旬から12月上旬の間に約15億ドルに達した。

ローマ会議前に10％のフロートアップ率を突破した円相場は、スミソニアン会議を前に12％まで上昇し、1ドル＝320円割れ寸前となる。繊維交渉をまとめ上げ、勢いに乗る通産相の田中も「1ドル＝315円以内」で決着させるべきだと水田に圧力をかけた。

円切り上げ報道は過熱し、「限度は315～320円」「対ドル310～315円」といった見出しが連日のように紙面をにぎわせた。

12月15日。首相公邸で水田と会談した佐藤は、日記にこう記している。

八時半から水田大蔵大臣と会談。（中略）米国もいよいよ弗の切り下げにふみきった様子なので、その率に対応して当方も切り上げの巾をきめる事となる。今回は時日も経過してるので、切り上げ巾も大巾でも余り影響混乱はないと思へる。然し十四%台にはとゞめ度いといっておいた(45)

切り上げ率14%台とは1ドル＝315円（14・3%）ほどである。

不安と期待を一身に背負い、水田、佐々木ら全権団は現地時間15日（日本時間16日朝）、ワシントンDCに入った。

「おれは死にたくない」

多角的通貨調整の終着点となるG10蔵相会議は、12月17日午前11時過ぎ（日本時間18日未明）からスミソニアン博物館本部で始まった。

ローマに続いて議長を務めたコナリーは、この場で初めて米仏合意の内容を明かし、日本に19・2%、西独に14%の切り上げ案を提示した。金価格の引き上げ（ドル切り下げ）を含む米仏合意に英国、オランダ、ベルギーとスイスが同調し、早くもG10の半数がまとまった。残るは日本、西独、イタリア、スウェーデン、カナダ。最大の切り上げを求められる日本の出方で、会議の帰趨が決まる展開となった。

日本時間12月18日の『佐藤栄作日記』に重要な記録が残っている。

（参議院沖縄特別委員会）終了後福田外相、田中通産（大蔵代理）、山中農相代理と木村経企庁長官と集って、

鳩山次官から通貨問題をきく。今日の処は結論は出ないが、あすは足どめをして、水田君に一弗三百十五円から三百拾円までの巾の交渉をまかす。勿論新聞には極秘

上限となる1ドル＝310円は16・13％の切り上げで、米側の要求とはなお開きがある。初日の会議は夜10時まで続いたが、結論には至らなかった。

会議2日目の12月18日、土曜日。各国間の調整が進展しないなか、日本側は「全体会議ではなく、2国間でざっくばらんに話そう」と米側に持ち掛けた。標本がいくつか展示された博物館内の小部屋が用意され、全体会議の休憩時間を縫ってコナリーと水田の差しの会談が実現した。

通訳として同席した行天の回顧録によると、コナリーはここで要求を18％に引き下げた。これに対し、水田は「おれは駆け引きなんかしたくない。ぎりぎりのところで数字を決めたい」と返す。

コナリーが「分かった。何％上げられるか」と聞くと、水田は「17％より下ならいい」と答えた。同席者によると、理由を尋ねられた水田は次のように話したという。

「日本が1930年に金本位制に復帰した際、円は切り上がったがその幅は17％であった。日本経済は不況に陥り、復帰を決めた大蔵大臣は暗殺されてしまった。だから日本にとって17％という数字は不吉なものなのだ。おれは死にたくない」(46)

新平価を決める最も重要な局面で、水田が説得材料に使ったエピソードは金解禁だった。

浜口雄幸内閣が決断した金解禁は大幅な円高をもたらし、ニューヨーク発の世界恐慌とも重なって日本経済は深刻なデフレに陥った。その後、浜口は東京駅で狙撃され、蔵相の井上準之助も退任後にテロの襲撃に

倒れ、日本はそのまま戦争への道を進んでいく。奇しくも前任の福田が造幣局の式典に向かう車中で話したプロローグの逸話と同じである。

水田の口から突然出た「暗殺」という言葉に、コナリーが「ちょっと驚いたような顔」をしたのを行天は覚えている。行天もハッとしたという。

ケネディ暗殺の現場に居合わせた経験があったからかどうかは不明だが、話を聞いたコナリーは「分かった」と言い、即座に切り返した。

「では、いくらならいいのか」

その瞬間、水田の脇にいた行天が一枚の紙を差し入れる。315円から1円刻みで切り上げた場合、それぞれ何%の切り上げ率になるかを示した一覧表である。

水田は一覧表に目をやり、覚悟を決めて言った。

「308円だ」

1ドル＝308円だと、切り上げ幅は16.88%となる。17%を切るぎりぎりの線である308円を水田は咄嗟に選択した。

「16.88%で御勘弁願いたい」と言った水田に、コナリーは「オーケー」「コンマ1でけんかしませんよ」と応じ、この瞬間、新たな固定相場が決まった。会談時間はわずか5分だった。

細見は史談録で、(47)「向こうは305円というようなことを盛んに言っておったわけですが、5と10の間――われわれは310円ぐらいがぎりぎりだと言っておったわけで――10と5の間、8ということで、コナリーがそれを了承して(中略)308円になった」と語る。

これに対し、一覧表を差し入れた行天は、308円が水田の「咄嗟の判断」だったと証言し、「そのときその表を見て、ここが落としどころだと思ったのではないか。コナリーと会う前に水田さんの中に最後の落としどころはなかったと思う」と話している。(48)

実は、この落としどころをめぐって、細見と事務次官の鳩山との間でちょっとした「論争」が起きている。米国東部時間18日の午前11時過ぎ、細見は鳩山の自宅に電話をかけた。そこで日米の開きが依然大きいこと、欧州勢が強硬であることを報告し、こう打診した。

「最後は17％弱、1ドル＝308円という線を飲まざるを得ません。申し訳ありませんが、首相や関係する方々の了解を取っていただきたい」

佐藤の日記にもあるように、首相が発した訓令は「1ドル＝315円から310円までの幅の交渉」である。鳩山はお話にならない、と言わんばかりに声を荒らげた。

「そんなものを結ぶんだったら、交渉をやめて日本に帰ってこい」

スミソニアン会議の直前、大蔵省国金局はワシントン―東京間の国際電話が米側に盗聴されないように為替レートを暗号にした一覧表を作り、全権団と残留組の幹部に手渡していた。交渉権限にかかわる新たな訓令を求める際に「生の数字」を電話口で言うわけにはいかないとして、円レートを「黒潮に乗ってのぼってくる鰤」にたとえ、「室戸岬に来たら何円」「紀州を回ったら何円」などと言って本国とやり取りすることにしていた。

ところが細見が電話をかけたとき東京は19日午前1時過ぎで、自宅にいる鳩山は肝心の「暗号表」を持っていなかった。

「家にはそんなもの持っておらん」と言う鳩山に対し、細見は米側に盗聴されているかもしれないと思いながらも「生の数字」を伝え、訓令の310円との開きは2円しかないと懇請した。鳩山はそれでも「帰ってこい」と繰り返したが、「最後はぷうっと怒って、おれはこれから風呂に入ると言って」電話を切ったという。(49)

ただ、このあと鳩山が抜かりなく根回しをしたことは、柏木が史談録で次のように明かしている。

「佐藤総理の了解が310円までは権限をもらって行ったから、そのときには当時の細見財務官が鳩山次官に電話をかけて、鳩山君が総理のところへ行って「2円ぐらいならいいじゃないですか」ということでご了解を得て308円になった」

鳩山からの報告を受けて、佐藤が「残念だが、ここまできては仕方がない」と308円を了承する訓令を出したのは、日本時間19日午前3時(米東部時間18日午後1時)ごろだったという。(50)

ただ、水田と細見は東京を発つ前、ひそかに佐藤から事前了解を取り付けていた。

細見の史談録によると、

スミソニアンに出かける前に、暮夜ひそかに佐藤総理に公邸の方へ呼ばれて行ったときに、切り上げ率はどうだというわけで、なかなかそう低い切り上げ率というわけにはいかないと答えています。(中略)総理は大変強気で、水田さんに対し「いや、それは君、日本国がここまで来たんだから、1%や2%切り上げ率にこだわることはないよ。君、元気にやれ」というようにいわれてきているということでした。私が総理に「それじゃ幾らぐらいまでいいんですか」と言ったら、「そう無制限に上げるわけにも――まあ18や19なら心配要らんよ」と（後略）

また、水田自身も会談のあと「総理から20％切り上げまでは仕方ないと言われていた」と周囲に明かしている。沖縄の円満な復帰を実現し、対米関係の悪化をぎりぎり回避するための「裁量権」を佐藤は全権団に与えていたのである。

まるでバナナのたたき売り

1ドル＝308円で手を打ったコナリーは、休憩後の全体会議で一気に合意を取り付けようと動いたが、今度は西独がかみついた。

すでにマルクの切り上げを実施した西独は、一貫して「切り上げをしていない円との5％の差」を要求していた。しかし、会議で固まったマルクの切り上げ幅は13・57％。その場合、円の切り上げは5％を上乗せした「18％以上」でなければ納得できないと主張したのだ。

結局、コナリーは西独の主張を無視する形で強引に議事を進め、西独蔵相のシラーは本国の首相と協議して渋々了解した。

会議場に戻ってきたシラーは佐々木の肩をたたき、「日本は相当もうけたな」と話したという。

2日間にわたったスミソニアン合意のポイントは次のとおりである。

一、対ドル切り上げ率は円16・88%、西独・スイス13・57%、英仏8・57%など
二、新しい相場の上下に2・25%の変動幅を設定
三、米政府は金1オンス=38ドルへの引き上げを議会に提案（対金で7・89%切り下げ）
四、輸入課徴金を直ちに撤廃
五、国際通貨制度の長期的検討に着手

合意成立を待っていたようにニクソンが会議場に現れ、「世界の歴史で通貨に関する最も重要な合意を成し遂げた」と高らかに宣言した。ただ、この誇らしげなスピーチを聞いていた財務次官のボルカーは隣にいた同僚にこうささやいたという。

「三カ月もてば上出来だ(51)」

会議終了とともに、水田は日本国民に向けて談話を発表した。

9月の特別声明と同じく円高の利点を丁寧に説明し、「円の切り上げが経済的、社会的困難を引き起こすことは否定できない」としながらも、「わが国経済の持つ若々しいエネルギーが続く限り、私は円の将来に対し、またわが国の明るい未来に対し、いささかの不安も抱いておりません」と訴えた。

確かに、コナリーが11月に来日した際に要求した24%の切り上げからみれば16%台の決着はそれなりの前進といえた。

だが、水田も佐々木も胸の内は「敗北感」でいっぱいだった。

315円の防衛ラインを守れなかった水田は、腹痛を口実に会議を中座し、ホテルの自室にこもってしまった。ニクソンの演説を聞くよう行天らが懸命に説得したが、「俺は嫌だ」と言い、出席者全員による写真撮影にも加わらなかった。

「大臣にしてみれば、「勝者ニクソン、敗者水田」という関係になるんじゃないか、敢えてそんな屈辱的な場には出たくないという気持ちがあったんでしょう」と行天は回想する。

また別の同行者によると、水田は「これで俺はもう総理になれない」と言って肩を落としたという。(52) 日米繊維交渉をまとめたライバルの田中に決定的な差をつけられた、と感じていたのだ。

他方、総裁通訳を務めた若月三喜雄によると、佐々木も譲歩に譲歩を重ねた日々をため息交じりに振り返り、「こんなバナナのたたき売りみたいなことはもうやりたくない」とこぼした。

あまりの落胆ぶりに、同行した理事の井上から「失敗したと思われるから顔を上げましょう。暗い顔をしないようにしましょう」と励まされ、記者会見場に送り出される始末だった。

事実、対ドル切り上げ率を比較すると、日本と西独の差は3ポイントほどしか離れていないが、これに貿易量を加味した「実質切り上げ率」でみると、対米依存度の高い日本は11・25％、EC域内貿易の多い西独は4・75％と大差がつく。フランスに至っては0・25％の小幅切り上げで通貨調整を乗り切った。

つまりスミソニアンは日本を「狙い撃ち」するための舞台装置に過ぎなかったのである。ボルカー自身、「米国もヨーロッパ諸国も、円相場をできるだけ大幅に切上げさせたいという点で利害が一致していた」とのちに明かしている。(53) 細見の史談録によれば、全権団のメンバーからも日本の切り上げ率が高すぎるとして「もうこれは帰りましょう」という意見が一時出たほどだった。

マディソンホテルでの記者会見に臨んだ水田は、「これは通貨外交の敗北ではないか。日本の皆さんに何と詫びるのか」と日本人記者に追及され、返す言葉もないまま、2分近く黙り込んだ。[54] 東京に戻る機内でも、一睡もできなかった。

『水田三喜男伝　寒椿』に、このときの心境が記されている。

「米国はけしからん。が、日本はその米国にもたれかかって居心地の良い惰眠をむさぼりすぎた。これからはそうはいくまい。けれども、果たして国民は理解してくれるだろうか」「正論を吐いても、国民の耳まで届くまい。まさに小村寿太郎の心境だな」

日露戦争のポーツマス講和条約を結んだ小村外相が、帰国後に痛烈な批判を浴びたエピソードを水田はふと思い出したという。

アラスカのアンカレジ空港に給油で立ち寄ったとき、12月20日付の日本の夕刊が届いていた。株式市場はやや弱含みながら平静であることを知り、一行は「本当にほっとした」(細見史談録)という。水田は「株式市場がどう判断するか、こわいような気持だった。日銀総裁も心配していましたが、戻ってきたら市場はビクッともしていない。こんなうれしいことはありませんでした」と後に語っている。[55]

ただ、マスコミの論調はどこも厳しく、全権団一行はしばらく針のむしろに座らされることになる。[56]

8月のニクソン・ショックに始まったドル危機は、4カ月に及ぶ多難な通貨交渉を経て、何とか収束した。[57]

ブレトンウッズに代わるスミソニアン体制の発足を受け、政府は12月19日朝の臨時閣議で外国為替及び外国貿易管理法に基づく外為基準相場を1ドル＝308円とすることを正式に決定する。また20日の外為市場の混乱を回避するため、大蔵省は外国為替管理令に基づく「為替市場閉鎖に関する臨時特例省令」を制定し、直ちに公布した。

外為市場の閉鎖は旧平価が設定された1949年以来初めての試みだった。民間への影響を最小限に抑えるため、閉鎖対象は為銀間(インターバンク)取引に限定され、輸出手形の処理やトラベラーズチェックの発行は通常どおり行われた。欧米と足並みをそろえたこの市場閉鎖は、もともと各国間で申し合わせたものだが、日本にとってはニクソン・ショックの教訓を踏まえた対応ともなった。

閉鎖明けの12月21日、東京市場は1ドル＝314円台で再スタートを切った。一度に308円水準まで急騰するのを恐れた通貨当局が、ここでも円売り・ドル買い介入を実施し、「日本型フロートアップ」を図ったためで、初日はスミソニアン合意の下限ぎりぎりで取引を終えている。振り返れば、政府・日銀が実施した円売り・ドル買い介入は9月から12月までの4カ月間で30億ドルに上った。大規模介入のあった8月分と合わせると76億ドルに達する。

この結果、1971年の資金需給実績は1兆9161億円という大幅な資金余剰となった。これに対し、日銀の信用供与は1兆9196億円の「回収超」となっており、大量介入に伴う外為資金はすべて吸収されていたことになる。

ただ、資金回収に向けた金融調節の過程で都市銀行は日銀貸出をほぼ完済し、戦後長く続いた「オーバーローン」状態を解消することに成功する。そして資金ポジションが好転した都銀は、融資態度を一気に積極化させた。

当時、営業局で資金第一係長を務めていた横山昭雄は自著にこう書いている。

「（都銀は）日銀信用の返済圧力という重圧を逃れることができ、それ以前に比べいちじるしく貸出余力を強化、身も軽々と信用創造を展開していった[58]」

結果的に8月の大規模介入は、銀行貸出の急増を誘発し、マネーサプライを膨張させ、日銀内で「じゃぶじゃぶ」「びしょびしょ」と形容される異常な量的緩和状態[59]を作り上げたのである。

円高恐怖症と「郵政族」

「スミソニアン」が日本に与えたショックもまた、8月に負けず劣らず甚大だった。

事前の観測を超える大幅な円切り上げにより、新潟県燕市の金属洋食器や愛知県の陶磁器・タイル、さらに全国各地の繊維業など輸出依存度の高い中小メーカーは壊滅的な打撃を受け、東京オリンピック後の40年不況を上回る「エンキリ不況がやってくる」といった報道が連日のように続いた。一部の識者は「昭和初期の金解禁時に匹敵するデフレになるかもしれない」と語り、年の瀬の悲観論に一層拍車をかけた[60]。

円切り上げは恐ろしい――。ニクソン・ショックとスミソニアン会議の強烈な原体験は、円高に対する「反射的恐怖心」を多くの日本人に植えつけた。

水田はスミソニアン合意のもたらす打撃が気になって仕方なかった。佐々木に対し、「日本経済は大丈夫だろうか、非常な混乱に陥るんじゃないか」と問いかけ、ワシントンDCから帰国する機中でも経済対策について議論を続けた。

細見は史談録でこう回想する。

水田さんは非常に深刻でして、(中略)今後の経済の舵取りをどうやったらいいんだろうということで、かなり思い切った財政金融政策をやらなきゃいかぬ、かなり思い切って歳出をふやし、一方では低金利政策をやり、という感じのことを非常に思い詰めておられました。どこから始めるかということが気になって、私なんか気楽でうとうとしておるとすぐ起こされて、郵貯の利下げはどうだ、あれはどうだというようなことで、かなり思い悩んでおられたようです

もともと成長論者である水田は、この際、財政出動と金融緩和をためらうべきではないと腹をくくっていた。成長を重視するという点で、佐々木もまた同じ意見だった。

帰国後の記者会見で、早速公定歩合の第5次引き下げについて問われた佐々木は、「具体的な結論は出していない。事務当局の検討結果を聞いたうえで十分考えて決めたい」とかわしたが、利下げのメッセージとしては十分だった。すでにこの日の朝刊には「公定歩合引き下げへ」の見出しが躍っていた。

その実、追加利下げに向けた検討は、円のフロートアップが始まった秋口ごろから日銀と大蔵省の事務レベルで静かに進められていた。新平価が決まるまで状況を見極めるというのが日銀のスタンスだったが、利下げは「既定路線」となっていたのだ。

公定歩合操作を含む金融政策は、日銀総裁、政策担当理事、総務部長、企画課長と連なる「政策系列」によって検討され、大蔵省との調整を経て、正副総裁と理事による役員集会(通称「マル卓」)で事実上決定されていた。

日銀法上は当時も政策委員会が最高意思決定機関となっていたが、マル卓の決定がここで覆されることは皆無に近かった。さらにそのマル卓も多数決ではなく、総裁の判断に全員が従う決まりとなっていた。仮に理事全員が反対しても、総裁がゴーサインを出せばそれが最終結論となる仕組みだった(61)。

この「政策系列」の実行部隊であり、大蔵省との折衝に当たるのが総務部(現企画局)である。彼らは営業局や調査局、外国局など他の部局との意見交換を踏まえて日々情勢判断を行い、具体的な政策プランを総裁らに上げていく。

当時総務部長で佐々木の懐刀だった中川は、多角的通貨交渉が決着した場合は当然公定歩合を引き下げるべきであり、引き下げ幅についても過去4回の0・25%ではなく、0・5%が妥当だと考えていた。

史談録で中川は「気分としては非常に暗い。これから不況になるという気分が強かった(中略)。私だけでなく総裁以下、政策担当者の方は公定歩合を下げるというのが当然のように思っていました」と語っている。ただ、大蔵省との折衝で、中川は一つだけ条件を付けていた。公定歩合を動かした場合は必ず郵便貯金を含む預金金利も引き下げる。この確約を大蔵省に求めていたのだ。

政策金利である公定歩合が動けば、民間と政府系金融機関の貸出金利が連動し、さらに民間の預金金利と郵貯金利もそろって追随するのが自然な姿だが、まだ規制金利時代だったこのころ、公定歩合と預貯金金利はそれぞれ別個に決定され、さらに預金金利と郵貯金利も異なる仕組みで動いていた。

さかのぼれば、第二次世界大戦前まで民間の金利決定に関する法的規制はなく、大蔵省と日銀の指導に基づく「銀行間協定」によって決められていた。しかし、戦後のGHQ指令による独占禁止法制定でこの手法が使えなくなる。

かといって、戦後の激しいインフレ下で金利決定を「放任」するわけにもいかないと考えた政府は、1947年に「臨時金利調整法」を制定し、蔵相の命令を受けて日銀政策委員会が貸出金利と預金金利の上限を定める新方式を導入した[62]。

これにより公定歩合とは別に預金金利を決める仕組みができ、郵便貯金法に基づく貯金金利決定との二本立てとなったが、その引き下げは決して容易ではなかった。もともと金利水準が低かったことに加え、戦後の消費者物価が上がり続けていたため、郵政省が郵貯金利の引き下げは認められないと抵抗したからだ。

郵貯金利が変わらなければ、競合する民間金融機関の預金金利も下げられない。結局、戦後20年以上も経つのに預貯金金利の引き下げは1961年の1度しか行われなかった。

加えて、この61年の改定の際も、金利変更に郵便貯金法の改正が必要だったことから実施に時間がかかり、利下げした直後に利上げが必要になる最悪の展開となった。これに懲りた政府は、法律ではなく政令で改定できるよう改めたが、その代わり改定の際は郵政大臣から郵政審議会(郵政相の諮問機関)への諮問が義務付けられた。機動的な金利改定を阻む「ハードル」は事実上温存されたままだった。

その一方、公定歩合は70年以降4回引き下げられ、銀行の貸出金利もそのつど引き下げられた結果、プライムレート(優良企業向け貸出標準金利、年5・5%)が1年物定期預金金利(年5・75%)を下回るという逆転現象が起きていた。

日銀はこうした金利体系のひずみを放置すると中小金融機関の収益が悪化するとして、次に公定歩合を下げる場合は預金金利と郵貯金利の同時引き下げが不可欠だと判断する。これが中川らの出した追加利下げの条件だった。

スミソニアン会議から総裁の佐々木が帰国した12月21日、中川ら総務部は大蔵省銀行局に次のような案を提示した。

一、公定歩合の0・5％引き下げ及び市中貸出金利の同幅引き下げ

二、預金金利は要求払い預金と、できれば3カ月もの、6カ月もの定期預金金利を含めて0・25％引き下げ

三、郵貯金利は民間預金金利に見合う範囲で引き下げ

四、早急に決定、実施する[63]

預貯金金利の同時下げを求める日銀に対し、61年のときの改定で苦労させられた水田は当初消極的だったという。だが、スミソニアン会議で追加利下げの必要性を痛感し、21日朝の記者会見では「今日中に結論を出したい」と前向きな姿勢に転じた。新聞は「24日にも決定」「長短金利一斉引き下げへ」と書き、大蔵省は日銀案を基に郵政省との折衝に乗り出した。

ところが、郵政省は今回も動かない。

「産業界の利益のために庶民の貯蓄を犠牲にするのはおかしい」と郵貯金利下げに猛反対し、郵便貯金を原資とする国の財政投融資にも悪影響が出かねないと大蔵省を牽制した。中川の記憶では「けんもほろろに断られた」という[64]。

時の郵政大臣は広瀬正雄である。日田郵便局長、熊本逓信講習所長を務めた「郵政族」の代表格であり、郵政相への就任を本懐と受け止めていた[65]。

郵貯金利下げに反対する広瀬の主張が当時の新聞に掲載されている。

消費者物価が年に七%も上がっているのに、いま三・六%の通常貯金の金利を下げたら庶民の貯蓄する気を失わせる。それに通常貯金は九九%までがささやかな個人のたくわえ。企業の分も多い銀行の普通預金とは性格が違うから、郵貯金利を据置いたって銀行のカネが逃げはしない。(中略)公定歩合を下げるために郵貯金利まで下げたら、自民党はやっぱり大企業と銀行の味方なんだということになる。大衆の支持を失いますよ[66]

大蔵省との折衝で、広瀬はさらりと言った。

「郵便貯金と銀行預金はまったく性質の違うものである。郵便貯金金利は決して下げるわけにはまいらない。断じて下げません。しかし銀行預金については自由でございますから、どうぞご先発ください[67]」

少額貯蓄を普及させるため明治時代に創設された郵便貯金は、戦後の高度成長期に急成長を遂げていた。1955年に5000億円台に乗った残高は60年に1兆円を突破し、64年に2兆円、66年に3兆円、71年にはついに10兆円をうかがう水準に達する。

伸び率でみると、60年代前半の17%強から60年代後半には23%、70年代前半には25%と加速し、個人の預貯金の3分の1を占める圧倒的存在となっていた。

この背景には高度成長に伴う国民所得と貯蓄率の向上もあったが、それ以上に大きかったのが定額郵便貯金の持つ高い商品性だった。

定額郵貯は最長10年間の預入期間に応じて、預入時の利率が半年複利で増えていくうえに、据え置き期間を過ぎればいつでも払い戻しできる流動性と「国家保証」の強みを持っていた。もともと戦時体制下で長期資金を吸収するために創設されたが、戦後は財政投融資の原資として大蔵省の財政部局に重宝されるようになる。大蔵省は郵貯に批判的な金融部局と、よき理解者である財政部局に「分断」されていたのだ。

さらに制度面でも、田中角栄郵政相の下で57年に郵便局の局舎改善など大がかりな整備方針が打ち出され、特定郵便局を中心に大がかりな増設が始まった。郵便局長には地元の有力者が就き、自民党の強力な支持基盤となっていく(68)。広瀬もそうした「郵政一家」の一員だった。

郵政省は12月22日夜の省議で、大蔵省の提案を拒否する方針を正式に決定する。自民党の郵政部会でも郵貯の金利引き下げに対する反対決議が採択され、24日に予定された広瀬と水田のトップ会談は急遽中止された。当然ながら同日決まるはずだった公定歩合の引き下げもお流れとなる。

クリスマスを前に、金融政策は袋小路に迷い込んだ。

食い逃げされた日銀

予想以上に強い抵抗に直面した日銀は、郵政省の同意を得られるまで公定歩合の引き下げを先送りするか、それとも見切り発車するかの選択を迫られた。

1971年最後の週となった12月27日、月曜日。正午前に招集された臨時の役員集会(マル卓)で佐々木は総務部長に見解を求めた。

中川は「これは事務方が判断すべきことではない。高度の政治判断を要する問題です」とかわしたが、「じゃあ、君が総裁ならどうする」とさらに問われ、意を決して発言した。

「私が総裁なら今回は見切り発車して、公定歩合を下げます」

預貯金金利の引き下げは確かに重要だが、公定歩合操作が郵便貯金に縛られ、機動性を失うようなことがあってはならないというのが中川の信念だった。(69)

同席していた理事の吉野俊彦が、この日の午前と午後に開かれたマル卓の様子を備忘録に書き残している。

臨時に午前十一時四十四分開会
中川総務部長より　郵便貯金金利報告（中略）
討議の結果　総裁の断により　明日公定歩合　市中貸出金利〇・五％引下（中略）
預金金利引下を見合せ　郵貯の出方を待つこととす
午后十二時十六分閉会
午后三時四分開会　中川総務部長より　公定歩合引下に関する議長談話の説明あり(70)

翌12月28日、日銀は臨時政策委員会を開き、公定歩合の0・5％引き下げを決定した。

「ニクソン・ショック以降の企業マインドの消極化、景気停滞下での円切り上げの決定などにかんがみ、金融緩和基調を維持しつつ、市中貸出金利の低下を一段と促進し、為替レート調整直後の経済に明るさを与え、経済活動の回復を促すこと、経済界の新しい事態への順応を一層円滑にすることが大切[71]」というのが追加利下げの理由だった。

決定後の記者会見で、佐々木は穏やかな表情でこう話した。

「大事なポイントである郵便貯金の金利引き下げについて、政府部内の話し合いがまとまらなかった。しかし、いま特定の金利にこだわって公定歩合引き下げの時機を失ってはいけないので、話し合いが進むのを期待して、まず公定歩合の方を引き下げた。そう遠くないうちに解決できるものと期待している[72]」

だが、結局、郵政省は追随しなかった。

これ以上の説得は無理と判断したのか、大蔵省も公定歩合の引き下げが決まると預金金利引き下げへの関心を失っていく。

中川は史談録で言いようのない悔しさを口にしている。

はじめ大蔵省は「大丈夫です」と言って安請け合いをして、それで大丈夫かと思ってやっていたら抵抗がだんだん強くなって、結局にっちもさっちも行かなくなって、日本銀行はどうするかということになりました。仕方ない。今回は見切り発車しようと。それで郵貯が公定歩合に追随してくれることを期待するというので見切り発車したんですが、見切り発車したらもう大蔵省も郵政省も済んだこととして、何の動きもなくなってくる。食い逃げされたという感じが非常にありました

新しい公定歩合の水準は年4・75％、実質的に戦後最低となった。

変更幅の0・5％は貸出金利が日歩建てから年利建てに変更された69年秋以降最大で、従来より思い切った政策変更が実現した。また引き締めであれ、緩和であれ、公定歩合が同一方向に5回連続で動いたのも戦後の政策金利体系が正常化されてから初めてであり、新聞は「低金利時代の到来」と書き立てた。

こうして金融緩和はさらに進行し、日銀からの通貨供給はますます膨らんでいく。マネーサプライは秋口から増勢を強め、9月に22％台、12月には24％台と急激な伸びを示した。

加えて、金利面でもプライムレートと1年もの定期預金金利の「逆ザヤ」が0・25％から0・75％に拡大し、銀行からの融資をそのまま定期預金に回して利ザヤを稼ぐ「マネーゲーム」が一部の大企業で始まった。貸す側の銀行もシェア拡大に向けて貸出態度を積極化させ、停滞気味の設備投資資金に代わってレジャーや観光、不動産向け融資への傾斜を強めていった。

史談録で中川は「企業は銀行から借りて、それを預金するだけで儲かるという状態になるものですから、企業は借りてもいいいと。銀行も業容拡大のためにどんどん貸したがる。それで貸出しが非常に増えた」と語る。いわゆる「過剰流動性」の萌芽である。

一方、財政の方もアクセル全開となった。

11月に大型補正予算が成立したのに続き、72年度予算は越年編成となったものの一般会計の総額が前年度比21・8％増の11兆4704億円、財政投融資計画は同31・6％増の5兆3919億円となり、さらに所得税減税の年内繰り上げ実施にも踏み切った。

補正予算と合体させる「15カ月予算」を主導した水田は、記者会見で「来年度予算の執行が計画どおりに行われれば、今の不況が次の年度に持ち越されることはあり得ない」(73)と述べ、景気回復への自信をのぞかせた。

財政・金融両面からの空前の大盤振る舞いに、株式市場は沸き立った。

東証平均株価はスミソニアン会議をはさんで10日連騰を記録し、ニクソン・ショック前とほぼ肩を並べる２７００円台で28日の大納会を終えた。

２日後の12月30日、最大の懸案となっていた沖縄返還協定の裏付けとなる関連国内法案が、召集されたばかりの通常国会で自民党の単独採決により成立する。(74)

大晦日の『佐藤栄作日記』には、激動の１９７１年への感慨がこう記されている。

昭和四十六年のくれる日が遂に来た。波瀾にとむ年であったが、今日は静かに、誠に静かにくれて行く(75)

第3章
緩和、さらなる緩和

佐々木直(© Toyo Keizai Inc.)

タラップ上の田中角栄首相(© 共同通信社)

1972年1月	グアム島の密林で元日本兵・横井庄一さん保護
2月	札幌冬季五輪。連合赤軍による、浅間山荘事件
3月	高松塚古墳で極彩色の壁画を発見
4月	作家の川端康成氏が自殺
5月	沖縄施政権返還、沖縄県発足
9月	パレスチナ武装組織によるミュンヘン五輪テロ事件

I

脆弱なるスミソニアン合意

年が明けて1972年。東京は雲に覆われ、日暮れ時から小雨がぱらついた。

思うところがあったのか、佐藤栄作は元日の日記に改めてスミソニアン合意について書いた。

> 弗問題。十ヶ国蔵相会議を四度も開いて年内に解決を見た事は何はともあれよかった。その結果が弗の切り下げ。対弗一六・八八％で最終的にきまる。（中略）どんな具合かと心配したが株式市場は高値で年越し、この切り上げはまづは成功か。弗の方も三一三円程度でとまり、まづは国際貿易も順調に推移するか(1)

合意の内容よりも米国と決裂しなかったことを素直に喜んだ佐藤は、1月5日からカリフォルニア州サクラメントを訪れ、ニクソンとの首脳会談に臨んだ。懸案だった沖縄返還日を5月15日とすることがこの場で決まり、佐藤にとって申し分のない年明けとなる。

だが、蔵相の水田三喜男は苦しい立場に立たされていた。

まだ松の内に開かれた大蔵省と経済団体連合会(経団連)首脳との朝食会で、水田がスミソニアン会議の経緯を説明すると、石川島播磨重工業社長の田口連三が立ち上がり、抗議の声を上げたのだ。

「造船業は全部潰れてしまう。大至急為替差損を補償していただきたい」

「財政の問題として補償が難しいというのでしたら、税額控除という形でもいいからお願いしたい」

この手の悲鳴は円切り上げ直後から自民党に寄せられ、なかでも造船業界が強硬に主張していた。年明けにずれ込んだ予算編成と税制改正作業で最後まで残ったのがこの造船対策で、しまいには通産大臣の田中角栄までが調整に乗り出してきた。

困惑した主税局は知恵を絞り、結局、証券局とも相談のうえで「為替差損については、企業会計法上は計上しなくてよいが、税務会計上は損金として計上し、欠損金として10年間の繰り越しを認める」という異例の措置で決着させる。(2) それでも1ドル=308円に対する産業界の不満と怨嗟は鎮まる気配がなかった。

もう一つ、水田を悩ませたのは、スミソニアン合意から3週間も経たないうちに再びドル売りの動きが始まったことだ。

円相場は1月下旬にスミソニアン・レートの中心値1ドル=308円をつけたあと、2月4日には東京市場で308円割れを記録、2月下旬には301円90銭と急騰した。この間、政府・日銀は新平価を維持するための平衡介入を続け、1月から3月までの介入総額は14億ドルを超えた。

また、欧州でも西独マルク、オランダ・ギルダー、ベルギー・フランが大量に買われ、ドル先安観が一気に高まった。

「3カ月もてば上出来だ」と米財務次官のポール・ボルカーが漏らしたように、スミソニアン合意には構造的な欠陥があった。

第一に、ニクソン・ショックという米国の一方的な措置で多国間交渉が始まった結果、円滑な通貨調整を実現するためのメカニズムを見いだすことができなかったこと。そしてブレトンウッズ体制の柱であるドルと金の交換性も結局回復せず、その道筋さえ示されなかったことだ。

これを投機筋の側から見れば、ドルを売り浴びせることで主要国を通貨調整に追い込み、戦後一度も行われなかった金価格の引き上げ（ドル切り下げ）を力づくで実現したことになる。うまくいけば金の再引き上げも夢ではなく、投機意欲を刺激するには十分すぎる成果だった。

また、米国自身がドル不安を「他人事」のように扱い、通貨安定のための対策を取ろうとしなかったこともスミソニアン体制の弱体化につながった。

世界中に撒布したドルの回収を求められているにもかかわらず、FRBはスミソニアン会議の直前、国内の景気対策を理由に公定歩合の追加引き下げに踏み切った。肝心の金価格改定のための法案も議会での承認手続きに手間取り、各国を苛立たせた。(3) さらに米国の財政赤字が空前の規模に膨らむとの見通しが年明けに発表され、ドルの先安観はますます強まっていく。

スミソニアン合意後初めて開かれた1月の国際決済銀行（BIS）定例会議で、各国は米国に対し、「金利を下げたりせず、節度ある通貨政策をとってほしい」と強く要請した。ロンドン駐在参事として会議に参加していた速水優は自著にこう書いている。

「アメリカが自国のことしか考えず、ビナイン・ネグレクト（優雅な無視）を決め込まれては、ドル不安の再来は必至と考えていた。しかしこの点に関して、アメリカは必ずしも各国通貨当局の期待に応えてはくれなかった」[4]

1ドル=360円のミステリー

2月6日。札幌オリンピックの70メートル級ジャンプで「日の丸飛行隊」がメダルを独占し、国内は歓喜に包まれた。しかしその2週間後、長野県軽井沢町の浅間山荘に連合赤軍のメンバーが人質を取って立てこもり、多数の死傷者を出す惨事が起きる。

漠然とした不安が広がっていたこのころ、書斎で黙々と原稿に向かう日銀幹部の姿があった。金融史研究で知られる理事の吉野俊彦である。

「国の役に立つことをしながら、学問も続けたい」と考えた吉野は、1938年の入行時から調査局を希望し、支店長ポストも拒んで調査畑を歩んだ異色の日銀マンである。

歴史的視点を踏まえた精緻な経済分析には定評があり、高度経済成長の是非をめぐる大蔵省の下村治との論争で名をはせた。一万田《いちまだ》尚登《ひさと》や宇佐美洵《まこと》ら歴代総裁に重用されたが、8期先輩の佐々木直とは若いころからそりが合わなかった。かつて一万田の前で金融政策をめぐり論争したことが不仲の原因だったという。[5]

この反骨のエコノミストが取り組んでいたのは、スミソニアン合意まで続いた1ドル=360円のレートがどのように設定されたのか、その算定根拠を調べることだった。それは円とドルの長い歴史の「空白部分」を埋める作業だった。

円が誕生したのは1871年(明治4年)のことだが、そのころ1円金貨と1ドル金貨の間には、それぞれの金含有量から「1ドル＝約1円」の関係が成立していた。その後、円の価値は西南戦争時の不換紙幣の乱発で下落し、1897年（明治30年）の貨幣法制定（金本位制採用）に伴い、「1ドル＝約2円」の為替相場がしばらく続く。

『日銀百年史』に記録された円とドルの為替レートの大まかな推移は次のとおりである。

1874年（明治7年）　1ドル＝0・984円
1885年（明治18年）　1ドル＝1・180円
1897年（明治30年）　1ドル＝2・028円
1918年（大正7年）　1ドル＝1・948円
1925年（大正14年）　1ドル＝2・134円
1932年（昭和7年）　1ドル＝3・556円
1940年（昭和15年）　1ドル＝4・267円
1942年（昭和17年）　相場なし
1949年（昭和24年）　1ドル＝360円(6)

第一次大戦中の輸出増で円高となった大正の一時期を除き、円の対ドル相場は趨勢的に下落し続けたことが分かる。昭和に入ると、金解禁による大不況を克服するため、蔵相の高橋是清が金輸出再禁止に踏み切り、円相場は「1ドル＝3円台」に急落した。太平洋戦争前には「1ドル＝4円台」となり、戦時中から終戦後までは「無為替」の状態が続く。

終戦後、GHQは「1ドル＝15円」の軍用交換相場を使用し、2年後の1947年にはインフレの進行を背景に「1ドル＝50円」に改定した。開戦直前の「1ドル＝4・25円」を基にその後の物価上昇を勘案して設定されたレートだったが、一般の貿易取引などには使用されなかったという。

だが、米ソ冷戦時代の幕開けに伴い、米政府は対日占領政策の主眼を当初の再軍備防止から「経済復興と自立」に切り替え、48年春、FRB調査統計局次長のラルフ・ヤングを団長とする使節団を日本に送り込む。このヤング報告を基に、翌年4月、GHQから日本政府宛て覚書により1ドル＝360円の平価が設定されたのである。

ただ、このヤング報告は長く機密とされ、米国内でも秘密のベールに包まれていた。

そんななか吉野は1957年、日銀法改正論議に向けた海外調査のために訪れたFRBでたまたまヤングと出会う。円とドルの関係を含め、金融史の研究を長く続けていた吉野は思わぬ出会いに感激し、機密指定がもし解除されたら報告書をぜひ読ませてほしい、とヤングに頼み込んだ。

待ち焦がれたヤングからの連絡が来たのは71年1月8日である。

吉野は喜び勇んで報告書を読んだが、そこには驚くべき事実が書かれてあった。

ヤング報告が米政府に提案したレートは「1ドル＝360円」ではなく、「1ドル＝300円」だったのだ。報告書には概要次のようなことが書かれていた。

一、一般為替レートの設定は今後の復興進展のために不可欠の条件である
二、為替レートは遅くとも1948年10月1日までに採用されるべき
三、適正な水準は、極めて近い将来に設定されるなら1ドル＝300円前後が適当と確信する
四、ただし、今後の偶発的事態に備え、1ドル＝270円から330円の間に設定する権限をGHQに与えるよう勧告する(7)

日本の戦後復興をめぐっては、単一レートではなく、複数の為替レートを設定し、漸進的な単一化による安定復興を目指すべきだという「中間安定論」が大蔵省では有力だった。

しかし、ヤング調査団は「商業用の単一かつ一般的為替相場」を設定し、インフレを一挙に収束させる「一挙安定論」を採用すべきだと判断する。

そのうえで、①現在の輸出を維持し、かつ将来は増大しうること、②高コスト産業により効率的な生産を促すことを原則とし、当時の輸出の約8割を維持できる水準として「1ドル＝300円前後」の新レートをはじき出した。

ただ、実際の設定までにインフレがさらに進む可能性があるため、上下10％の変動を認め、変動範囲を「1ドル＝270―330円」と設定したのだ。

これに対し、GHQ側は国内の混乱を最小限に抑えるため、変動幅の下限をさらに10％ほど広げ「1ドル＝360円」を採用する。この背景には、ヤングの翌年に来日し、超緊縮路線「ドッジ・ライン」をまとめたジョゼフ・ドッジやGHQ上層部の意向が反映されたとされるが、当時、日本国内では1ドル＝360

円でも「円高」との受け止めが多かったという。

待ちに待ったヤング報告をついに入手した吉野だったが、受け取った71年1月の時点で国内では円の切り上げをめぐる議論がすでに盛り上がり始めていた。

そんななかで「１ドル＝３００円前後が適当」とする報告書を公表すると、切り上げ論に拍車がかかる恐れがある。佐々木からも公の場では円切り上げを論議するな、と厳命されていた。このため、吉野は報告書を自室の金庫にしまい込み、公表のタイミングを待つことにする。

そこに降ってわいたのがニクソン・ショックとスミソニアン合意である。特に「１ドル＝３０８円」に設定された新平価は、吉野に強い衝撃を与えた。ヤング報告の案に極めて近い水準だったからだ。

「３０８円は、そんなに悪い数字じゃない」

周囲にこう漏らしながら、吉野は年明けから書斎にこもり、ヤング報告に関する論文を書き始めた。その成果は１９７２年3月発売の『週刊 エコノミスト』に「ベールをぬぐ三六〇円レートの秘密」のタイトルで掲載され、大きな反響を呼んだ[8]。

ただ、ヤング報告が作成された48年時点と、吉野がこれを手にした71年段階では日本経済の実力に大きな開きがある。もしヤング提案が的を射ていたとすれば、それから四半世紀後にスミソニアンで合意された１ドル＝３０８円は「日本の実力を過小評価した過剰な円安相場」ということになる。

事実、円相場はこのあとヤング提案でレンジの上限とされた「１ドル＝２７０円」に向けてじりじりと上昇していくのである。

為替レートの尺度はいずこ

足元の経済力と照らし合わせたとき、どの程度の円ドル相場が適切なのかを判断する材料は、実は大蔵省も日銀も持ち合わせていなかった。

1ドル＝308円という新平価が国中に怨嗟の声を広げるほど不当な円高水準なのかどうか、判定するための「ものさし」はどこにもなかったのだ。

財務官の細見卓は、史談録でこう語る。

大蔵省はミクロのことというのはわからないですよね。つまり起こるべき産業の健全な構造変革というようなものは、産業にとってどの辺が望ましいんで、どこから耐えられない負担なのかというのを見分ける能力がなかったというのは実感でして、（中略）産業政策の実感がないから、（中略）日本経済の将来のために望ましい必要な産業構造の調整なんだと、そういうかっこうで産業の近代化、産業の全体の体質改善をしていかなきゃ国際的には生き残っていけないんだ、それが円のレート切り上げの意味なんだというところまで確信持って言えない。データを持っていませんからね。それから、そういうものをはかるクライテリアといいますか、尺度を、大蔵省中探したって持ち合わせない。（中略）尺度がないわけですね

また、この史談録に聞き手の一人として加わった行天豊雄も、当時は円を過小評価していたと正直に告白している。

切り上げが日本経済にミクロ的、マクロ的にどれくらいのデフレ効果を持つんだろうかという勘が、(中略)非常になかったという感じがいたしてならない(中略)。大蔵省もそうでございましたけども、為替レートというものがあるべき姿はどうだというような勉強は、少なくとも私が知っておる限りはほとんどなされていなかったと思うんでございますよ。(中略)そういう意味で、日本の当時の競争力というものに対する認識が、いまから思うと非常に過小評価しておったということは間違いのない事実だろうと思いますね(9)

これはのちに判明したことだが、日本の多くの主要企業はスミソニアン合意を前に社内の仕切り値を1ドル=310円に設定していた。円相場はニクソン・ショックからスミソニアン会議の前までに10%フロートアップしており、これに輸入課徴金に相当する分を加えれば「最悪で1ドル=300円台もありうる」とシナリオを想定し、準備していたのである。

この結果、全国に広がった悲観論とは裏腹に、日本の黒字は年明け以降も減少するどころか、増加の一途をたどり続けた。

1月の貿易収支は1億7000万ドルの黒字にとどまったが、2月には輸出の大幅増で6億ドル強の黒字を記録し、日本製品の高い競争力を改めて見せつける結果となる。

円高になると当初は輸出価格の上昇で不均衡が一時的に拡大し、その効果が一巡したあと数量面で輸出減・輸入増のプロセスが始まる。この間の動きがアルファベットの「J」を逆にした形に似ていることから

「Jカーブ効果」と呼ばれるが、当時は日本ではまだなじみのない用語だった。

ロンドンでこの解説を聞いた速水は、すぐ東京に打電し、支店長会議でもJカーブ効果について報告したが、「そんな議論は日本では通用しない」「あまりキザなことは言わない方がいい」とたしなめられたという。(10)

また、輸出の増勢に加え、大規模な財政出動の効果で国内の生産活動も徐々に活発になり、個人消費も伸びていた。景気は明らかに転換点に差しかかっていたが、企業マインドは依然冷え込んだままで、卸売物価や商品市況も軟調に推移していた。このため、この段階で景気の反転を指南する声は当局内でも少なく、むしろ先行き不安の方が支配的だった。

一方、スミソニアン合意は、造船業をはじめとする産業界だけでなく、通貨当局にも巨額の為替差損をもたらしていた。

日本では政府の外国為替資金特別会計(外為特会)で外貨を集中管理する建前となっており、日銀はあくまでも大蔵大臣の「代理人」として外為特会の資金を使って為替介入を実施している。本来であれば日銀に大きな為替差損は発生しないはずである。

だが、介入に必要となる円資金を調達するには政府短期証券(FB)の発行が必要で、しかもその発行額は当初予算で決まっているため、大量介入が続き予算額をオーバーすると介入資金が枯渇してしまう。このため大蔵省はしばしば保有するドルを日銀に売却し、当面の介入資金を賄った。これにより日銀はこの時点で公的部門が保有するドルのほぼ半分を抱え込んでいた。

日銀はニクソン・ショック後の上期決算では保有外貨の評価替えを見送ったが、スミソニアン合意を受けていよいよ評価替えが避けられなくなる。調べたところ、保有外貨に生じた為替差損は4508億円に達していた。

日銀は海外に保有する債券などの運用益と相殺して期中3657億円を純損金として計上、準備金を取り崩して償却し、不足額を損金計上した。最終的には別途積立金の一部でこれを補塡したため、日銀の内部留保は約4分の1に減少した。通貨発行益を国に戻す国庫納付金も史上初めてゼロとなった(11)。

緒方四十郎の史談録によれば、佐々木は総裁在任中、しばしば自問自答するようにこんな言葉をつぶやいていたという。

「いったい、日本円の対外価値が高くなって中央銀行が損したことを咎められるべきなのか、それとも日本円の購買力が強くなったことを多とすべきなのか」

結局、日銀の下期決算は1376億円の赤字となった。1882年(明治15年)の開業以来、初の赤字転落だった。

再切り上げは絶対阻止

1972年の春は荒れ模様だった。3月19日には、春の嵐が吹き荒れる富士山で登山者24人が死亡・行方不明となる山岳史上最悪(当時)の遭難事故が起きた。

そのころ政財界では、公定歩合をさらに引き下げ、円の再切り上げを阻止すべきだという議論が高まりつつあった。

きっかけは、西独が採った大胆なマルク高防止策である。

投機的な短期資金の流入を抑制するため、西独連銀は2月24日、公定歩合の１%引き下げに踏み切り、これと合わせて西独政府は国内企業が海外から借り入れた資金の一部を無利息で連銀に預け入れさせる法律（現金預託法）を発動すると発表した。

現金預託法は自国への資金流入にブレーキをかけるのが狙いで、いずれもスミソニアン合意で決まったマルクの基準相場を守り抜く姿勢を鮮明にする措置だった。西独連銀総裁のカール・クラーゼンは「昨年12月の通貨調整措置の効果を守ることに全力を注ぐ」と表明した。

この利下げに隣国オランダとベルギーがすぐさま追随し、３カ国の公定歩合（西独３・０%、オランダとベルギー４・０%）はいずれも米国（４・５%）を下回った。

わずかとは言え、米国より高水準にある日本の公定歩合（４・75%）はどうするのか、当然のごとく日銀の出方に注目が集まっていく。

また日本の貿易黒字はその後も増加を続け、新平価を維持するために円売り・ドル買い介入を続けた結果、2月末の外貨準備高は１６０億ドルを突破していた。日本を見る欧米の視線は再び厳しくなり、当然のごとく円の再切り上げ論が頭をもたげた。

在日米国商工会議所のバーディ会頭らは、日本側財界人との3月の会合で「円は20―25%引き上げられるべきだ」「米国は今後、日本を甘やかす気はない」と発言し、富士銀行会長の岩佐凱実《よしざね》は講演で「このままいけば日本が単独で再調整を迫られることになりかねない」と危機感をあらわにした。(12) またパリで開かれたOECDの会合でも「日本の景気刺激策は十分であるとは言えない」「日本の金利水準は、その黒字幅の大きさと対比した場合、国際的に目立って高い」といった批判が噴き出した(13)。

ドル不安をもたらしたのは米国の赤字だが、その原因の大半は日本の対米黒字にあり、日本は通貨安定のため特別な責任を果たすべきだ、というのが欧州各国の主張だった。

こうしたなか、内需拡大で黒字減らしを進め、投機資金の流入を防ぐためにも一層の金利低下を図るべきだという意見は、産業界だけでなく、大蔵省からもすでに出ていた。

当時、国金局担当審議官だった藤岡真佐夫は経済誌にこんな寄稿文を寄せている。


経済大国として今後の国際通貨体制の円滑なる運営に、身分相応の貢献をしようとすれば、どうしても内外金利の不均衡を逆転させる必要がある。為替管理等のインシュレーション（断熱材）にたよってだけいるのでは経済の原則が十分働かない。（中略）国内金利の低下は外貨準備の増加を防ぐことにもなるし、東京市場育成のためきわめて望ましい条件である(14)

これに対し、日銀側は「市中の貸出金利は急速に低下しており、いま公定歩合を引き下げる意味はない」と反論し、佐々木は3月14日の参議院大蔵委員会で「いまここで国際的な関連から公定歩合に手をつける必要は、感じておりません」と利下げをきっぱり否定した(15)。

だが、大蔵大臣の意向は違っていた。

佐々木が答弁した翌15日の衆議院予算委員会で、水田が微妙な言い回しで公定歩合の引き下げを促すのである。

「これからの国際金融政策ということになりますと、どうしても低金利政策が方向でございます。したがって、金利はもう一歩下がらなければならぬということは考えておりますが、いろいろな問題がございます。(中略)国際情勢との関係でその必要があれば、金利の引き下げ、金利水準をもう一段下げるということもやらなければならないと思いますが、いま差し迫って迫られている問題とは現在なっておりません」

「差し迫った問題ではない」と言いながらも、いずれ利下げは避けられないことを示唆する水田一流の発言だった。このあと答弁に立った通産相の田中は、さらにあからさまに利下げの必要性に言及した。

「これは議論の余地がなく、だんだん低金利時代になってきたということでありまして、日本だけが例外的な地位におられるはずはないわけでございまして、これは時間的な問題だ、私はそう理解をしております[16]」

2人の国会答弁の背後には、円の再切り上げは何としても阻止するという政治的意思と、それを実現するため多少の物価上昇には目をつぶり、景気浮揚と輸入拡大によって黒字を減らす以外に道はないという政策的な思惑が見え隠れする。

この日の予算委員会で水田は次のような答弁もしている。

「日本独自として対外均衡を確保する、この政策はあくまで遂行しなければなりませんので、(中略)従来の既定方針をここでさらに一歩進めて、そうして経済政策をやっていく必要は十分あろうと思います。特に不況が回復しさえすれば国際収支の姿は直るのですから」

実はこうした「拡大均衡戦略」を最初に打ち出したのは首相の佐藤である。1月の施政方針演説で佐藤は次のように述べていた。

景気停滞の長期化によって輸出圧力が高まり、輸入の伸び悩みが続き、せっかくの通貨調整にもかかわらず国際収支の均衡回復がおくれたり、国内の産業調整が円滑に進まず社会的緊張が高まる事態を招くことは避《さ》けなければなりません。このため積極的な財政規模の拡大など、政府の総力をあげて景気の回復に取り組んでまいります(17)

佐藤自身がどのような拡大均衡の具体策を考えていたのかは明らかでないが、3月9日の『佐藤栄作日記』には「金利が問題」という意味ありげな一文が記されている。

この日の朝、佐藤は経済ブレーンとの定期会合「二木会」に出席し、当面の政策運営について意見交換していた。会のメンバーは円城寺次郎、稲葉秀三、土屋清、大来佐武郎、木内信胤ら経済評論の重鎮たちで、現職の蔵相や外相が出席することもあった。佐藤日記によれば、「金利問題」はこの日のテーマだったとみられ、金融政策に対する佐藤の判断に強い影響を及ぼした可能性がある(18)。

「これ以上の対策は不要」

日銀側の記録によると、大蔵省から非公式に公定歩合引き下げの打診があったのは3月半ばごろだった。日銀も要請が来ることを予期し、早くから検討作業が行われていたが、行内では「利下げ不要論」が大勢を占めていた。

たとえば調査局は、新年度入り後の4月1日付で次のようなペーパーを作成している。

一、景気がたとえ緩やかであっても回復の方向へ向かっていることがまず間違いない以上、これ以上の対策は不要であって、これまで打たれた手の効果を注視していれば足りる
二、これ以上マネーサプライを供給しても、実体的な景気回復につながるよりは、土地、株式等資産取引の異常な活発化や金融機関の貸出内容の悪化を進める面により大きく作用する惧れの方が大きくなっている[19]

だが、佐々木の考えは違った。4月4日の支店長会議で、こんな含みのある挨拶をしたのだ。

「根本的には早期に景気を立直らせることにより、……黒字を減らすということが本筋と思われる。(中略)最近は西独に比べ日本の〔金利の〕割高が目につき、これにより結局は外国が日本で起債するのに金利高が邪魔になるということも事実である。こういう点を考えると、金利は国際的な視野からいえばもっと低いのが望ましい」

そのうえで佐々木は、「卸売物価が或る程度上がらないと恐らく景気は回復しない。その或る程度が問題であるが、一体物価のどの辺を睨んで金利政策を運んでいくか、ここに……難しい問題がある」とまで述べた[20]。

幹部職員たちは、首相の求める「拡大均衡」の方向に総裁が傾いているのを敏感に感じ取った。

この3日後。4月7日に開かれた月例経済報告閣僚会議で、首相の佐藤は水田と佐々木を呼び、金融緩和について検討を命じた。同日付の『佐藤栄作日記』にこうある。

九時に定例閣議。引き続き経済閣僚で月例報告。この席で特に物価問題にふれる。同時に金融緩和の状況を水田蔵相並に日銀佐々木総才《（ママ）》に検討を命ずる(21)

一方、日銀の総務部は4月13日、「当面の政策課題について」と題するペーパーをまとめ、佐々木ら首脳部に上げた。

一、鉄鋼、合繊、機械などの輸出産業に膨大な供給余力がある現状で、これらの輸出圧力を大きく軽減するほどの景気上昇を政策的にもたらすことが果たして可能か
二、国際収支に効果が現れるより先に強いCPIの高騰がもたらされるのではないか
三、「通貨価値」の安定を主任務とする本行としては「対外均衡達成のための景気回復促進」という目標一本槍で政策運営を進めることはあまりにも問題が多い

ペーパーは追加緩和への疑問点を並べ立て、次のような「正論」を唱えながらも、最後はやや「腰砕け」の結論で終わっている。

既に金融緩和は末端まで浸透しており、また現在以上に金利低下を推進しても景気回復への寄与は期待できない。（中略）筋としては今ここで金融緩和にストップをかけるべきであり、そうすることこそ（中

略）長期的に国民福祉の向上、内外均衡の達成という政策目標を達成していく途と思われる。

しかしそうはいっても実際問題として今ここで緩和ストップという政策姿勢を打ち出すことは難しく、また緩和姿勢のままバックドアで量的引き締めを図ろうとしてもその効果は殆ど期待出来ない。（中略）本行としては当面は量的緩和の行き過ぎについての世論喚起を図って機会を待つのが最も適切であろう(22)

佐々木の側近だった総務部長の中川幸次は、当時を振り返って「まだ下げたばかりだけれども、べつに景気がよくなったわけでもないし、ここでもう一回ぐらい下げてもいいんじゃないかと思っておりました」と史談録で打ち明けている。

円の再切り上げ阻止という抗しがたい圧力の下で、追加利下げに向けた流れが徐々に加速していった。

調整インフレは「禁じ手」か

拡大均衡の方向に傾きつつも、佐々木は表向きには「追加利下げ不要」の態度を取り続けていた。支店長会議後の記者会見では「もう一段の金利引下げを実施する考えはない」と明言し、4月末の定例記者会見でも米国や西独の金利が反転上昇していることを理由に「追加利下げの必要性は薄らいでいる」との認識を示した(23)。

ところが、大型連休明けの5月10日。佐々木は定例記者会見で突如追加利下げをほのめかし、周囲を仰天させるのである。

追加利下げを探ろうとする記者団に対し、佐々木は「預金金利の見極めがつかないのに公定歩合を引き下げるわけにはいかない」と口を滑らし、記者に「預貯金金利が下がれば公定歩合を引き下げるにやぶさかでないということか」と突っ込まれる。

すると、佐々木は「預金金利が下がれば、公定歩合を放っておくわけにはいくまい」と返し、そのうえで「金利は下げられるうちにできるだけ下げ、景気回復を促進し、黒字幅の縮小を図るということは考えるに値する」と述べた(24)。

このころ政府部内には、円の再切り上げ防止策として預貯金金利の引き下げを模索する動きがあった。前年から積み残しとなっている郵貯金利と預金金利が動くなら、公定歩合の再引き下げを考えてもよいという突然の一言に、側近やメディアは飛び上がって驚いた。

大手紙は「第6次公定歩合引き下げへ」と一斉に報じ、「総裁が態度急変」(毎日)、「奇妙な変身」(読売)などと書きたてた。総務部長の中川も「なぜ総裁があのとき公定歩合引き下げを示唆されたのか、正直言って私も驚いたが、佐々木総裁はそれまで何回かの利下げ劇が田中通産大臣らの積極発言で、政府リード型という印象を世間に与えていたのを腹に据えかねていたせいかもしれない」と自著に書いている(25)。

だが、この唐突な総裁発言には、実はウラがあった。

記者会見の前日、5月9日に開かれた月例経済報告閣僚会議で、首相の佐藤が水田と佐々木を呼び、金利の引き下げを要求していたのだ。

閣僚会議を終えたあと、佐々木は午後4時過ぎから開かれた日銀の役員集会(マル卓)で次のような説明をした、と吉野の備忘録に書かれている。

> 午后四時三分開会
> 総裁より 今朝の経済閣僚協議会の話あり 佐藤総理より金利の低下を求められたりと(26)
> 午后四時十分 渡辺理事より 準備率問題についての大蔵省との接渉《ママ》につき報告(以下略)

このマル卓での佐々木の発言について、吉野は理事退任後、エコノミストの土屋清との対談でこう振り返っている。

「総裁から、けさ経済関係閣僚協議会に行ったら、佐藤総理から（中略）いまの経済情勢はやはりまだ円切上げ後沈滞している、だから日本銀行としては、金利を下げてくれないかと言われたという話がありました。（中略）それで、それに対してどうも十分反論しないで戻ってきたようですよ」(27)

これを裏付ける「証拠」が、5月9日付の『佐藤栄作日記』にある。

九時半から経済干係《ママ》の閣僚懇談会。生産は伸び且又出荷も少しづゝ増加。従って景気も底固めの感あり。然し金融はゆるんでるのに金利は相不変高い。もっと低金利にしなければよくないと思ふ。率直にその意見を佐々木君にいふ(28)

官僚出身で保守本流を自認する佐藤は、表では「公定歩合は日銀の専管事項」と唱えていた。当時官房長官だった竹下登の回想によると、閣議で公定歩合操作に言及した閣僚に対し、佐藤は「きみ、公定歩合の決定は中央銀行の専権事項である。閣議の中で議論すべき問題でない」と一喝したという。

以来、「公定歩合を論ずる者は知性と教養のなき者だ、みたいな雰囲気がなんとなく出てきまして、つまらん公定歩合議論はなくなりました」と竹下は話す。(29)

だが、そうした「不当な政治介入」と「総理による指示」は別物である、と佐藤は割り切っていたのだろう。金融政策といえども国の経済政策の一部であり、行政府の長が必要な指示を出すのは当然と考えるのが、連綿と続く自民党統治の流儀だった。

しかも、佐藤の悲願である沖縄の本土復帰が目前に迫っていた[30]。これを花道に退く意向を内心固めていた佐藤は、5月2日の閣議で景気浮揚策を強化するよう関係閣僚に指示を出す。長期政権のいわば総仕上げとして、財界や通産省の求める追加利下げを断行し、景気回復をより確かなものにしようと考えたのである[31]。

首相指示の2日後、5月11日のマル卓で、佐々木は蔵相の水田からも追加利下げを要請されたことを打ち明けた。吉野の同日付の備忘録にこうある。

午后四時五分開会
総裁より　昨夕の水田大蔵大臣との会談の話あり
郵貯利子引下　首相に強く念を押した
四％位に公定歩合引下げたらという意見もあったという話であった[32]

これについて吉野は、「水田大蔵大臣から郵便貯金の問題があるからむずかしいだろうけれども、その点は総理に念を押してあるから、公定歩合を下げてもらいたい、省内には四％くらいに公定歩合を下げてもらいたいという意見もある、こういうことを（総裁が）言われた」と前述の土屋との対談の中で補足説明している。

水田が首相に念押しをしてまで佐々木に利下げを催促したのにはわけがある。

5月24日からパリで開かれるOECD閣僚理事会までに、黒字減らしの具体策を取りまとめる必要に迫られていたからだ。

スミソニアン合意後も増え続ける日本の黒字に対する欧米の批判は日を追って高まり、4月末のOECD経済政策委員会では名指しで内需拡大を求められた。水田が出席する5月の閣僚会議にとても手ぶらで出席できない状況に追い込まれていた。

このため大蔵省は、各省との協議を経て5月23日、前年6月に続く「第2次円対策」をまとめ上げる。輸出の抑制、輸入の拡大、保有外貨の活用など7項目の黒字減らし策が並んだが、金利引き下げが中心であるのは誰の目にも明らかだった。(33)

輸入拡大には景気回復が必要であり、そのためには公定歩合を引き下げて貸出金利を円滑に低下させる必要がある。だが、前年暮れの第5次利下げで郵政省に「食い逃げ」された結果、1年もの定期預金金利とプライムレートの「逆ザヤ」は0・75%に拡大し、中小金融機関の経営を圧迫していた。

こうした事情を踏まえ、日銀は①郵貯関係の動きが固まってから市中の預金金利と公定歩合に手をつける、②公定歩合の引き下げ幅は一応0・5%をめどとする、③引き下げの趣旨は景気の回復促進を通じて国際収支の均衡化を図ることとする、の3点を対処方針として決める。(34)

中川は自著にこう書いている。

私も公定歩合の第六次引き下げに反対でなかった。やはり当面としては貿易黒字を縮小することが一番大切で、そのためには回復力が弱い経済に刺激を与え、輸出プレッシャーを弱くするとともに、輸入促進を図ることが肝要だと思い込んでいた。

致命的なミスは、スミソニアンでの多角的通貨調整直後だから、円再切り上げはできないという前提で政策を考えたことにあった。（中略）為替レートをそのままにして黒字不均衡を是正する途は調整インフレしかない。客観的にいえば、日本は調整インフレの金融財政政策を採っていたのである[35]

かくも高き郵貯の壁

第6次下げの検討が始まったころ、郵政省は郵便貯金を担保とする小口貸出制度の新設に走り回っていた。これを見た大蔵省は、新制度を認める見返りに郵貯金利の引き下げを呑ませ、公定歩合の引き下げにつなげる高等戦術に出た。

大蔵省はまず自民党に対し、公定歩合の機動性が郵便貯金に妨げられるのは不適切だとして金利決定権の一元化を働きかける。これを受けて政調会長の小坂善太郎が、小口貸出制度の創設を条件に郵貯の金利決定権を大蔵省に移管する案をまとめるが、郵政族の猛反対に遭い、あえなく頓挫した。

すると5月25日。水田は突如日銀政策委員会に預金金利の引き下げを発議し、公定歩合引き下げを「既成事実化」する奇策に出る。民間の預金金利を下げる意思を先に示すことで、郵貯を追い込もうという狙いだった。

5月26日の閣議で、水田は郵政相の広瀬正雄に次のように要請した。

「ぜひ郵便貯金においてもご協力願いたい。引き下げ幅は一律0・5％にしていただきたい」

すると佐藤がすかさず「蔵相発言を了承する」と言い、広瀬に協力するよう首相指示を出した[36]。すべては郵政省を動かすために大蔵省が練り上げたシナリオだった。

だが、広瀬は動じることなく、敢然と言い放つ。

「私はさようなことは絶対できません。金利の引き下げの幅等については郵政審議会で十分ご審議願いたいと思っておる。その答申に基づきまして私が決めます」

広瀬の反旗に付き従うように、5月29日に開かれた郵政審議会は、何ら議論の方向性を示すことなく散会した。同じ日に開かれた大蔵省の金利調整審議会では、郵貯金利の同幅引き下げを条件に預金金利を一律0・5%引き下げる答申案を決めたが、結果的に肩透かしとなり、翌30日に予定されていた公定歩合の変更は6月以降に持ち越された(37)。

5月30日。自らの指示を無視され、メンツを潰された佐藤は、閣議で広瀬に苦言を呈した。

「引き下げについての政府の方針は決まっている。それなのに何ら諮問事項を示さない郵政審議会というものはあり得ないじゃないか。審議会を速やかに開けと言ったのは、諮問をやれという意味じゃなかったか」

金利引き下げという議論の方向性も示さないまま審議会を開いた郵政省を批判したのだ。だが、広瀬はひるまない。

「白紙で諮問したという事実はない(38)。ただ、今回は問題が問題だけにそう簡単に結論は出ないと思う。郵便貯金も金利を引き下げてもらいたいというご趣旨は分かっているが、簡単には結論は出ません。しばらくかかると思いますからお待ちください」

5月15日に沖縄の本土復帰を成し遂げた佐藤の求心力は急速に低下し、広瀬を押さえ込むだけのパワーはもはや残っていなかった。

2度のニクソン・ショックで威信を喪失した佐藤は、72年の通常国会でも第四次防衛力整備計画や外務省の機密漏洩事件などで統制力を失い、野党から早期退陣を迫られていた。また沖縄復帰前の5月9日には、佐藤派内で田中角栄擁立を目指す議員が集結し、「田中派」を旗揚げする。総裁派閥が分裂状態に陥ったことも佐藤の政治力に影を落とした。

さらに悪いことに、前回の総選挙からすでに2年半以上が経過し、新首相の下で解散・総選挙が近く行われるとの観測が広がっていた。不人気の佐藤・大蔵省側につくより、ここは郵貯擁護に回った方が選挙上得策だと考える議員が大勢を占めていたのだ。

広瀬は6月1日の衆議院逓信委員会で大蔵省を痛烈に批判した。

「大蔵大臣がいきなり直接総理大臣にものを申し上げる。そして総理大臣に発言させるということは常道ではない。虎の威を借りて押さえつけようとするその態度は、まことに遺憾千万だと思っておる」(39)

6月に入っても郵政審議会は時間を空費し続けた。

郵政審は、同省OBや学識経験者、野党関係者など45人の委員からなる大所帯で、消費者物価の上昇を理由に利下げに反対する委員が多数いた。なかには「郵便貯金通帳を持ってきて、「火事になったらこれだけ持って逃げるんだ」とか何とかいって、郵政審議会で抵抗する」(中川史談録)委員の姿も見たという。

この結果、日銀は公定歩合を動かそうにも動かせず、かといって白紙に戻すこともできない、棚ざらしの状態に追い込まれる。メディアの批判は徐々に高まり、今度は日銀が苦しい立場に立たされた。

6月7日の記者会見で佐々木はこんな釈明をした。

「よいことではないが、やむをえない。公定歩合が本当に金利としてワークする形で動かすことが大切で、棚ざらしになるとか、時機を失するとかいうことで、公定歩合に傷をつけてはいけない」

中川がこのころ書いた支店長宛ての総務部長私信から苦しい胸の内がうかがえる。

国会の野党逓信委員が郵貯金利の引き下げをやるようなら小口貸付法案は阻止するという態度を表明していることもあり、郵政側は同法案審議とのかね合いで利下げ審議の引き延ばしをはかっていることは明らかです。(中略)こうした中で新聞論調などでは、公定歩合の引き下げがたなざらしになっていることをもって本行の金融政策の自主性喪失とし、これを批判する声が散見されるに至っています。こうした論調を眺めて大蔵省内の一部などには公定歩合の見切り発車という考え方もないわけではありません。しかし、今本行が見切り発車すれば、本行が郵貯利下げ実現の可能性について何らかの心証をえたと受け取られ、小口貸付法案審議に悪影響を及ぼすことによってかえって郵政側を硬化させるということになるか、或いは日銀が郵貯金利引き下げを全くあきらめたと受け取られ、完全積み残し発車になるかいずれかになる可能性が強く、いずれにせよ好ましくない事態になる可能性の方が強いと考えられます。従って本行としてはまことにつらい処ではありますが、今後いかに批判が強くなってこようとも動きにくい立場にあるわけで、当面はじっと情勢を見守っていく以外方法がないと考えております(40)

この私信には、日銀の公式見解を対外的に説明するための想定問答が添付されているが、そこに「主要産業に需給ギャップが大きい現状で金融緩和政策を推進しても卸売物価が上昇に転ずる懸念は少ない」という一文がある。

確かに、日銀が重視する卸売物価は、円切り上げの影響で前年秋から下落傾向が強まり、71年全体でもマイナス0・7％と極めて落ち着いていた。この基調は72年春まで続くが、累次の金融緩和とマネーサプライの増加により、事態はこのあと急変することになる。

また、発動のタイミングが当初の想定より大幅に遅れたことで、景気対策としての意義は急速に失われつつあった。6月13日のマル卓で、佐々木本人がそうした認識を示していたことが、吉野の備忘録に明記されている。

午后四時五分開会

総裁より 公定歩合を下げるのは景気対策としてはあまり必要なく

貿易の黒字幅を収縮させるためなりとの話あり(41)

このときの佐々木の発言について、吉野は前掲の土屋との対談の中で次のように解説する。

「本来なら、通貨の膨張率も高いし、物価も危ないし――卸売物価はまだ大きくは上がっていなかったのですが……(中略)だから、このようなときに、本当からいったら金利の引下げは必要はない、ただ国際収支が大きな黒字だから、内需をもうちょっと拡大して国際収支の過大な黒字を収縮するためにはしようがないと、総裁も(中略)いっているのです。結局政府つまり佐藤総理と水田蔵相に押しつけられ、思うだけの抵抗ができなかったというのが真相だと私は解釈しています」[42]

中川が私信で予言したとおり、郵政省は小口貸付法案[43]が成立するまで郵政審議会の答申を引き延ばし、さらに引き下げ幅の一部圧縮を呑ませたうえで6月22日に大蔵省との合意に達した。これを受けて翌23日の臨時政策委員会で公定歩合の0・5%引き下げがようやく決定された。

この間、首相から郵政省に対し、速やかに結論を出せとの強力な指示が出され、事態打開のため経済企画庁長官、官房長官、自民党政調会長による三者会談まで開かれた。郵政省との交渉にあたった大蔵省銀行局長の近藤道生《みちたか》は史談録でこう憤慨する。

(郵政省は)何か権限意識というようなものしか頭にない。何か一つを譲るときは必ずおみやげを持っていくというか、お返しをとっていくということで、全体の金融政策がどうなる、天下国家がどうなるというようなことはおよそ眼中にないのです[44]

6月23日朝、公定歩合変更に向けた事務手続きのため総裁室に入った中川は、佐々木が非常に「心痛な顔」で次のような話をした、と史談録で明かしている。

「夕べ《(ママ)》悩んだけれども、やっぱり今日やろう」

振り返れば、5月10日の記者会見で佐々木が唐突に発した一言が、最後まで尾を引く結果となった。動き出した歯車は止まることなく回り続け、「いまさら下りるに下りられないという状態」(中川史談録)に佐々木は追い込まれたのである。

半年ぶりの引き下げにより公定歩合は年4・25%となり、史上最低を更新した。海外金利との比較でも米国(4・5%)を下回り、米国へのドル還流と円の再切り上げ防止に役立つと政財界からは評価された。また郵貯を含む預貯金金利の引き下げは11年ぶりで、「下方硬直性」の問題もそれなりに改善された。

ただ、郵貯金利の引き下げは民間より2週間遅い8月1日にずれ込み、すべてが郵政省の思惑どおりに決着した。何より問題なのは、政策金利変更のタイミングとして、決定的に時機を失したことだった。利下げの検討が始まってからすでに3カ月が経ち、景気は明らかに上向きに転じていたのである。

中川は無念の思いでこう回顧する。

結果的には失敗であったと思います。(中略)総裁は少なくともこの三カ月で非常に情勢が変わったというのを敏感に感じとったようでした。だけど、やめるというのも勇気がいるんですね。列島改造ブームが燃え上がりかかったところに「やめた」と言われたら、それは田中さんも怒るだろうし、大変なことになったと思いますが、それでも本当はそのときやめるべきだったんじゃないか、後から見ればそう思います。しかし、そのときはそういう知恵は私にはなかった。(中略)もしそういうふうに「やめた」と言ったら、そうとう大きな政治問題になっていたように思います(45)

中川は理事を退任した後、政府の行政改革論議に積極的に参加し、郵政事業の民営化を声高に主張するようになる。「佐々木総裁が本当に苦労されたこの時の問題が、郵政三事業の分割民営化という形で根本的に解決するまで、これからも主張し続けるつもりである」との決意を佐々木の追悼録にも寄せている。

この郵貯金利引き下げをめぐる金融政策上の混乱は80年代も続き、1994年秋の預金金利の完全自由化によりようやく解消された。そして郵政三事業そのものも2007年秋、民営化されることになる。

スミソニアン・レート揺らぐ

手あかのついた公定歩合引き下げの正式決定が、翌6月24日付の新聞で大きく取り上げられることはなかった。代わってこの日の1面トップを飾ったのは、スミソニアン合意を揺るがす英国の変動相場制への移行である。

かつて国際決済通貨だった英国のポンドは第二次世界大戦でその地位を失い、その後も経済の低迷で2度の切り下げを余儀なくされた。英連邦内にばらまかれた巨額のポンドは常に投機筋に狙われ、ドルとともに通貨不安の火種となっていた。

1972年に入るとスミソニアン合意の矛盾を突く形で欧州通貨への投機が続き、6月半ばから猛烈なポンド売りが始まった。英国の国際収支が赤字に転落し、経済の先行き不安が高まったことが原因だが、直接の引き金は「ポンド切り下げは夏までには不可避」という国会議員の不用意な一言だったとされる(46)。

突然の通貨危機に直面した他の欧州主要国は1週間で総額26億ドル、海外に蓄積されたポンド残高の3分の1強を買い入れる巨額介入で投機売りに対抗し、英政府は22日に公定歩合の1%引き上げに踏み切った。だが、この翌日の金曜日、ついに平価維持を断念して変動相場制に移行し、ロンドン市場を一時閉鎖したのである。

欧州の経済統合を目指すECは、この年の4月から域内通貨間の為替変動を小幅に抑える「スネーク」と呼ばれる新制度を導入し(47)、英国も5月から参加していた。スミソニアン合意で決まった「対ドル4・5%(上下各2・25%)」の変動幅は、欧州通貨間ではその2倍の変動が理論上可能になる。このため、EC加盟通貨間に限って半分の「2・5%」に圧縮し、為替相場の安定に取り組もうとしたのだ。

そんな矢先の英国のスネーク離脱とフロート移行は、スミソニアン合意の一角が早くも崩れかかっている現実を世界に知らしめた。市場では他の主要通貨もフロートに移行するのではないかとの観測が広がり、マルクや円、スイス・フランを買い、ドルを売る投機熱が一気に高まっていく(48)。

イングランド銀行が「本日と来週26日(月)は市場を閉める」と発表したのは日本時間6月23日午後4時(現地時間同日午前8時)。日本の大蔵省には、これより1時間ほど早い午後3時ごろに事前通報があった。英当局からの連絡を受けたのは「α作戦」にかかわった林大造である。林は翌週27日付で国金局次長から国金局長への昇進が決まっていた。

林はニクソン・ショック時に東京市場の閉鎖を主張した数少ない国金局関係者の一人である。今回こそ迷わず閉鎖すべきだと考えた林は、午後3時半に東京市場が閉まるまで待ったうえで行動を開始した。ニクソン・ショック時と違い、今回は翌24日朝の市場再開まで準備するための時間が十分ある。

林はまず、事務次官の鳩山威一郎の部屋に行き、翌日土曜日から市場を閉鎖すべきだと提案した。鳩山も前年夏に強硬に市場閉鎖を主張した一人であり、迷うことなく同意した。

問題は大臣の決裁が得られるかどうかである。鳩山は林に対し、水田の私邸に出向いて決裁をもらってくるよう指示した。

前年8月と同じく、国金局では日銀の外国局幹部を呼び、合同対策会議が開かれた。前回の大量のドル買いに懲りたこともあり、日銀側は即時閉鎖を主張した。だが、国金局内には市場閉鎖が円の再切り上げにつながりかねないとの懸念や「すでに為替管理を強めており、ドル売り殺到は避けられる」「ポンド建て取引の少ない日本への影響は小さい」との理由から閉鎖をためらう意見も出て、なかなか結論が出ない。

また水田も、ニクソン・ショックのときと同じく、突然の市場閉鎖は中小商社などに打撃を与えると危惧し、できるだけ市場を明ける方向で検討するよう事務方に指示していた(49)。

夜になって林は文京区の水田邸へ向かう。すると驚くことに鳩山もやってきた。

水田邸での協議の詳細は不明だが、林は回顧録に「ご心配になった事務次官もわざわざご自身で大臣私邸へこられて、私にお口添えして下さった」と書いている。おそらく水田はここでも市場閉鎖に難色を示し、これを覆すために鳩山が林を後方支援した可能性が高い。

結局、水田の了解を得て市場閉鎖の方針が固まったのは24日未明だった。

林は自身の回顧録に誇らしげにこう書いている。

> 前年一二月二〇日に、東京市場は一日だけ閉鎖されたことがあったが、あれは世界一斉にとの各国間の申合せに基づくものであり、日本の自主的市場閉鎖は今回が初めてであった。いわば国際通貨行政の常識が、日本にも通用することとなったわけである(50)

6月24日、土曜日。大蔵省は銀行間の取引だけを停止したが、外為銀行の間では商社など対顧客取引を停止するところが少なくなかった。旅行者への外貨交換やトラベラーズチェックの発行額にも上限を設け、渦中のポンドについては「5%切り下げ」を織り込んだレートでのみ交換に応じた。株式市場では円の再切り上げ懸念が高まり、午前中だけで前日比242円14銭安と史上最大の暴落を記録した。

他方、欧州ではロンドンに続いてほとんどの外為市場が閉鎖され、24日に中央銀行総裁会議、25日にEC閣僚理事会が開かれ、スミソニアン合意とスネーク制度の維持を確認し、6月28日からの市場再開を決定する。これを見た日本も市場再開を決めたが、先陣を切る勇気はなく、欧州各国の対応を確かめたうえで翌29日から再開した。

閉鎖直前に302円15銭だった円ドル相場は、再開後にはスミソニアン合意で決まった変動幅の上限である301円10銭まで上昇し、そのまま年末近くまでこの水準で推移することになる。

英国のフロート移行から7月半ばまでに世界中で売られたドルの総額は60億ドルを超えた。

前述したように、スミソニアン体制が弱体化した原因は、米国の「無関心」にあった。すべてを他国任せにし、自らは何の対策も取ろうとしなかったのだ。

それどころか、金との交換義務から解放されたニクソン政権は経済運営の規律を失い、大統領再選に向けて拡張的な財政金融政策を展開する。ドルの安定など望むべくもなかった。

ニクソンは、この年の6月17日に起きた民主党本部への盗聴侵入事件をきっかけに坂道を転げ落ちていくことになるが、この「ウォーターゲート事件」の裁判の中で、偶然にも通貨問題への無関心さを裏付けるテープが公開された。録音された日付は英国がフロート移行した6月23日、場所は大統領執務室。会話の相手は首席補佐官のボブ・ハルデマンである。

ハルデマン「ポンドが昨夜フロートに移行しましたが、報告がありましたか」
ニクソン「いや、受けていないと思うが、事実か」
ハルデマン「そのとおりです」
ニクソン「それは切り下げということか」
ハルデマン「そうです。フラナガンの報告書がここにありますが」
ニクソン「いや、関心ない」
ハルデマン「要約しましょうか」
ニクソン「いや、関心ないし、やれることもない」
ハルデマン「新たな通貨制度ができるまでドルと金の交換性は拒否するというわれわれの姿勢は賢明だった、とフラナガンは言っています」
ニクソン「そうか。フラナガンは正しいと思う。ただ、自分にとってこの件は深入りするには複雑にすぎる」
ハルデマン「バーンズは、(ポンドは)対ドルで5%の切り下げになると予想しています」
ニクソン「OK。わかった」
ハルデマン「バーンズは、(イタリアの)リラも投機の対象になるのではと心配しています」

ニクソン「リラなど俺の知ったことか(I don't give a shit to the lira.)」[51]

ボルカーによると、スミソニアン合意のあとニクソンは通貨問題への関心をすっかり失い、「もう通貨危機は起こしてくれるな」としか言わなくなった。ボルカーは「制度を守ろうという意識が欠如した状態では、ヨーロッパにおけるそうした通貨の突然の混乱に対して、事実上なすすべがなかった」と自著に記している。[52]

しかし、中央銀行であるFRBは無関心ではなかった。

ニューヨーク連銀副総裁のクームズは「為替市場に強力に介入して米国がスミソニアン・レートを支えるという姿勢を示すべきだ」と主張し、議長のバーンズは前述のようにリラ暴落の可能性をホワイトハウスにひそかに警告した。

7月18日、バーンズとクームズは米財務省を訪れ、ドル防衛のための限定的な為替介入を実施する案を示し、了解を取り付ける。そしてこの翌日、ニューヨーク連銀は電撃的なマルク売り・ドル買い介入に乗り出した。

連銀介入の意義をクームズは自著にこう書いている。

(為替介入担当の)ボドナーは技術的にみごとな作戦で売手をカバーに追いやる一方、ドル相場を上昇へ導いていた。(中略)新聞からの問い合わせはバーンズ議長に集中したが、彼はこの操作の意味を明確につかんでいた。すなわち、この操作は、米国が他の国と同様、外為市場の秩序回復とスミソニアン協定維持のために、自らの役割を果たすべくとった措置であるということ。彼はまた、この操作が望ましい規模で、望ましい取引時期の間に続けられると約束した[53]。

この為替介入により、1カ月半に及んだ投機の嵐はとりあえず収束し、このあと米国の景気回復と金利上昇を背景にドルは一時的な小康状態に入っていく。

ただ、スミソニアン合意以降に起きた波状的な通貨不安は、主要10カ国(G10)に入れない他の先進国や発展途上国の間に「G10だけで物事を決めるのはおかしい」との不満を増幅させた。同時に米国自身も、G10内での欧州の発言権が強すぎることに苛立っていた。二つの異なる不満はやがて一つになり、7月末のIMF会合で「20カ国委員会(C20)[54]」の創設が決まる。国際通貨制度改革はこのC20を舞台に議論されることになった。

今太閤とアメリカの野望

7年8カ月の長期政権を樹立した佐藤は、通常国会が閉幕した翌日、6月17日に退陣を表明した。佐藤が推す外相の福田赳夫と、馬力で勝る通産相の田中が激突した自民党総裁選は熾烈を極め、決選投票で勝利した田中が7月6日、戦後最年少の54歳で後継首相に選出される。

岸信介、池田勇人、佐藤栄作と続いた「帝大出・官僚出身」ではなく、高等小学校しか出ていない「たたき上げ・党人派」の首相誕生は、政治に新風を吹き込み、長期政権に飽き飽きした社会の空気を一変させた。

生まれ故郷である新潟県の西山町(現柏崎市)では町民総出の提灯行列が深夜まで続き、喜びのあまりバスでかけつけた大勢の支持者は田中邸に入りきれず、近くの椿山荘の庭にテントを張って迎えられた。

新聞やテレビは「庶民派宰相」「今太閤」「コンピューター付きブルドーザー」などと持ち上げ、田中の一挙手一投足を克明に追う[55]。前首相の不人気に対する反動もあってか、新政権発足時の内閣支持率は朝日新聞で62％（8月実施）と戦後最高を記録し、毎日新聞（53％、9月実施）や読売新聞（60・5％、10月実施）の調査でも高い数値が出た。

振り返って竹下は「総理とて別世界の人ではないということが、あの人によって開化されたということは言えるのではないか（中略）、政治をある意味においてそれだけ国民大衆に近づけたのかなと。そんな感じはありました」と話す[56]。

佐藤が退陣表明する直前を狙って、田中が出版した『日本列島改造論』（1972年、日刊工業新聞社）は、瞬く間にベストセラーとなった。

太平洋ベルト地帯に集中した工業を地方に再配置し、高速道路や新幹線、本州四国連絡橋など交通・通信ネットワークを張り巡らせて「1日通勤圏」を作り、都市の過密と地方の過疎を一気に解決するという壮大な開発計画である。

この構想は、田中が自民党都市政策調査会長だった1968年に策定した「都市政策大綱」をベースにしつつ、秘書や通産官僚らによって短期間でまとめられた。地元の日本海側と太平洋側との経済格差を解消し、均衡ある発展を目指そうというプランに国民も政財界も目を見張り、列島改造は新政権の目玉となる。

まだ都市政策調査会長だったころの田中の意気込みが、インタビューとして残っている。

「日本列島全体を改造して高能率で均衡のとれた一つの広域都市圏として発展させる――これがわれわれの目的です。やれ過密対策だ、やれ過疎対策だと、一時的な対症療法に追われていては何も解決しませんよ」[57]

首相に就任した直後、田中は大蔵省主計局長の相沢英之を呼び、追加政策の策定を指示した。すでに準備していた相沢は、列島改造論を念頭に「国土総合開発庁」と、その実行機関として「国土総合開発公社」を設立し、開発予算の配分権を開発庁に集中させる大胆なプランを提示する。建設、運輸、農林各省の猛烈な反対により権限縮小を余儀なくされたものの、相沢案は「国土庁」「地域振興整備公団」として後に結実した[58]。

このように一気呵成に進められた列島改造計画はしかし、全国的な土地投機を煽る皮肉な結果となる。ニクソン・ショック後のカネ余りによる不動産投資は、すでに都市圏で過熱していたが、列島改造ブームが始まるや金融機関の不動産業向け融資が前年比2倍を超えるペースで急増した。とりわけ列島改造計画で新たな開発対象と名指しされた地方都市に巨額の資金が流れ込んでいった。

この結果、この年の地価上昇率は全国平均で30・9％というすさまじい値を記録し、国土全体の1割にあたる3万7000平方キロメートルで地価が急騰した。

この3万7000平方キロメートルという数字は当時の宅地総面積の2倍以上に相当し、宅地化されていない山林や原野まで値上がりしたことを示している。ちなみに、昭和末期のバブルで高騰した土地は国土の100分の1程度だったという[59]。

ただ、こうした「負の側面」が問題となるのはまだ先のことで、人気絶頂だった内閣発足時点で列島改造論に待ったをかけようという主張はほとんどみられなかった。

一方、日本国内と同じく、米国も田中の首相就任をもろ手を挙げて歓迎した。ニクソン政権は「待ちの佐藤」から「決断と実行の田中」への交代を絶好のチャンスと捉え、懸案である貿易不均衡の是正を一挙に進めようと考える。

駐日米国大使のロバート・インガソルが6月19日朝、田中にかけた電話の内容が国務省宛ての公電に記録されている。

大使「ニクソン大統領からのお祝いのメッセージを本日お届けする。大統領は田中総理のご令嬢が米国留学していた際にお会いしたことを覚えていると話しておられた」
田中「大統領の親切なお気持ちに感謝する」
大使「総理にお願いがある。日米間の死活的な経済問題に関心を持ち続け、来たる箱根での日米協議が進展するよう支援してほしい。ここで進展があるかどうかは、米国民や議会の保護主義者、それに国際通貨当局者を安心させ、円とドルへの調整圧力を和らげるために絶対不可欠である」
田中「貿易の均衡を回復し、事態を鎮静化させるための措置が必要であるとの大使の見解に同意する。今後はより頻繁に協議しよう」
大使「問題解決のため、総理の強い調整力と指導力に期待している」
田中「解決を急ぐあまり、圧力をかけすぎないでもらいたい。日本政府と自民党には時間が必要だ」(60)

インガソルが田中にちらつかせたのは「円とドルへの調整圧力」、つまり「円再切り上げ」のカードである。これが気になったのか、この日の午後に開かれた就任後初の記者会見で田中は一気にまくしたてた。
「箱根会談（日米貿易協議）は日米関係にとって重要な意味を持つ。３０８円レートは守っていかなければならない。変動相場制にするつもりもない。円切り上げをもう一度やったら大変なことになる」「再切り上げを避けるあらゆる措置を取らなければならない。景気浮揚策はうまくいっているという議論も一部にはあるが、私はそうは思っていない。もっとテコ入れする必要がある。そうしないと輸入拡大にはならない(61)」

インガソルが期待を寄せた日米貿易協議は、7月25日から箱根町の富士屋ホテルで開かれた。

細見の史談録によると、米側は毎年35―40億ドルのペースで増加し続けていた日本の対米黒字を20億ドルまで圧縮することを要求し、日本側は「無理して（米国から）買えるものは買おうとした」という。結局、米国製コンピューターの輸入枠拡大や飼料・小麦の緊急輸入などいくつかの分野で日本は譲歩案を提示する。

記者会見で米側代表は「成果に落胆した」と言って引き揚げたが、事務レベルの「お膳立て」はこれで十分だった。

実は箱根会談の直前、大統領補佐官のヘンリー・キッシンジャーがインガソルに対し、「大統領が9月早々にハワイで田中と会いたがっている。田中の感触をひそかに探ってほしい」と書簡を送っていたのである。

7月17日付の2通目のキッシンジャー書簡には、「大統領は、早期の会談は将来の日米関係全般はもちろん、日中関係についても意見交換する機会を与えてくれると確信している」（傍点筆者）と書かれていた。日中国交正常化に意欲を見せる田中への明確な「誘い水」である。

インガソルはこのあと田中と会い、「8月31日から9月3日の間ならいつでもハワイに行く」との言質を取り付ける。[62] こうして初の田中とニクソンの会談が米国が主導する形で8月31日から2日間の日程でセットされた。

注目の首脳会談を前に、米側は入念に策を練った。

国務長官のウィリアム・ロジャーズが8月18日付でニクソンに提出した対日戦略ペーパーにこう書かれている。

(われわれの目標)

一、2国間の緊密な政治的関係を維持するため、貿易不均衡の除去に向けた取り組みが日本人にとって不可欠であることを強調すること。田中もおそらく経済問題について従来述べてきたこと以上に踏み込むことはないだろう。しかし、大統領がこの件に関し緊急性と重要性を繰り返し強調することが重要である。ただし、会談で日本側が一方的に米国に譲歩したような形にはすべきでない

一、米国と中国の関係改善が、北京との関係正常化を目指す日本に何の困難ももたらさないことを日本側に明示すること(日本では10月後半から73年初頭までに総選挙が行われる見込み)

(日本側の目標)

一、田中は従来よりも「独立した」対米政策を打ち出そうと心に決めているに違いない。従って、日本の中国への接近を米国が制限しているといった印象が出るのは田中にとって最悪の事態だろう

一、日本が世界のメジャーパワーであることを米国が認め、サポートしているという証拠を日本人は求めている(日本は国連安保理常任理事国の地位を望んでおり、これを明確に支持するというやり方もある)[63]

さらに、ホワイトハウスからインガソルに送付されたペーパーには、①今後2年間、日本は毎年少なくとも10億ドルずつ対米貿易黒字を削減する、②農林産物、濃縮ウラン、ウラン鉱石、民間航空機の購入増加を確約する、③小売、コンピューター、政府調達分野の自由化措置を約束する、ことが重点項目として明記されている(64)。

米側の狙いは、貿易不均衡の是正一本に絞られていた。田中が目指す日中国交正常化にお墨付きを与え、その見返りとして、佐藤政権下で急拡大した貿易不均衡の是正を大きく前進させ、秋の大統領選挙に臨む戦略だ。

8月31日にホノルルで始まった首脳会談は、まさにこのシナリオに沿って進んだ。米側が作成した会談記録が残っている。

ニクソン「貿易不均衡を可能な限り解決し、議会での保護主義の動きを防ぐことが双方にとっての利益だ」

田中「行き過ぎた不均衡は望ましくないし、日本は最善の努力をする。ただ、これは半年や1年では解決できない。大統領と違い、自民党総裁の任期は3年しかない」

ニクソン「あなたは最年少で総理大臣になったではないか」

田中「この2、3年のうちにGNPに占める貿易黒字の比率を1％以内にとどめたいと思っている。政府開発援助もGNP比0・7％に増やしたい。また、日本は社会資本の点で立ち遅れており、巨額の国内投資が必要だ」

ニクソン「私は日米両国の対中政策が完全に同一であるべきだとは思わない。ただ、中国をめぐって我々が衝突したり、敵対関係に陥ったりする事態は避けなければならない」

田中「日米関係に不利益をもたらすような形で中国との関係修復を図ることはしない。国交正常化を求める世論の潮流はもはやせき止めようがないのだ」

ニクソン「北京にはよく睡眠をとってから行った方がいい。中国人はコミュニケ作成のためなら平気で徹夜する」(65)

今後2年間で対米黒字を20億ドル削減するよう求めた米側に対し、日本側はとりあえず11億ドルの米製品購入を約束した。その見返りに、ニクソンは過度な対中傾斜を牽制しつつも田中の北京訪問を支持する。会談後の共同発表には「首相の訪中がアジアにおける緊張緩和への傾向の促進に資することをともに希望する」と特記された。

何としても円の再切り上げを避けたい田中は、手持ちのカードをすべて切って首脳外交を乗り切った。ただ、この場で約束した米国製(ロッキード社)航空機の購入がのちに戦後最大の疑獄事件に発展すると予感した者は一人もいない(66)。

進むのか、転舵するのか

何とか日米会談のハードルを越えた田中は、余勢を駆って9月25日、現職の首相として初めて「中華人民共和国」を訪問する。そして北京での4日間の交渉を経て、歴史的な国交正常化文書に調印した(67)。

自民党内には、正常化の条件となった台湾との国交断絶への反対論が渦巻いていたが、これを押し切った首相の政治決断を国民もマスコミも支持し、その後の2頭のパンダ来日の効果も重なり田中人気はうなぎ登りとなる。

9月30日。北京からの帰国会見で、記者から円再切り上げの可能性を問われた田中は、胸を張って答えた。

再切り上げには中小企業などはとても対応できぬというのが現状であり、国内政策を行うべきだ。これまでは積極的な政策をとれば物価が上がるからいけないということで、国内政策が中途半端だった。住宅、都市、公害、水、土地対策など、やらねばならないことがたくさんある。投資をしても物価が上がらない方法があるはずだ。国内政策をやらぬまま、いろいろな問題を他動的に受けることになっても困る。これは政治の責任だ(68)

円の再切り上げを回避し、国内政策によって対応するとは、つまり「拡大均衡」の道を進むという意味である。通貨高による輸出抑制ではなく、景気を刺激し、輸入拡大を図る戦略だ。

列島改造論を掲げる田中は、首相就任時からこうした拡大均衡路線を打ち出していたが、田中ブームに乗ってさらに過激なプランが政府部内で浮上した。

通産大臣に就いた中曽根康弘が「調整インフレ」を提唱したのだ。8月9日、産業界との懇談会で中曽根はこんな発言をした。

「わが国はいま円再切り上げか、調整インフレかどちらかの選択を迫られている。私としては円再切り上げは絶対回避すべきだと思う」「再切り上げを避けるためには、少しぐらいの物価高は仕方がないのではないか」(69)

調整インフレとは、貿易収支の不均衡を是正するため「適度なインフレ」を起こそうという政策である。景気を刺激して輸入を拡大し、卸売物価の上昇によって輸出競争力を削ぐ。マルク高に苦しむ西独で69年にこの議論が起きたが、過度なインフレにつながる「危険な一手」だとして見送られた(70)。

有力閣僚の口から飛び出した過激な処方箋に、日銀は即座に反応した。

総務部長の中川は中曽根のところに飛んでいき、「調整インフレという言葉を言ったら総理大臣になれませんよ」と苦言を呈した。

中曽根と中川は海軍時代からの古い付き合いである。中曽根は「分かった。もう二度と言わない」と返したというが(71)、その影響力は絶大だった。8月10日には日本商工会議所会頭の永野重雄が「インフレと言っても程度によるが、軽いものなら輸出税や輸出課徴金を取るよりいい。インフレには景気を浮揚させる効果もある」と早速追随し、産業界でインフレ期待が高まっていく。

さらに、日銀と経済官庁との定期会合においても、通産省は「輸出の調整は難しく、輸入自由化も農産物を除けば大した効果はない」として、「貿易黒字を解消するには経済基盤の拡大しかない」「今後5年間は年率10%の経済成長が必要かつ可能であり、そのためにも追加措置が必要」と声高に主張した。景気の腰はまだ弱いとみる経企庁も「情勢次第では景気対策が必要」の立場をとっていた、と中川が残したメモ（以下「中川メモ」）に記されている(72)。

こうした声を背景に、田中は財政のアクセルを一気に踏み込んだ。

8月に財政投融資の追加を決め、10月には輸入拡大に向けた第三次円対策とともに、6513億円の補正予算案と財政投融資の第二次追加措置を決定した。補正予算では、主計局が建設省など公共事業関係省庁に予算の増額要求を働きかけ、事業費ベースで1兆円を超える巨額の公共投資追加が決まった[73]。

だが、そんな政府の慎重論を鼻で笑うように、景気は夏場に入って上昇ピッチを強めていく。

輸出の増加に引っ張られて鉱工業生産が増加し、個人消費も順調に拡大した。列島改造ブームを背景に平均株価は8月に4000円台の大台を突破、土地の買い漁りが全国に広がり、企業マインドはみるみる強気になっていった。

また、金融機関の貸出残高は前年比25%[74]、日銀券は26%とそれぞれ異常な伸びを示し、実体経済が必要とする以上にカネが市中に存在する「過剰流動性[75]」状態が、ついにでき上った。

そして、肝心の卸売物価が8月に前月比0・7%、9月に0・9%と突然急上昇する。それまで0%近傍で推移していた物価基調がついに崩れたのだ。

それでなくても第六次利下げに手間取った影響を気にしていた佐々木は、たまらず拡大均衡路線の修正に向けて声を上げた。

「量的に引き締めるつもりはないが、これ以上緩和することは流動性が過剰になるから避けたい」(7月19日記者会見)

「意識的に景気を刺激するような(補正)予算編成は避けるべきだ。抽象的に調整インフレ論を主張する人

もいるが、具体的な政策としてインフレを促進することなどできるものではない」(8月23日同)

「財政規模がどのくらいが妥当かという具体的な数字はいえないが、筋としては物価がどうなるかを見て慎重に検討してほしい。財政によってあまり大きな需要を引き起こして物価に悪影響を及ぼすようでは困る。物価が上がるような政策をとっては、国民福祉の向上も実現できない」(10月5日同)[76]

佐々木は金融政策のスタンスを「緩和」から「中立」に戻し、月を追って警告のボルテージを上げていく。アナウンスこそしなかったが、7—9月期から銀行に対する貸出抑制指導にも乗り出した。

田中の指示に従い、円の再切り上げ回避のため金融緩和を継続すべきか、それとも国内均衡を重視し、インフレ阻止の方向に舵を切るべきか、きわどい選択の時が近づいていた。

第4章

失政と狂乱の果て

タラップ上の愛知揆一蔵相(右)と佐々木直(© 毎日新聞社)

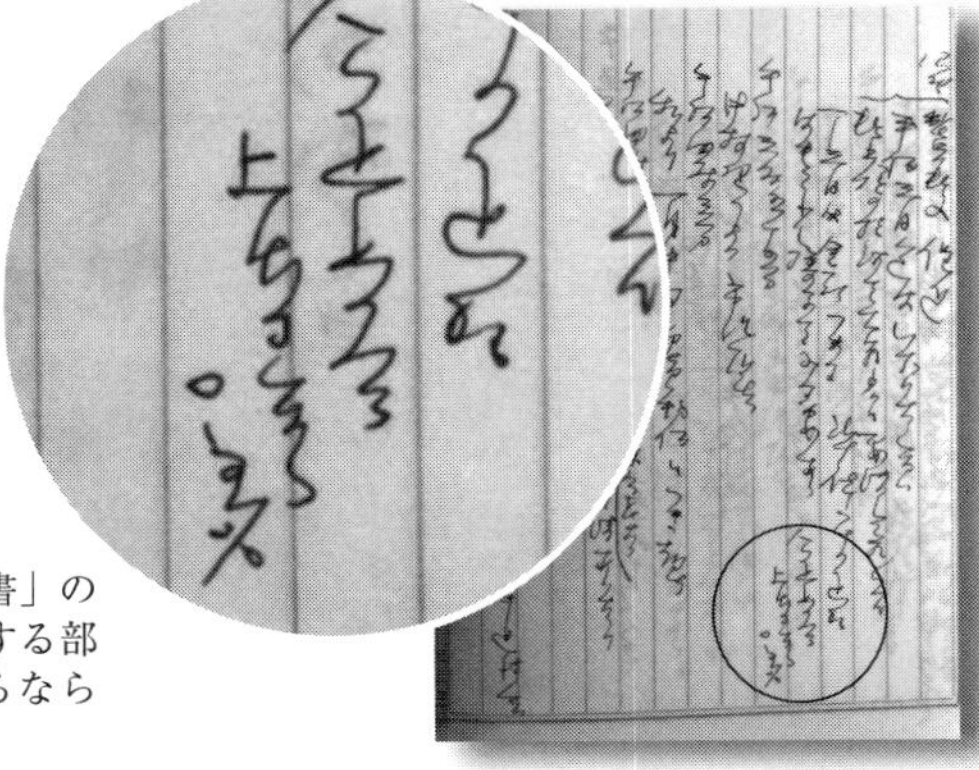

吉野俊彦「役員集会覚書」の田中・佐々木会談に関する部分。「公定歩合　上げるなら○・五%」とある

1972年	11月	日本航空機、モスクワの国際空港で墜落
1973年	2月	浅間山が11年ぶりに大噴火
	4月	パ・リーグ2シーズン制で開幕
	8月	金大中氏が東京のホテルから誘拐(金大中事件)
	10月	江崎玲於奈氏にノーベル物理学賞
	11月	熊本市の大洋デパートで火災、死者103人

I

田中と佐々木の奇しき縁

佐々木直は、戦後では新木栄吉、一万田尚登に次ぐ日銀生え抜きの総裁である。入行以来、卓越した才覚と豊富な実績で出世街道を直進し、副総裁を6年余り務めたあと、1969年に満を持して第22代総裁となった。

身長176センチメートルの堂々たる体軀。酒をこよなく愛し、笑みを絶やさぬ温厚な人柄から「チョクさん」の愛称で親しまれる一方、仕事には人一倍厳しく、日銀を隅々まで知り尽くしていたこともあり、行内では畏怖の対象となっていた。

理事の吉野俊彦は「こと金融に関する限り、佐々木総裁とまともにわたり合える自信のある者はなく、日本銀行内部において「もっともこわい人」であった」(1)と評し、通訳兼秘書だった若月三喜雄も「怖い総裁で、みなピリピリしていた」と口をそろえる。

佐々木の交友関係は驚くほど広く、たとえば第一銀行頭取の井上薫、住友銀行頭取の伊部《いべ》恭之助は東大のゼミ仲間、小説家の高見順は終生の友、俳人の金子兜太との縁も深かった。(2)

政界でも旧制一高の先輩である福田赳夫と昵懇で、前首相の佐藤栄作とも定期的に会っていた。だが、なぜか田中角栄だけは苦手だった。

佐々木がまだ副総裁だった65年5月、経営危機に直面した山一證券の救済策をめぐり日銀氷川寮で極秘会談が開かれたことがある。

日銀と大蔵省、メーンバンク3行首脳による対策会議は紛糾したが、遅れて登場した当時蔵相の田中が出席者を一喝し、旧日本銀行法第二五条に基づく「無担保、無制限」の特別融資を日銀に決断させたエピソードはあまりにも有名だ。

この会議に居あわせた、当時大蔵省証券局長の加治木俊道はこう証言している。

「ある銀行の人がいっそ(証券)取引所を閉めたらどうだと言ったら、田中さんが烈火の如く怒って、銀行の頭取がそんなことを言うとは何事だ。これが都市銀行の事だったらどうする、と大変な剣幕でした」

日本興業銀行(現みずほ銀行)頭取だった中山素平《そへい》も、田中の政治判断によって日銀特融がまとまったと証言する。

「政治家というのは、土壇場の時の問題のさばき方は経済人と違って鮮やかですね。(特融の)「無担保、無制限」も最初は入っていなかった。しかし、こうした文句を入れることで人心を収めようと田中さんが入れた。あれは政治家的発想です[3]」

この氷川会談を扱った著作は多く、佐々木は最後まで特融を決断できなかった優柔不断な副総裁として描かれているが[4]、難色を示したのにはそれなりの理由があった。

会談に先立って開かれた日銀政策委員会で、特融発動には慎重に対処するという方針が決まったため、副総裁としてこれに従わざるを得なかったというのだ。

佐々木はのちに関係者にこう打ち明けている。

あの席には当然宇佐美総裁が出席すべきなので、随分探したが連絡がつかず、僕がやむを得ず代理で出席したんだ。（中略）あの種の会合に出る時には、事前に日銀政策委員会を開いて日銀としての意見を議決して、出席するのだから、当然委員会の議決に反する意見に賛成することは出来なかったんだ。（中略）総裁ならば議長としての責任において委員会の議決と違う発言も出来たかも知れないけれどもね。(5)

……

ただ、事情はどうあれ、田中に屈服させられた事実に変わりはなく、その後も「敗者」のイメージが長くつきまとった。

このときの強烈な記憶は、実はニクソン・ショック後の外為市場をめぐる佐々木の判断にも微妙な影響を与えていた可能性がある。

若月は、当時佐々木から聞いた話として、市場継続の判断に傾いた背景に氷川会談の記憶があった、と次のように証言する。

「氷川で銀行の頭取が株式市場を閉めないといけないと言ったら、田中さんに一回閉めたら開けるの大変なんだと怒られた。直さんはそれを覚えていて、確かにマーケットは一回閉めると開ける時がどうしても難

しいということがあったと話していました」(6)

ニクソン・ショック直後、日銀は大蔵省との合同会議で市場継続を進言しているが、その判断の一つが、「市場を軽々しく閉じるな」という田中の発言だったというのである。

これを裏付けるように、佐々木は退任後の講演でも「市場をいったん閉めたときにどういうきっかけで再開できるか、また再開したら非常な混乱があるのではないかというようなこともあって(中略)市場を開いておくことになった」(7)と語っている。

田中の剛腕に日銀が振り回されたのは、これだけではない。

佐々木が総裁に就任したあとも、公定歩合引き下げ論議の口火を切るのは例外なく田中だった。

総務部長の中川幸次の『体験的金融政策論』によれば、1971年12月、スミソニアン合意直後の閣議後会見で通産相だった田中は、「今日にも臨時政策委員会が開かれそうな口吻を洩らしたらしく、その直後日銀記者クラブの人たちが殺気立って私の部屋に押しかけてくるという一幕もあった」という。その次の第六次利下げでも、閣内で最初に声を上げたのは田中である。

このように「日銀の天敵」だった人物が、列島改造というインフレ的な旗を掲げ、国民的人気を追い風に政権に就いたのだ。佐々木が苦境に立たされるのは目に見えていた。

拡大均衡路線か、国内均衡重視かの選択を迫られるなか、佐々木自身は急変する物価情勢にどのように対処しようと考えていたのだろうか。

調査局長や理事を務めた外山茂が「当時私が佐々木さんから直接うかがったこと」として、佐々木の追悼録で以下の発言を紹介している。

「ここで金融引締め政策に転ずると、物価抑制に効果があるが、経常収支黒字は一層拡大し、経常収支赤字に悩む米欧先進国から国際協調に反すると非難されるというディレンマがあった。とりうる唯一の途は、円の再切上げを行ったうえ、金融引締め政策を行うことである」(8)

佐々木の処方箋は、まず不均衡是正のため日本独自で円の再切り上げを断行し、そのあと間髪入れずに公定歩合を引き上げ、インフレの芽を摘むという2段階作戦だった。

もし再切り上げ前に公定歩合を引き上げると、欧米諸国から「日本は金融政策による不均衡是正の責任を放棄した」と批判されかねない。国際協調を維持しつつ、国内のインフレ圧力に対抗するには円の先行切り上げが不可欠だと考えたのだ。(9)

実際、この73年の夏から秋にかけて円の再切り上げがさまざまな形で論じられるようになっていた。いったん減速した日本の輸出は夏から再び増勢に転じ、貿易黒字は7月に史上2番目の高水準を記録した。円相場も新平価の上限である1ドル＝301円の天井圏に張り付き、先物相場は300円の大台を割った。防衛ラインを守るための円売り・ドル買い介入が続き、外貨準備高は8月から再び急増し始めていた。

6月で財務官を退き、大蔵省顧問となった細見卓は、当時の状況を史談録でこう語っている。

8月、9月になりますと、主としてニューヨークの堀総領事から来る電報というのは円切り上げ必至ということで、もうアメリカの銀行家は全部円切り上げを当然前提としているという感触になって、再切り上げ待望の一色になってきたわけなんです。(中略)諸外国ではみんな円切り上げ以外にもうやりよ

うがないという感じがごうごうとしておったわけです

市場のドル売り圧力をひしひしと感じている日銀内部や経済学者の間でも、円の再切り上げはもはや避けられない、インフレ抑制のために自発的な切り上げに踏み切るべきだといった声が強まっていた。[10] 佐々木も8月下旬の記者会見で「絶対にレートは変えないという考え方はとらない」と含みのある発言を行っている。だが、1ドル＝３０８円の堅持は首相就任時からの田中の「決まり文句」であり、国会でも与野党が「スミソニアン合意の不均衡是正効果が表れる前に再切り上げを行うのは拙速であり軽率」という意見で足並みをそろえていた。

結局、この問題は田中の11月9日の国会答弁によって決着がつく。

野党　「再切り上げが（中略）起こった場合には、それは総理がよく言われる政治的責任の中に入るのか」

首相　「円の切り上げは避けるという決意でございます。しかしそう言っても避けられなかった場合どうするか。それは相当な政治責任が生ずる、こう思います」[11]

この瞬間、円の再切り上げ阻止は政府の最高方針となった。

佐々木はのちに「日本銀行としては、一方で円高防止のために金利を低くしなければならないし、その一方で量の面からは締める必要がある――この二つの要請のもとで非常に苦労した」と述懐する。[12]

事実、円切り上げ阻止という政治目標が掲げられたちょうどこのころ、日銀はインフレ抑制への本格出動を迫られつつあった。進路を定め、行動を起こすべき時が来たのである。

立ちはだかる財政の論理

夏場に急騰した卸売物価指数は、秋になって一段と騰勢を強めた。

8月に前月比0・7％、9月に同0・9％と予想以上の上昇率を示したあと、10月に入っても上旬、中旬とも続騰した。物価の上昇は8月上旬から途切れなく続いており、日銀にとってもはや放置できない危険水域に入っていた。

危機感を強める総務部は、10月に入るや「経済金融情勢は具体的に引締め姿勢を明示すべき段階を迎えた」(『日本銀行百年史』)との情勢判断を固め、金融政策の転換を模索し始める。6月の公定歩合引き下げから3カ月ほどしか経っていないが、事態は急を要していた。

中川が残したメモ(13)に、当時の方針がこう記されている。

10月ごろにぼつぼつ(預金)準備率を引き上げることが必要と判断し、総裁も決断した。そこで対外的には政策スタンスをこれ以上緩和しないとの中立姿勢に変えた

総務部が用意したインフレ抑止策は「預金準備率」の引き上げである。

民間金融機関は、預金などの債務の一定割合を支払い準備として無利子で日銀に預け入れることが法律で義務付けられている。これを準備預金制度というが、この強制預入の割合を政策的に引き上げることで、民

間の貸出量に影響を与えようというのが準備率引き上げの狙いだ。公定歩合のような強いシグナル効果はないものの、金融政策におけるいわば「補助輪」のような役目を果たしていた。

当時の事務方の危機感は、国際会議に出席した吉野の発言記録にも表れている。

11月9日から開かれたBIS専門家会議で、理事の吉野は日本経済の現状について「一部で需要インフレーションの兆しすら現れ始めている」と指摘したうえで、次のように発言した。

> このような状況の中で、貿易収支の改善を急ぐあまり、過度の景気刺激策をとれば卸売物価の騰勢がさらに強まり、これを通じて従来から世界的にも極めて高い消費者物価の上昇率が一段と加速されるであろう。これは国民福祉の向上を目指すわれわれとして到底容認しえないところである[14]

インフレ抑制に向けた総裁の決断を受けて、中川は直ちに大蔵省との調整に入った。ただ、日銀が最初から預金準備率一本に絞って検討していたかどうかは疑わしい。「補助輪」を使う前に、まず主力の公定歩合を検討するのが定石だからだ。

「中川メモ」では触れられていないが、日銀が公定歩合引き上げの可能性を模索した「痕跡」は、実は大蔵省側の史談録に残されている。

当時事務次官だった吉国二郎は、退官後の史談録で次のように話す。

> 日銀がちょうど予算概算決定の日ですよ、準備(率)引き上げをやったのですね。このとき公定歩合を

上げたいと言ってたんですけれども、予算決定してこれから予算委員会をやるとき公定歩合を上げたのでは、こんな大型予算はとてもだめではないかというような話でどうしてもできなくて(15)(傍点筆者)

当時大蔵省の銀行局担当審議官だった岩瀬義郎(のち理財局長)も、水面下での駆け引きを赤裸々に語っている。

過剰流動性のときにぼくは銀行局にいて、十月に公定歩合を上げようというのを銀行局が(大蔵省内で)提案したんです。そうしたら、補正を組んでいる最中に公定歩合を上げるというのは何事だというんでやられて、それで一月まで延ばされて、さらに翌年の一月六日に公定歩合を上げますという話をした時には、政府予算をつくったばかりで公定歩合をいじるというのは困る。必要があるならば、四月に国会で予算が上がってからにしろと。ついては、準備率だけは上げてよろしいと、そういう議論がされていたわけです(16)

岩瀬は72年6月の定期異動で近畿財務局長から銀行局担当の大臣官房審議官に昇格した。この当時、公定歩合を変更する際は日銀総務部と銀行局がまず協議し、その結果を踏まえて大臣官房が主計局など他の部局と政策調整する流れになっていた。岩瀬はこの省内調整の要のポジションにいた。

岩瀬の証言は、少なくとも2度にわたって公定歩合の引き上げが計画され、そのいずれも失敗に終わったことを示唆している。

最初の10月は、まさに大型の補正予算が編成されていた時期であり、成立直後の11月13日に衆議院は解散され、暮れの総選挙に突入していった。そして2回目の「1月6日」は超大型の73年度政府予算の編成作業が大詰めを迎えていた。つまり日銀と銀行局の間では早期利上げで一致し、2度にわたって提案したものの、大蔵省内で認められなかったことになる。

岩瀬の回顧はさらに続く。

なぜ公定歩合を上げられなかったかといったら、金利計算が変われば予算の積算根拠も違ってくる。だから予算を出し直す。それがいやだから四月までというわけですよ。しかし、経済というのは生き物だからね。それがどんどんバクテリアがふえちゃうのをほっておくという議論がまだ大蔵省にも(中略)ついこの間まであったわけです

国の財政をつかさどる主計局の力は絶大で、当時は列島改造論を局を挙げて支えていた。かつて理財局在籍時に主計局と渡り合った経験を踏まえ、岩瀬は「悲しいかな、主計局のごきげんが悪くなるようなものの持っていき方をすると、それは猛烈なじゅうたん爆撃食うから(中略)それこそ本当に男子の本懐じゃないけど、わびるつもりでやらないとできませんよ」とも史談録で語っている。

もっとも、公定歩合を阻止したのは主計局だけではない。引き上げにいちばん反対したのは、実は首相の田中だった。

前述の中川メモに次のような記述がある。

今から思えばこのころ公定歩合を引き上げるべきであったが、政府殊に田中総理は12月になっても公定歩合の引き上げに反対であった。田中首相の頭の中には列島改造論もあったが、直接的には円の再切り上げは絶対に避けたいとの信念があった。それは突き詰めて言えば調整インフレ論になるが、当時の政府は中曽根通産大臣のように明示的にそれを言わないまでも、暗々裏にそれに与していた

中川はまた、79年3月に日銀の幹部候補生を対象にした研修会でもこんな話をしている。

12月の段階でも、総理はさすがに銀行は貸し過ぎているので、これは抑える必要はあると言われたものの、金利は上げるべきではないとの考え方であった。そこで準備率の引き上げという形で引き締めをスタートせざるを得なかった(17)

岩瀬と中川の証言を総合すると、もともと予算編成重視の主計局が、金利引き上げに難色を示す田中の意向を忖度し、公定歩合の引き上げ阻止に動いたと考えられる。

この当時、日銀は旧日本銀行法の下で大蔵省の厳しい監督下に置かれていた。

第一条　日本銀行ハ国家経済総力ノ適切ナル発揮ヲ図ル為国家ノ政策ニ即シ通貨ノ調節、金融ノ調整及信用制度ノ保持育成ニ任ズルヲ以テ目的トス

第二条　日本銀行ハ専ラ国家目的ノ達成ヲ使命トシテ運営セラルベシ

1942年(昭和17年)制定のこの法律は、中央銀行を戦争遂行の国策機関と定め、大蔵大臣に一般監督権、業務命令権、役員の解任権、予算認可権など強力な権限を与え、日銀を支配してきた。

終戦後、GHQの指示により「政策委員会」の設置を柱とする法改正が行われ、「金融政策は日銀の専決事項」という形は整ったが、業務命令権や解任権など法律の骨格は温存されたため、「形式的に独立、実態は従属」という状況が長く続いた[18]。

当時人事部次長で、のちに総裁となる三重野康は「公定歩合は戦後の日銀法改正によって日本銀行の専決事項になったけれども、事実上は大蔵省の了承を得ないとできない」と退任後の史談録で語っている。

中川も退職後に筆者の単独取材に応じ、こう打ち明けた。

田中内閣の下で11月に総選挙があるから(公定歩合を)上げるな、選挙が終わると次は予算編成期だから上げるな、その次は予算審議中だから動かすな、と大蔵省に強く言われた。政策の転換点において大蔵省は金利の引き上げに強く反対する。実際問題として政府のOKがなければ政策変更できなかった[19]

「上げるなら0・5%」

「財政の論理」を盾に公定歩合を封じられた日銀は、12月10日の総選挙と第2次田中内閣の発足を待って、大蔵省との意見調整を急いだ。

この折衝のプロセスで11月の卸売物価が前月比2・3%(前年同月比4・2%)の暴騰を示したことが分かり、岩瀬の言う「1月6日利上げ」案が再浮上するが、ここでも主計局が反対の態度を崩さず、最後は「準備預金だけは上げてもよろしい」としぶしぶ賛成した。

中川が12月20日付で支店長に送った総務部長私信によると、日銀内で準備率引き上げの方針が固まったのは19日のマル卓だった。

ただ、主計局はここでも「73年度予算編成が終わる1月半ばまで待ってほしい」と実施日の先送りを求めた。これに対し、佐々木は12月25日、新蔵相の愛知揆一と会談して準備率の早期引き上げに了解を取りつけ、それを理由に押し切った(20)。

この日の吉野の備忘録には、トップ会談で準備率引き上げが固まったこと、そして公定歩合引き上げについても佐々木がぎりぎりまで可能性を探った形跡が次のように記録されている。

午后四時十五分開会

総裁より　本日の大臣との会談模様の話あり

警報的金融引しめ《(ママ)》を打ち出す必要のあること　準備率発動の件につき意見一致

公定歩合は準備率の影響の推移をみてそれからということになったとの話あり(21)

かくして3カ月近い調整期間を経て、預金準備率の改定は年明け1973年1月9日の臨時政策委員会で決定し、準備率は0・25—0・5%引き上げられた。これにより約3000億円が金融機関から吸い上げられることになった。

またこれと並行して、日銀は「窓口指導」と呼ばれる民間金融機関への貸出抑制指導を本格的に再開した(22)。73年1—3月期の貸出増加額を前期比で半分に圧縮するというものだが、窓口指導に法的根拠はなく、「モラル・スエージョン(道徳的説得)」に過ぎないため、民間との話し合いは難航した。

当時営業局にいた職員は「公定歩合の旗が立っていないのに、なぜ日銀の言うことを聞かないといけないのかとずいぶん文句を言われた。営業局には利上げを求める声が充満していた」と語る。

とはいえ、曲がりなりにも引き締めへの一手を打った中川は、9日付で全国の支店長に総務部長私信を送り、準備率引き上げの舞台裏を次のように解説した。

本行はなるべく早い時期を主張したのに対し、大蔵省は予算編成との関係を問題とし、省内の一部に予算編成過程で金融面の政策転換が打ち出されることについての自民党筋の反応などを懸念して予算編成終了後にして欲しいとの意見もありました。しかし(中略)首脳の間で準備率引き上げを出来るだけ早い機会に決定するということで意見の一致をみたところから、年明け早々に実現の運びとなったものです。(中略)新聞等では公定歩合引き上げも考慮しているかの如き報道が行われていますが、いまのところそのような検討は行われていません。(中略)現状ではまだ全面的な過熱の状態とは思われませんし、また国際収支との関連から言っても今すぐ強い引き締め策をとることは困難であり、過剰流動性の是正を通じて経済の拡大をなだらかなものに収めていく程度のものにとどめることが適当と考えられます(23)

公定歩合の観測をことさらに打ち消そうとしたのは、私信にも登場する「自民党筋の反応」を気にしていたからである。

次第に高まっていく佐々木の警戒発言に対し、実は自民党から強い不満の声が日銀側に伝えられていた。とりわけ10月4日の総裁記者会見で、大型の補正予算は控えるべきだと注文をつけたことへの反発が強かった。史談録で中川は打ち明ける。


あの頃は田中内閣ができて勢いのいいときですから、「何を言うか」というので、「佐々木はクビだ」と。そういうのが自民党筋では非常に強くなりました。（中略）「そんなことを言う総裁は首だ」と、ずいぶん問題になりました

「自民党筋」とは誰なのか、どのような声が届けられたのかは判然としない。

ただ、中川は自著の中でも「そういう噂を耳にして、われわれは総裁を傷つけてはならないと思った。そしてその後日銀の引き締めへの転換論はどうも迫力を欠くようになった」と告白しており、当時はかなり深刻に受け止めていたとみられる。

史談録によると、中川は「私も総裁にクビになられちゃ困ると思って、これはどうしたらいいものかと思って、ちょうど海軍で隣の席にいた山下元利君（大蔵省出身の自民党議員）が官房副長官をやっていたので相談した」という。

すると山下は「官邸にはそういう雰囲気はない。心配なら総理・総裁会談でもやるか」と持ちかけ、ＢＩ

S会議の報告を名目に、佐々木が首相官邸を訪ねることが決まった。田中と佐々木の会談は1月24日の自民党大会終了後にセットされた。

1月15日、成人の日。田中内閣は一般会計で14兆円を超える73年度予算案を閣議決定する。列島改造と福祉の拡充、そして円の再切り上げ阻止を狙った超大型予算は、国内のインフレ心理をさらに刺激する危険に満ちていた。

会談の前日、1月23日のマル卓で、佐々木がこんな決意を語ったことを吉野は同日の備忘録に書き残している。

「あす田中総理と会って、金利について所見を述べてくる」[24]（傍点筆者）

物価の騰勢は年明け後も続いていた。一度封じられた公定歩合のカードを懐に忍ばせ、佐々木は田中との直談判に臨んだ。

1月24日、水曜日。佐々木は午後2時半に首相官邸を訪れ、田中と30分ほど会談した。

終了後の佐々木の記者会見によると、会談では製造業の設備投資が盛り上がる兆しがあり、十分注視する必要があるとの認識で双方が一致し、金融政策について「首相から具体的な指示はなかった」という。また、「3月にかけては預金準備率引き上げや窓口指導の効果のほか、季節的にも資金不足期に入るため、金融引き締まり感は次第に強まる」との見通しを伝えたことを明らかにした。[25]

だが、佐々木が伝えたのはこれだけではなかったようだ。翌25日のマル卓で佐々木が明かした会談内容が、吉野の備忘録に記録されている。

午后三時三十五分開始

午后三時四十分　総裁より（中略）総理との会談内容につき話あり（中略）

総理｛製品輸入促進
平価三月迄はいぢりたくない
輸出税の検討を大蔵省に要請しておいた

一～三月は金融つまる　準備率の追加はもう少し様子を見る要あり

公定歩合　上げるなら〇・五％(26)

この記述は、田中が円切り上げを防ぐため製品輸入促進と輸出税に関心を示したこと、これに対して佐々木は、預金準備率の追加引き上げに慎重な姿勢を示しつつ、「公定歩合をいま引き上げるなら0・5％幅にとどまる」と伝えたことをうかがわせる。

つまり佐々木が田中に述べた「金利について所見」とは、公定歩合引き上げだった可能性が強い。

振り返って中川は「総理の懐に飛び込んで直談判する以外に打開の道はないということで、（中略）セットしました。田中さんも外側から見るほど固くなっていない人でした」と史談録で語る。

佐々木自身ものちに「田中首相から「もっと金を出してくれ」なんて言われた事実はない。田中さんも円がさらに上がるのは困ると考えていたのと同時に物価を非常に気にしていた」と話している。(27)

会談から何日かたって、中川のところに「これから定期的にやろう」という話が首相官邸サイドから来た。

中川はすぐに総裁室に伝えたが、佐々木から返ってきた答えは「ノーサンキュー」だった。
「やっぱり、両者は本質的に合わなかったのかもしれません」と中川は史談録で残念そうに語っている。

佐々木の「0・5%上げ構想」に対し、田中がどう反応したのかは不明だ。ただ、前回と違って「待った」をかけなかったであろうことは、その後の佐々木の言動から推認することができる。

24日のトップ会談を境に佐々木は公定歩合引き上げへの「前傾姿勢」を強め、その実現に向けて突き進もうとしたのである。

『日本銀行百年史』には、2月に入ると「公定歩合をどうしても引き上げる必要があるとの肚《はら》が内部的に固まった」と書かれている。実際、佐々木は2月2日の衆議院予算委員会で「公定歩合の引き上げもそのときの情勢いかんにより考えてまいらなければならない(28)」と利上げの可能性に言及し、2月6日のマル卓で次のような「決意表明」があった、と吉野の備忘録に記されている。

午后四時五分開会（中略）
午后五時八分　総裁より　このように物価上昇する上は今月中位に公定歩合引上げる必要あるのではないかとの発言あり
準備預金の積増し完了前に準備率の追加引上はおかしいので公定歩合が順序なりと
副総裁も海外金利も上昇しており賛成なりと　各理事もおおむね同様の見方を述べる
私も自己の思うところを述ぶ(29)

さらにこの2日後、2月8日のマル卓ではさらに生々しい議論が交わされた。

午后四時七分開会(中略)
午后四時四十五分　渡辺理事より　大蔵省銀行局長との接渉結果につき話あり
大蔵は公定歩合よりも準備率の追加引上の方を好むと(予算に影響あり)
副総裁は大蔵次官との話し合いではもう少し弾力的であったと云はれた
総裁は(中略)円不安を激化したくないが　とにかく情勢判断が一番大切だ
公定歩合を引上げなければ　準備率の引上だけでは引締めにならぬと断言された
私は預金金利引上の声強くなることを覚悟すべき旨発言す(30)

だが、佐々木が「情勢判断が一番」と意気込んだ3度目の挑戦も、結局、大蔵省の猛烈な反対に遭い、あえなく却下される。

それまでと同じく、予算審議中の公定歩合変更は予算案の組み替えにつながりかねず、絶対に認められないというのが理由だった。中川は史談録でこう話す。

予算案を作るときとか、総選挙の前、予算案を審議するとき等は、公定歩合を動かしてもらっては困るという政府の圧力が強かった(中略)。私は何回も大蔵省に行って相談しましたけれども、「それは君、

話にならんよ」ということでした[31]

だが、もう一つ、佐々木の決意をくじく重大事が起きていた。懸念されていたドル危機が、再び火を噴いたのである。

ボルカーの隠密来訪

蔵相の愛知が大蔵省の主要局長を個別に呼び込み、円ドル相場について意見聴取したのは73年度予算案が閣議決定された1月半ばごろのことだった。

当時銀行局長を務めた吉田太郎一（のち財務官）の史談録によれば、愛知は「1ドル＝308円の固定相場についてどう考えるか」とストレートに聞いた。吉田は次のように進言したという。

「本来レートというものも政策手段じゃありませんか。あるレートを目標にしてそれは動かさないと考えるというと、ほかにひずみができるように思います」

これを聞いた愛知は、まるで我が意を得たりといった表情で頷いたという。

振り返って吉田は、「要するにタブーだったわけです、為替レートを変えるなんていうことは。総理が、円レートを堅持できなければ責任とりますと、こう言っておられたわけです。（中略）それで差しで一人一人、おまえどう思うって聞かれたんじゃないかと思います」と振り返る[32]。

愛知による「個別ヒヤリング」は、国金局長だった林大造もはっきり記憶している。

予算案決定後の1月20日、愛知の大阪出張に同行する機会を得た林は、帰路の機内で大臣の隣に座り、円相場について次のように述べた。

「円は一刻も早く切り上げるべきだと思っています。レートは275円、12％の切り上げがいいと思います。対外配慮もありますが、むしろ国内経済政策運営上、危機感を覚えているからです。インフレの勢いは異常であり、一刻の猶予も許さない。まず円の大幅切り上げを行い、次に急いで国内引き締め策を講ずべきだと思います」

1ドル＝308円を中心とする変動幅を守るため1972年中に実施したドル買い介入は70億ドルを超えていた。もしこれにしがみついたまま金利を引き上げると、日本は不均衡を是正する意思がないと受け取られかねない――。林の提言は、日銀の佐々木が当初描いた処方箋と同じだった。

すると愛知は「大蔵省の諸君は、ほんとうは皆、君と同じ意見をもっているのだろうね」と返した。この一言で、林は新大臣が自分と同じ考えであることを直感したという[33]。

実際、愛知はこのあと通常国会での財政演説の前に円の単独切り上げを断行したいと言いだし、省内を慌てさせた。演説は1週間後に迫っていた。

林の回顧録では、愛知は1月22日、「円切り上げをしたらどうしても困るという点を箇条書きにして今夜手元に届けろ」と事務方に指示を出し、財務官の稲村光一によると、これを受けて事務次官を中心に検討が行われたが、「結局スミソニアンの効果をもう少し待った方がいいんじゃないか、効果が出てくるはずだということでその措置はとらなかった[34]」という。愛知に対しては、前事務次官の鳩山威一郎が「73年度予算の予算書ができる前に再切り上げをやるべきじゃないか」と強く進言していた、と稲村は証言している。

翌1月23日、火曜日。愛知は朝一番で首相の田中を訪ね、長時間議論した末に円切り上げ断行を思いとどまった。

ただ、蔵相自ら「円切り上げ必至」と考えているという事実は、大蔵省内に波紋を投げかけ、その後の展開に大きな影響を及ぼしていく。


国際通貨情勢が再び動揺し始めたのは、この愛知の切り上げ騒ぎの真っ最中だった。

1月22日、イタリアがリラ防衛のため資本取引と貿易決済用の為替市場を分ける二重相場制を導入し、これがスイス・フラン買いの投機を招き、スイス当局はたまらず変動相場制に移行する。24日には72年の米国貿易赤字が前年の3倍に拡大したことが判明し、ニューヨーク市場でドルが急落した。

2月に入ると欧州各地で通貨危機が再燃し、西独は大量のドル買い・マルク売り介入と為替管理の強化に乗り出す。危機は東京市場にも飛び火し、2月3日にはニクソン・ショック以来最大となる2億8600万ドルのドル売りが発生し、平均株価は暴落した。

2月4日、日曜日。愛知は林に電話し、週明けから市場を閉鎖しなくていいのかと問うた。ニクソン・ショック直後のようにドル買いを続けるべきではないというのが愛知の判断だった。林はすぐさま稲村に連絡したが、稲村は1時間以上考え、「ノーアクションで様子を見る」ことにした、と史談録で語っている。

ワシントンから衝撃の情報がもたらされたのは、その4日後である。

2月8日、木曜日の午後1時。何の前触れもなく、ニクソンから田中宛てに電報が届いた。

稲村によると、至急電には「通貨問題で緊急な協議をさせるために、財務次官のポール・ボルカーを日本に派遣するからよろしく」と書かれ、末尾に「ボルカーは日本時間8日午後9時に到着する」と付記されていた。つまりボルカーはすでにワシントンを発ち、この時間、東京に向かっているということだ。すわ、第二のニクソン・ショックか――。首相官邸と大蔵省に緊張が走った。

愛知は午後3時半に緊急省議を招集し、次のような対処方針を決定した。

一、73年度予算の成立前に円レートを改定することはできない

一、国際協調という面から関係国が為替市場を閉鎖し、フロートに踏み切る場合にはそれに同調する用意がある

一、ボルカー・ペーパーを押しつけるようであれば将来の検討事項とし、断る(35)

1月に愛知が単独切り上げを提唱したあと、大蔵省の事務方は「予算成立まで基準外国為替相場の変更はできないが、変動相場制に移行するなら問題ない」という判断に傾いていた(36)。

1ドル＝308円の基準レートを変えるなら、予算の組み替えが必要になるが、フロートに移行するならその必要はなく、予算審議中でも実施できる。またこの方法であれば「円再切り上げはしない」という首相の公約ともぎりぎり両立できる、と事務方は考えた。

問題は、米国がこれに納得するかどうかである。密使ボルカーを乗せた米政府専用機は8日夕に横田基地に着陸し、窓が目隠しされたリムジンで都心へと向かった。

テン・トゥ・テン・フォーミュラ

愛知とボルカーの極秘会談は、港区三田の蔵相公邸で2月8日午後9時に始まった。会議には、稲村、細見、米大使のインガソルらが同席した。

「日米の貿易不均衡が世界の中で最大の不均衡要因である。米議会で貿易法案が論議されており、不均衡是正の措置を緊急に取らないと議会との関係が困難になる。日本の協力を要請したい。無論、われわれも応分の協力はする」

こう切り出したボルカーは、日本側に「フィフティ・フィフティの役割分担」を求め、ドルを10％切り下げ、円を10％切り上げる「Ten to Ten Formula（10％対10％方式）」を提案した。欧州通貨については据え置くという。これだと新レートは1ドル＝250円となる。

愛知は「フィフティ・フィフティという原則については「注意深く伺った」としか申し上げられない」とやんわり返したあと、議論は一気に熱を帯びた。

愛知「問題は米国の赤字である。日本のレートが安すぎるというわけではない。もし他の国が応分の事をやってくれるなら日本もそれに付き合ってもいいが、日本は現在予算審議中であり切り上げは絶対に困る。付き合える限度はフロート移行だ。それに西独もフロートすることが条件だ」

ボルカー「西独はECとの関係があり、単独フロートはまずやらないだろう。それにフロートと言っても日本はいつもダーティ・フロートだ。フロートと言いながら円を低く支えるではないか。クリーンではないだろう」

愛知　「さきほどテン・トゥ・テンとかフィフティ・フィフティと言ったが、いったいどのくらいを考えているのか」
ボルカー　「ナイン・トゥ・ナイン（9％対9％）、そのくらい（1ドル＝257円）ではどうだ」
愛知　「それはボルカー・ショックだ。とてもだめだ(37)」

2人の押し問答はその後も延々と続いた。

時計の針が午前2時を回ったころ、ボルカーはついにしびれを切らし、「欧州各国とも調整するつもりだが、日本がそう言うなら行っても仕方ない。ワシントンに帰って作戦を立て直すか」と言い、憤懣やるかたない様子で協議を打ち切った。

終了後しばらくしてボルカーが変装用にかぶっていた大きな帽子が公邸内で発見された。忘れ物があったと米国大使館に伝えたところ、ちょうど横田基地にいたボルカーから返事がきた。「ネームプレートだけは切り取っておいてほしい(38)」

極秘来日の「物証」は何としても消しておきたかったのだ。

ボルカーが離日したあと、大蔵省は再び外為市場をめぐる難題に直面した。2月10日（土）の外為市場を通常どおり開くかどうかを早急に決めなければならない。

9日夕刻の幹部会議では、愛知の下で情勢分析が行われ、平常どおり市場を開けることがいったん固まった。だが、ドル売り圧力は一段と高まっていた。市場閉鎖論の林は「このまま開けると3億ないし5億ドルのドル買いを覚悟しなければなりません」と愛知に報告していた。

それから数時間後の10日午前3時、欧州市場の動きを見た林が「やはり閉じるべきではないか」と稲村に電話で相談する。ここから断続的に電話会議が行われたが、日銀の佐々木が閉鎖を主張したのに対し、事務次官の吉国、顧問の柏木雄介、細見とも「市場閉鎖は今後の対外折衝における日本の立場を弱くする」として反対し、結局「7対3で閉鎖は見送るべし」との方針が午前5時にまとまった。

ところが、午前7時の電話報告でこれを聞いた愛知は「君はまだドルを買えというのか」と林を一喝し、即時閉鎖を命じる。これにより、東京市場は欧州に先駆けて急遽閉鎖されることになった。思い切って閉鎖すれば変動相場制に移行できると踏んだ愛知と林の「共同作戦」だったとみられている。

他方、日本を発ったボルカーは2月11日(日)、パリで英国、フランス、西独、イタリアの蔵相と5カ国会合を開き、「10対10方式」を日本に求めることで欧州側の同意を取り付けた。

大蔵省は西独を切り崩そうと細見をボンに急派したが、これ以上のマルク切り上げを拒む蔵相のヘルムート・シュミット(のち首相)に逆に譲歩を迫られ、ボルカーとの再会談でも改めて「10対10」の早期受け入れを求められた。

さらに英仏独伊4カ国はそれぞれ各国駐在の日本大使を呼び出し、「今ここで円の切り上げを行わなければ、それによって生じる損害はすべて日本の責任だと思え」と猛烈な圧力をかけた。東京でもインガソルが連日のように稲村に電話でプレッシャーをかけ、2月12日朝、次のような打開案を日本側に提示した。

「ドルの10%切り下げについては欧州各国も了承した。日本はほぼ同じだけ切り上げてもらいたい。当面はフロートでもいいが、その代わりまず5%相当分を実績で示し、数カ月で残りを再評価(revalue)すればよ

い。すぐに回答がほしい」(稲村メモより)

ボルカーの「包囲網」にかかった日本は、いよいよ窮地に追い込まれた。

2月12日、月曜日午前9時40分、国会内の総理大臣室で田中と愛知が対応を協議した。稲村と林、主計局長の相沢英之、主税局長の高木文雄、官房長の竹内道雄も参加した。

話し合いの結果、①15%(ドル10%切り下げと円5%切り上げ)であっても日本は呑めない、②国際協調・日米友好の基本線で行く、③フロート後の介入も合意された線で実施するので信頼してほしい、と米側に回答することを決め、訪欧中の細見とインガソルにこの方針を伝えた。

一方、この日、外務大臣の大平正芳に国務長官のウィリアム・ロジャーズから強い調子で譲歩を求める電話が入る。大蔵事務次官の吉国は「これは大もとにかけ合うしかない」と判断、ひそかに外務省を訪れ、駐米大使の牛場信彦に急遽電報を打った(39)。

だが、こうした懸命の側面支援にもかかわらず、細見から深夜かかってきた交渉報告は「もはや絶望的」というものだった。

翌2月13日、火曜日午前6時。大蔵省で省議が開かれ、林が厳しい現状を報告する。と、愛知が「議論よりも今は対処方針を決める方が先決だ」と言い、午前8時ごろ林を連れて田中の私邸へと向かった。

押しかけてきた愛知に対し、田中は「スミソニアンの時の切り上げ率(16・88%)が限度だ」と言い、「これ以上は譲るな」と強い口調で指示した。この線だと1ドル=264円になるが、米側の求める252円とはなお開きがある。最終案はパリの細見に伝えられた。

稲村のところにボルカーから直接電話が入ったのはこの数時間後のことである。すでにワシントンでは財務長官声明が用意され、ボルカーも時間的に追い込まれていた。

ボルカー　「日本は10%でなくてもいい。ただ、8はどうしてもほしい。これでないと欧州との関係で困る。1ドル＝256円がぎりぎりだ」

稲村　「260円でもボルカー・ショックだ。ドルの切り下げに当方は興味がない。あくまでも円ドルが問題であり、264円以上は譲れない」

ボルカー　「ともかく愛知大臣に上げてくれ」

稲村　「やってもいいが答えは同じだ。大臣と田中総理に確認の上で回答している。ともかく差はわずかなのだから、日米友好の精神で譲ってほしい」

ボルカーは少し考えたあと、「同じ日米友好の精神で、差は2セントだから日本は264円、われわれは256円が受け入れ可能ということで、今は決めないでおくという案はどうか」と思わぬ妥協案を口にする。とりあえず256―264円のレンジを目指すという暫定合意案である。

稲村はいったん電話を切り、田中に判断を仰いだ。

すると「それはかえっていい解決法なのでOK」とゴーサインが出る。稲村はボルカーに電話をかけ直し、「日米友好の観点に立ち、貴君の提案を受け入れたい」と返事した。

ボルカーと交渉していた細見は、頭越しの合意に激怒し、「最終案なるものが、ぐらぐら変わるようなことで交渉ができるか」と本省への電話口で大声を上げたという。[40]

最終決着の時刻は午前11時だった。

米財務省がドルの10％切り下げを、大蔵省がフロート（変動相場制）移行をそれぞれ発表したのは、その1時間半後である。変動幅についてはもちろん「対外秘」とされた。

翌2月14日、水曜日。東京市場は5日ぶりに再開し、1ドル＝273円台で寄り付いたあとドル売りがさらに強まった。

大蔵省の指示を受けて日銀は271円台で大量のドル買い介入を実施したが、「クリーン・フロート」を想定していた愛知は内心不満だった、と林は回顧録で明かしている。

ここまではすべてボルカーの筋書どおりに事は運んだ。

だが、皮肉にもその後欧州でドル売り・マルク買い、ドル売り・金買いの投機が再燃し、金価格が1オンス＝65ドルから80ドル台にまで急騰したため、3月2日、欧州各国と日本は外為市場を閉鎖せざるを得なくなる。

結局、市場が再開される3月19日（月）までの間に、西独はマルクを3％切り上げ、フランスやオランダなど5カ国とともにEC域外通貨を対象とする「共同フロート制」への移行が決まった。スミソニアン体制はわずか1年3カ月で瓦解し、すべての主要国通貨がドルに対して変動する「総フロート体制」がここに構築された。[41]

それでも当時、フロート移行は暫定的措置に過ぎない、と当局者たちは受け止めていた。[42] 蔵相談話にも「できるだけ早い機会に固定相場に復帰したい」と書かれ、新たな国際通貨制度をめぐる論議がその後しばらく続いた。

だが、現実は固定相場への回帰を許さなかった。2月から3月にかけて欧米を飛び回った細見に対し、FRB議長のアーサー・バーンズが伝えた「予言」が、その後の展開を見事に言い当てている。

バーンズ「フロートすれば混乱あるのみだ。円をリペッグ(再固定)してもまた高騰するおそれがある。フロートすれば必ず悲惨が訪れる。しかも一度悲惨な状況に入ると元に戻ることはできない」

細見「そのような事態がどのくらい続くと思われるか」

バーンズ「2年、3年、いや100年続くかもしれない」[43]

Ⅱ

遅きに失した政策転換

2月のフロート移行は、結果的にスミソニアン合意に匹敵する17％の円切り上げをもたらした。それでも国内が混乱に陥ることなく、比較的円滑に実施できたのは、過去2回の学習効果で産業界が事前に準備していたこともあるが、何より足元の景気が拡大していたことが大きかった。

1971年12月に始まった景気拡大は、たび重なる金融緩和の効果と列島改造ブームを受けて72年秋から急加速していた。

GNPは72年10―12月、73年1―3月とも前期比5・8％(名目)という空前の伸びを記録、とりわけ1―3月期には鉱工業生産が過去10年間で最高の伸び、製品在庫率は最低水準を示し、有効求人倍率は過去最高となった。経済企画庁の景気警告指標は72年12月から政策発動を要する「赤信号」に転じている。

フロート移行の直後には、一部で景気の腰折れを心配する声が出され、追加的な金融引き締めは見送られるとの新聞報道もあったが[44]、当の日銀に手綱を緩めるつもりは毛頭なかった。急激な需給逼迫を受けて、卸売物価指数が2カ月連続で年率3割を超える暴騰を示していたからだ。

ただ、そんな物価情勢にもかかわらず、通常国会では予算審議が延々と続いていたため、日銀は公定歩合に手をつけることが許されない。

中川の史談録によれば、大蔵省の言い分はこうだった。

「予算案の審議している間は金利を動かすわけにいかん」と。(中略)事情はわかるけれども金利は待て。準備預金ならいい。準備預金率の引上げは、強制的に貸出しのもとになるリザーブ(支払準備)を縮小させるわけですから、本来きつい政策ですけれども、日本では軽く見られておって、「準備預金ぐらいならいい」ということで(中略)引き上げました

また、2月末から欧州でドル危機が再燃したことも公定歩合引き上げを逡巡させた。このため日銀は3月2日、やむなく公定歩合への「つなぎ措置」として預金準備率の第二次引き上げに踏み切る(0・25―1%幅、適用は3月16日)。日本と欧州の外為市場が一斉閉鎖されたのはこの直後のことだ。

この3月2日付で出された総務部長私信には、次のような「弁明」が記されている。

今度引締めの強化をやるなら公定歩合を引き上げたいと考えておりましたが(中略)変動相場制移行後日も浅い現状ではやや問題ないわけでもなく、また大蔵省も(中略)今直ちに公定歩合を引き上げることについては反対という態度でしたので準備率引き上げということになりました[45]

そして3月13日、火曜日。中川が「一日千秋の思いで待った」と語る予算案の衆議院通過が実現し、外為市場の再開も決まる。これにより、ようやく公定歩合引き上げの「土俵」が整った。翌週のマル卓で、金融政策を担当する理事の渡辺孝友は公定歩合引き上げに向けて大蔵省との正式協議に入ることを宣言した。(46)

このころ物価と地価の高騰はすでに大きな社会問題となっており、田中内閣の支持率は急速に落ち込んでいた。インフレ対策を求める声が溢れ、国会では大手商社による土地やコメ、大豆、木材、繊維などの買い占め問題が連日のように取り上げられた。過剰流動性を吸収するため、一刻も早く金利を上げるべきだという論調が新聞でも強まっていた。

ちなみに建設省が発表した73年1月1日時点の公示地価は、全国平均で前年比30・9%、東京圏で34・0%の大暴騰を記録している。

3月16日の予算委員会で、田中は「こんなに早く景気が浮揚するとは思わなかった。みな列島改造論(が原因)と言われても、私はあえて反論しない」と拡大路線の行きすぎを認め、「日銀とも相談をしなければならないし、財政は調整すればいい。財政と金融との調整を真剣に考えなきゃいかぬ」とついに政策転換をにおわせた。(47)

ことここに至って、さすがの大蔵省も公定歩合引き上げに反対できなくなった。ただ、それでも事務レベルの折衝はとんとん拍子とはいかなかった。

まず引き上げ幅をめぐっては、佐々木が「過去の2厘並みにするのが適当」と判断し、日歩2厘に近い0・75%にする案が比較的早く固まった。

吉野が残した3月26日の役員集会覚書にこう書かれている。

午后四時三十分開会
中川総務部長より 四月の資金需給につき説明（中略）
午后四時五十七分 総裁より公定歩合引上の巾につき話あり 総裁は〇・七五％説なり(48)

戦後の公定歩合は「日歩1厘（年利0・365％）」ずつ小刻みに動かす例が多く、日歩2厘に近い0・75％幅は、佐々木にとってかなり思い切った上げ幅だった。

史談録で中川は、佐々木が「〇・七五％というのはやっぱり日歩二厘の感覚だからな」と満足そうに語ったことを振り返り、「後から見ればちゃちな話なんだけれども、そのときは思い切ってやったという印象です」と述懐する。

これに対し、大蔵省は将来金融緩和が必要になった際に「預金金利を下げずに公定歩合を引き下げる余地を確保しておきたい」というテクニカルな理由で1％の大幅上げに一時傾いた。だが、日銀が「1％はいかにもヒステリックになったと受け止められる」と難色を示し、結局、0・75％幅引き上げ、年5・0％とする案が固まった。

もっとも、新聞報道は0・5％上げが有力と報じていたため、0・75％でも大きな心理的効果が得られる、と日銀は踏んでいた(49)。

これに対し、実施日はぎりぎりまで決まらなかった。

3月30日実施を求める日銀に対し、大蔵省側が「せめて予算が自然成立する4月13日まで待ってほしい」

「せめて暫定予算案の審議中は勘弁してほしい」と条件を出し続けたからである。

延々と押し引きが続いた末、暫定予算成立後の4月3日に実施することで双方がいったん歩み寄る。3月29日の吉野の備忘録にこうある。

午后四時十七分開会
中川総務部長より 公定歩合引上の趣旨並に発表文につき説明あり
総裁より日取りは四月二日説あるも 四月三日にしようと断を下す(50)

ところが、この3日実施案が3月31日付の朝刊ですっぱ抜かれてしまう。怒った蔵相の愛知が国会内で佐々木を見つけ、繰り上げ実施を持ちかけた。佐々木は中川に命じて臨時政策委員会を急遽招集し、4月2日から実施することを決めた。

公定歩合の引き上げは、日歩建てから年利建てに変更した69年9月以来、4年ぶりだった。これと相前後して4―6月期の窓口指導は大幅に強化され、公共事業の繰り延べと併せ、本格的な引き締め体制がようやく整った。

利上げの検討が始まってから、すでに半年近く経とうとしていた。中川はこの半年間の「不作為」が最大の失敗だったと語る。


総選挙がありましたから。それで、総選挙の前だからもうだめだと。十月から三月までだめと言うので、半年ほど何も金利を動かせないという情勢だったわけですね。列島改造でグッと勢いが出ておったときに、半年も動かせないというのは致命的になるわけですね。情けなかったですね(51)

とまれ、何とか利上げにこぎつけた中川は、ほどなく人事部次長の三重野の部屋に足を運ぶようになる。特段用事があるわけでもなく、この間の金融政策の舞台裏を問わず語りに振り返ったことを三重野は覚えている。

「フラッと来るんですよ。それで政策の裏話をされるんですね。要するに中川さんはもう自分は間もなく替わる。替わったらあとは三重野じゃないかと。(中略)初めはちょっとどうして僕に話をするんだろうと思ったけど。総務部長とは4年違いますから。僕自身だって次に総務部長になるなんて思っていませんしね(52)」

予想したとおり、中川は5月の人事異動で営業局長に転身し、後任にはまだ40代の三重野が抜擢された。

2人のインフレファイター

満州に育ち、旧制一高で全寮委員長となり、東大時代に相撲部屋に居候した三重野は1947年、当時人事部長だった佐々木に見込まれ、日銀に入った。

三重野の史談録によると、佐々木は「終戦で世の中がひっくり返るように変わる。成績のいいやつだけを採っていたのでは日本銀行はもたない。運動部のキャプテンとか全寮委員長とか、そういう人物に日銀を受けさせてくれ」と東大の後輩に頼んでいたという。佐々木の読みどおり、豪放磊落な三重野はすぐに頭角を現し、若くして「将来の総裁候補」と目されるようになっていた。

三重野にとって総務部は、宇佐美洵総裁時代に企画課長を務めて以来である。就任当時の政策展開と行内の雰囲気を史談録で次のように語っている。

常識的には昭和47年(1972年)の秋ごろから引き締めに転ずるべきだと思いましたけれども、6月に公定歩合を下げたんですね。最悪のタイミングになっているわけです。(中略)本当はいろんな事情があるんだろうなとは思いましたけれども、中央銀行としてこれでいいのかなと、まあ中央銀行員ならだれでも持つような感じを持っていました。(中略)円高のこと、それから田中さんの列島改造論、そういったことで行内は重苦しかったですね。何かやるべきことがうまくやれないとか、重苦しい空気がありました

その実、総務部内には「ようやく公定歩合を上げられた」という奇妙な安堵感が漂っていた。前任の中川からも「ようやく上げられたよ。あとしばらくはこれでいいんじゃないか」とアドバイスされた。それまでの展開に疑問を抱いていた三重野の認識とは大きな開きがあった。

「一息つくのは、それはそれでいいんですけれども、「これじゃやっぱりいかん。なかなか難しいかもしれないけれども引き締めは強化していかなければならないな」と(総務部長に)なった途端に思いました」

これは後に明らかになったことだが、政策経験の豊富な三重野は、公定歩合の「中央値5%」という独特の「相場観」を持っていた。5%水準を軸に景気の強弱に応じて公定歩合を上げ下げするのが政策運営として望ましいという考え方である。

実際、1989年の総裁就任後に実施した矢継ぎ早の利上げについても、「金利の上げがだいぶ遅れたので、中立的水準（私にとっては大体5％）まではなるべく早く戻し、その後の情勢の変化に即応しようと考えていた」と、中央値について自身の回顧録に書いている。(53)

なぜ中央値が5％なのか、その根拠は判然としない。史談録で三重野は「理論的に言えと言われてもだめですね。かえって議論をややこしくする」とはぐらかし、円金利は4—5％、ドル金利は2—3％の時代が長く続いたことから「僕の頭の中には、やっぱり5％ぐらいというのがあった」と話している。

そんな根っからのインフレファイターが政策ラインに戻ったとき、公定歩合はまさに「中央値」の5％だった。「ここからが引き締め本番」と腕まくりしていたであろうことは想像に難くない。

一方、三重野に負けず劣らず、蔵相の愛知も物価の安定に強い意欲を抱いていた。

大蔵官僚から政治家に転じた愛知は、「物価安定と均衡ある経済発展」を理念とし、吉田内閣の通産相を皮切りに、官房長官、法相、文相、外相を歴任した屈指の政策マンである。

インフレ警戒を強める愛知は、佐々木が5月16日の記者会見で引き締めが十分だとは思っていないと語るや、(54)「ならば早く公定歩合を上げよう」とひそかに持ちかける。次の一手を探っていた三重野がこの提案に飛びつき、追加利上げの環境が一気に整った。

5月25日、物価抑制を最優先とする政府の方針が物価対策閣僚協議会で決まったのを受けて、日銀政策委員会は29日、公定歩合を0・5％引き上げ、年5・5％にすることを決定、預金準備率もさらに引き上げた。(55)

続いて1カ月後の6月30日、土曜日。今度は7月の東京都議選を前に物価対策をアピールしたい田中内閣からの「誘い水」を受け、公定歩合はさらに0・5％引き上げられ、年6％となる。

このときも田中からの強い指示を受けた大蔵省が引き締め強化を日銀に求め、佐々木が公共事業費の抑制強化を条件に同意するという「受け身」の展開だった。(56)

中川は「日銀としては、ちょっと早すぎるとの感触はあった」「日銀が引き締めに踏み切りたいと主張していた時は、あれだけ反対していたのにという感情的な反発がないでもなかった」と複雑な思いを自著に記している。

これに対し、三重野は史談録で「本格的な引き締めは半年以上遅れているわけですから（中略）。そう簡単には引き締めの効果は浸透しないというか、短期的には収拾できないわけですから（中略）せっせと公定歩合を上げました」と語り、あくまでも自発的な対応だったことを強調している。

そして第三次利上げから2カ月後の8月28日、日銀は決定的な引き締め効果の浸透を目指し、1％の公定歩合引き上げを断行する。

三重野が書いた同日付総務部長私信には「正直に申し上げて今回の引き締め強化措置により、是非とも実体経済面への効果浸透を貫徹させたいという決意が織り込まれています」と書かれている。(57)

1％という上げ幅は特殊な前例を除けば史上最大であり、国内のインフレ期待に「冷水」を浴びせる心理的効果を狙ったものだった。前述の私信によれば、大蔵省からも表立った異論は出ず、(58)公定歩合はわずか4カ月間で2・75％引き上げられ、12年ぶりに7％の高水準に達した。

また、預金準備率の追加引き上げと公共事業支出の一部繰り延べも打ち出され、窓口指導も強化された。

佐々木は記者会見で「4月から矢継ぎ早に4回、公定歩合を引き上げたのは私の記憶でも初めてだが、これは環境が異常なためだ。今までの経験と違った事態にぶつかっている」と説明し、このあと新聞のインタ

ビューで「秋には実体経済に対してある程度の効果が出てくると思う」と自信をのぞかせた。(59)

思うに任せぬ引き締め効果

だが、それでも物価の高騰は止まらない。

卸売物価指数は6月に前年同月比13・5％、7月15・6％と上昇率を高め、8月に17・4％、9月には18・7％と暴騰が続く。それまで比較的落ち着いていた消費者物価指数も5月に10％台に乗ったあと、7月に11・9％、8月12・0％、9月14・6％と連騰した。

世界的なインフレによる商品市況の上昇に加え、夏場の少雨がもたらした深刻な水不足で製鉄工場が操業停止に追い込まれたり、石油コンビナートの事故が続発したりし、モノ不足への懸念から原材料や資材、日用品、貴金属、美術品に至るまで買い占めや買い急ぎが起こった。この年の春闘で20％台のベースアップが実現したことも、旺盛な消費意欲をさらにかき立てた。

この結果、企業や家計の物価先高観は一段と高まり、実需を伴わない「仮需」が台頭する。公定歩合が毎月のように引き上げられたのも、こうした物価上昇の勢いに催促された結果だった。

一方、このようなインフレ基調と円切り上げ効果により、長らく懸案となっていた国際収支黒字は急速に縮小し、7―9月期にはついに経常赤字に転落する事態となる。外貨準備高も2月の190億ドルをピークに減少し始め、為替相場をめぐる情勢も急速に変化し始めていた。

矢継ぎ早の利上げにもかかわらず、金融引き締めの効果がなかなか浸透しなかったのは、需給の逼迫がすでに異常なレベルに達していたからだが、もう一つ見逃せない要因がある。長期の金融緩和でカネが溢れかえり、日銀がどんなに引き締めても、企業の手元流動性の水準が簡単には落ちなかったのだ。

日本経済が構造的な資金不足に悩まされ、市中の貸出額が預金を上回る「オーバーローン」状態にあった50—60年代には、唯一の資金供給元である日銀が蛇口を締めれば1、2カ月ほどで引き締め効果が表れた。だが、高度成長期を経て民間の資本蓄積が進み、資金調達力も上がったため、引き締め効果の波及には時間がかかるようになった。

加えて、ニクソン・ショックのあと円切り上げ阻止のための為替介入で財政資金の払い超が続いた結果、金融機関の資金ポジションが好転し、シェア拡大に向けた貸出競争が激化した。

営業局長となった中川は、都市銀行向けの講演で「趨勢的な変化もあるが、やはり何といってもニクソン・ショック以降(中略)、流動性が銀行貸出の増加によって急増したことが、その後における金融引き締め効果の浸透を遅らせた最大の理由であった」と指摘する。(60)

講演録によれば、GNPに対するマネーサプライの割合(マーシャルのK)は50年代半ばには4割程度だったが、60年代半ばに7割に達し、今回の引き締めが始まる時点で8割程度にまで跳ね上がっていたという。

マネーサプライの推移をみると、現金と預金の合計額であるM2の前年比伸び率は、ニクソン・ショック直前の71年6月に20%台に乗り、引き締め開始後の73年2月に25%を突破した。この原動力である銀行貸出も同じ71年6月から73年9月まで28カ月連続で前年比20%を超える伸びを示し、銀行券も記録的な増発が続いた。

「マーシャルのK」の長期トレンドからみて、72年末の現預金残高(M2)84兆円のうち、約9%に相当する7兆5000億円前後が「過剰」だったとの分析もある。(61)

中川は史談録で次のように振り返る。

景気の回復から一年三カ月も放っておいて、本当の引き締めをしなかったわけですから、やっぱりカネがダブダブになって、いくら締めようと思ってもなかなか締まらないんですね。(中略)三十年代は一、二カ月たったらだいたい効いてきたという感じが出ましたが、このときは半年かかってやっと少し効いてきたかなという程度でした

さらに調査局長だった呉文二は、「後から考えれば多すぎたということであろうが、当時はマネーサプライをそれほど重視していなかった。(中略)アメリカでは次第にマネタリストの勢力が強くなっていたが、日銀ではマネーサプライは毎月の経済報告で一応取り上げている程度であって、それほど重要な指標とはみなされていなかった」と自著で明かしている(62)。

統計上の「マネーの定義」がいくつもあるうえ、しばしば不安定な動きをするため、足元の情勢判断には使いにくいというのが理由だったが、こうした「マネーサプライ軽視」に対し、東京大学教授の小宮隆太郎は日銀を批判する論文(63)をのちに発表し、その後もマネーサプライ管理をめぐる論争は21世紀まで延々と続くことになる。

ニクソン・ショック以降の通貨の「膨張」について、佐々木は退任後の講演(64)でこう釈明している。

景気は停滞しておりましたし、国際収支は依然として大幅な黒で流入が続いておりますから、われわ

れに残された道は、市中の各金融機関に対して（中略）できるだけ貸出しを増やさないでほしい、多額の資金供給はいろいろ問題を残すからということでお話し合いをするよりほかなかったのです。然しそれに対しては市中の金融機関に非常な反発がありました。こういう国際収支が黒でどんどん外貨が入ってくるときに金融を締めるとは何事であるかということで、結局マネーサプライの増加は非常に目立ったものがありましたが、政策的に具体的な手が打てませんでした

そして反省も込めて、こんな総括をした。

そのときの経験から思うのですが、金融政策というものは、たとえば国際収支が非常に悪化するとか物価が急上昇するとかいう、一般の方によく理解できる現象があるときには相当強力に実行もでき、効果も上がります。しかし日本の場合のように金融機関の資金運用にルールがまだできていない状態では、金融緩和期にある節度を求めるということは非常に難しいということを痛感いたします

こうしたなか、エコノミストの間で「現状はインフレかどうか」をめぐる奇妙な論争が起きていた。発端は、日本経済新聞が73年6月21日から「物価高騰をどうみる」というテーマで識者の論文を掲載したことだった。

まず日銀理事の吉野が「世界的に未曽有の事態」としてインフレへの警戒を喚起し、この翌日、60年代の所得倍増計画を立案した下村治（当時日本開発銀行設備投資研究所長）が「周章狼狽やめよ」という刺激的なタ

イトルを掲げ、現状はインフレではないと主張した。

現下の卸売物価の暴騰は、天然繊維や木材など「〝特殊な商品〟の〝特殊な理由〟による」ものであり、「指数の動きに幻惑されて、やや周章狼狽的な、ムード的な形で言われている」というのが論文の趣旨で、インフレを認めたくない政府側を事実上擁護するものだった。

すると2週間後、吉野の部下である調査局調査役の鈴木淑夫《よしお》(のち理事、衆議院議員)が寄稿し、「物価急騰は〝特殊な商品〟の〝特殊な理由〟によるものではなく、〝一般的な商品〟の〝一般的値上がり〟である」と下村説を真っ向から否定する。下村はすかさず「偏見と迷信のインフレ論」と鈴木を批判、双方一歩も退かぬままその後も論争が続いた。

官庁エコノミストを代表する下村と安定成長論を唱える吉野ら日銀エコノミストは、過去にもさまざまなテーマで論争を繰り広げてきた。

その延長線上で勃発した「下村・鈴木論争」は数カ月後、思わぬ形で決着がつくことになる[65]。当の鈴木は下村の物価理論を「実に現実離れのした不適切な話」と自著で断じ、「72年秋から73年春にかけて、日本の論壇では「これはインフレかどうか」を議論するほど呑気であり、政府は大型の補正予算と当初予算を組む程、政策意識にずれがあった」と振り返っている[66]。

預金準備率の引き上げから8カ月、公定歩合の発動から5カ月が経ち、累次にわたる引き締め効果が秋口に入って出始めるようになる。

9月7日の月例経済報告閣僚会議で、佐々木は「卸売物価の騰勢は峠を越した」と報告し、出席者の誰もが胸をなでおろした。

そんな矢先に、途方もない事態が起きた。オイルショックの襲来である。

石油危機と蔵相の死

10月6日、土曜日。シリア、エジプト両軍がゴラン高原とスエズ運河でイスラエル軍と衝突した。第四次中東戦争の勃発は翌7日付朝刊の1面トップで大きく報じられた。

開戦から10日後、OPEC（石油輸出国機構）加盟国のうちペルシャ湾岸6カ国が、原油公示価格を1バレル＝3・01ドルから5・12ドルに70％即刻引き上げると宣言。さらに翌17日、OAPEC（アラブ石油輸出国機構）はイスラエルが占領地から撤退するまで原油生産量を毎月5％ずつ削減すると決定し、米国など「イスラエル支持国」への輸出を停止する。全世界の石油輸出量の55％を握るOAPECの容赦ない資源戦略に、消費国は震え上がった。

11月に入ると、事態はさらに深刻になる。OAPECはこの月の生産量を9月比で25％減産し、12月にはさらに5％追加減産する方針を決める。そのうえで12月23日、年明けから原油価格を1バレル＝11・65ドルに再度引き上げると発表した。

原油価格は10月半ばから2カ月余りで3・87倍に引き上げられ、量と価格の両面から未曽有のエネルギー危機が到来した。

原油輸入の8割を中東に依存する日本にとって、オイルショックの影響はどの国よりも甚大だった。

当初政府は「十分な石油備蓄がある」と説明していたが、国際石油資本から具体的な供給削減を通告され始めると危機感を強め、中川によれば「日頃は拡大方針一本ヤリの通産省も（中略）総需要の大幅な抑制が是非必要であると主張しだした」[67]という。

実際、10月下旬にはガソリンや灯油の値上げと売り惜しみが全国に広がり、生活必需品の買いだめ、買い急ぎが始まった。

11月1日、木曜日。小雨交じりの大阪千里ニュータウンの大丸ピーコックストアに300人近い主婦の列ができ、1個200円のトイレットペーパーが30分ほどで売り切れた。「紙がなくなる」と大書きされた特売広告が原因だったとも、通産省が「紙節約の国民運動」を呼びかけたからだとも伝えられている。関西圏では数日前からトイレットペーパー不足を伝える新聞報道が続いていた。

千里での騒ぎは新聞とテレビで全国に報じられ、翌2日、今度は兵庫県尼崎市で83歳の女性が殺到する主婦に押し倒され、足の骨を折った。通産省は業界団体に大量出荷を指示し、関西圏での騒ぎを押さえ込むが、生活用品を求める行列はあっという間に全国に広がっていく。対象商品もトイレットペーパーから洗剤、砂糖、食用油、しょうゆ、灯油へと広がり、74年2月まで断続的に続いた[68]。

11月12日、石油不足によって日本経済は失速し、年明けには瞬間風速で「マイナス成長」に落ち込む可能性があると、通産省が田中に伝えた。平均株価は暴落し、円はフロート移行後の最安値である1ドル＝280円をつけ、先物相場は2日後に300円台に急落した。

これを受けて政府は16日、「石油緊急対策要綱」を閣議決定し、即日実施する。鉄鋼や自動車、石油化学など11業種に対する電力・石油の10％供給削減、全国民的な消費節約運動の展開、便乗値上げの取り締まりなどの対策が打ち出され、週休二日制の導入、マイカー自粛、ガソリンスタンドの休日営業停止などが相次ぎ要請された。繁華街のネオンサインは一斉に消され、民放各社は深夜放送を中止した。

非常事態を訴えた緊急措置は国民をさらに動揺させ、20日には「物価統制令が近く出される」とのデマが流れ、商社やメーカー、小売、はては消費者から通産省や経済企画庁に問い合わせが殺到する。生活必需品を求める行列は日常風景となり、便乗値上げや買い占め・売り惜しみに抗議するデモや集会が各地で行われた。まさに物情騒然の緊急事態となった。

予想もしない展開に日銀は色を失い、しばし考え込んだ。

「経済情勢の今後の変動についての具体的展望や、それに対応して各種経済・財政・金融政策手段をどのように選択すべきかについて、当初本行の判断に戸惑いがあった[69]」ためだ。

それでも10月の卸売物価指数が前年同月比20％を突破したのをみて、第五次公定歩合引き上げの検討に着手した。

中川の自著によると、石油緊急対策要綱が決まった11月半ばに愛知と佐々木の会談がセットされ、佐々木はこの場で追加利上げの意向を伝える一方、74年度予算を緊縮型にするよう要請した。しかし、愛知は公定歩合の追加引き上げではなく、特定業種への融資を絞る「金融統制的な考え」を主張し、首相から指示された所得税減税も是非やりたいと述べ、会談は物別れに終わった。

この会談の何日かあとのことだ。

愛知が急死したとの驚きの知らせが23日深夜、列島を駆け巡る。さらなる動揺と衝撃が全国に広がった。

数日前から、風邪気味だった愛知は11月21日夜に高熱を出し、翌日の閣議と石油対策会議には抗生物質を投与して出席していた。

その夜再び熱が出たため自宅で静養していたが、23日夕刻に突然昏睡状態に陥り、慶應義塾大学病院に搬送される。そのまま意識は戻らず、午後9時50分、急性肺炎のため亡くなった。66歳だった。

当時主計局長だった橋口収は、22日の閣議での愛知の異状を記憶している。

「福田さん(行政管理庁長官)から補正後の予備費の残額を聞かれ、書類をめくっても答えられなかった(中略)。福田さんが「あの愛知君が答えられないはずはないんだ」と後でいっておられました」(70)

事務次官だった相沢も、愛知から「きのうの晩から熱が出て、手が動かない」と聞かされていた。入院の知らせを聞いた相沢は慌てて駆け付けたが、すでに心臓マッサージを受けていたという。臨終に立ち会ったのは家族と相沢、そして首相の田中だけだった(71)。

愛知は列島改造計画のとりまとめ役だったが、蔵相就任後は為替の安定と物価の抑制に心を砕いてきた。特に通貨問題では国際社会からも一目置かれ、9月のIMFナイロビ総会では米英仏独の蔵相をひそかに夕食会に招き、通貨交渉の核となる5カ国蔵相会議(G5)を事実上発足させた。

実は22日夜からヴァレリー・ジスカール・デスタン仏蔵相の招きでパリに出張する予定を組んでいた。自ら情熱を傾ける国際通貨改革の事前打ち合わせが目的で、愛知は何とか出席したいと言ったが田中に止められた。

意識が混濁する前、愛知は次のようなメッセージを事務方に発している。

ただいま現在、熱が三十九度五分あります。従ってヨーロッパ行きは中止したい。総理にもいま話したところ、やめるよう了承されました。すぐに内閣、党、財研（大蔵省記者クラブ）に連絡して、同時にジスカールデスタン（仏蔵相）に断わって下さい(72)

相沢の前に事務次官を務めた吉国は、愛知が通訳抜きで欧米当局と渡り合える数少ない政治家だったと史談録で振り返り、「やっぱり少し疲れが多すぎたんでしょう」と話す。

2月のドル危機のころ、愛知は毎晩午前1時と午前5時に海外市場の動きを電話報告するよう国金局に指示していた。吉国は「大したことなきゃ知らすなと言ったんですけど、いや、大臣は必ず知らせろとおっしゃるから言うんで、毎晩2回起こしていた」と語った。

もともと愛知には糖尿病と高血圧の持病があった。そこにインフレと国際収支の赤字転落、そしてオイルショックが重なり、心労は限界に達していた。大蔵省で二期先輩にあたる福田は、「愛知君は病死ではない。悶死《もんし》だ」と評した(73)。

愛知と連携しつつ金融引き締めを続けてきた佐々木は、出張先のシドニーから帰国した24日早朝、羽田空港で訃報を知らされた。

同い年の2人は中学時代に出会い、東大では一緒にテニスを楽しんだ。愛知が大蔵省銀行局長のとき佐々木は総務部長で、日銀法改正に向けて苦労を共にした。空港で佐々木はしばし絶句し、「この大切な時期にかけがえのない人を失った」と言葉少なに語った(74)。

田中vs福田の大論争

側近にして内閣の要だった愛知を失った田中は、後任の蔵相にライバルの福田を充てる驚きの人事を思いつく。総裁選で死闘を繰り広げた政敵にインフレ克服という難題の解決を託し、挙党体制を強化する一石二鳥の戦術である。

地元群馬の伊香保温泉からパトカー先導で帰京した福田に対し、田中は「もっと積極的な立場で協力してほしい」と蔵相就任を要請した。しかし、福田は「福田、田中には因縁があり、どうしても角福戦争といわれる」と難色を示し、こう言った。

「経済の運営は乗馬と同じで手綱が二本ある。一本の手綱は物価であり、もう一本は国際収支だが、今はその二本の手綱がめちゃくちゃになってきた。こうなった原因は何だ。あんたはどう思うか」

田中が「石油ショックでこうなった」と説明すると、福田は遮るように反論した。

「そうじゃない。石油ショックは追い討ちだ。あんたが掲げた日本列島改造論で物価は暴騰に次ぐ暴騰で、国際収支が未曽有の大混乱に陥っている。この旗印に象徴される超高度成長的な考え方を改めない限り、事態の修復はできない」

路線転換を迫る福田に対し、田中は「明日また会おう」としか言わず、1回目の会談は物別れに終わった。翌11月24日朝、福田が再び首相官邸を訪れると、田中は吹っ切れたように列島改造論を撤回すると明言し、経済問題はすべてを福田に任せると約束する。福田も「あんたがそこまで言うのなら、引き受けましょう」と応じ、自身3回目の蔵相就任が決まった。

このあと福田は大蔵次官の相沢ら幹部を呼び、①74年度予算の前年比伸び率を20％以下、公共事業を前年度と同額以下に抑えられるか、②米価と国鉄運賃の値上げを半年間延期できるか、③2兆円の所得税減税を撤回できるか、の3点を確認した。

これに対し、相沢らは2番目と3番目に強い難色を示した。特に官房長から主税局長に転じた高木が「大臣が(減税を)やめると言われるならそれでもいいが、大変な政治問題になるので、総理と2人で決めてほしい」と主張したという(75)。

就任後の記者会見で、福田は「インフレの克服を最重要課題にする」と宣言し、列島改造計画について「あれは田中総理の私的意見であり、政府の構想ではない」と切り捨てた。この時点で田中の看板政策は政治的に葬り去られた。

ただ、ひとつ宿題が残った。田中が愛知に指示していた2兆円減税の取り扱いである。

高木の史談録によると、田中は早くから大型減税に意欲を示し、これに主税局も賛同していた。減税を機に所得税の税率構造そのものを見直したいと考えていたのだ。だが、田中から自民党と大蔵省に正式な指示が下りたのは10月19日、皮肉にもオイルショックが起きたあとだった。

インフレ下の大型減税に福田は当然ながら反対する。高木と会うたびに「こういう情勢だから賛成できない」「総理は俺を大蔵大臣にするにあたってお前に任せると言ったから、俺はやめるよ」と言い続けていた。

だが、すでに自民党税制調査会との詰めの調整に入っていた主税局は「もはや引き返せない」として、福田への説得を続ける。そして12月13日、最終方針を決める田中と福田の会談が、国会内で行われることになった。

福田は「乃公《だいこう》と角とで決着をつける」と言い残し、院内総理室に向かった。当時、福田は自分のことを「乃公」と呼んでいた。「乃公出でずんば」の乃公だ。

会談は午後7時に始まり、まず田中が福田の求める公共料金の引き上げ延期に同意し、公共事業費の圧縮も受け入れると譲歩した。公共料金問題には次官の相沢が「それは困る」と口を挟もうとしたが、受け入れられなかった。

だが、所得税減税にテーマが移ると田中の態度が一変する。

「確かに大蔵大臣になっていただくときに、予算の問題、経済の大問題を全部あなたに任すと言った。だが、これだけは譲れない」

田中は極度のストレスから「末梢性顔面神経炎」を発症し、翌日から入院することになっていた。国会にも出られず、既定路線となっている2兆円減税まで撤回してしまうと、首相の指導力は地に落ちてしまう。

「何をいまさら」というのが田中の思いだった。

高木によると、福田は「そこまで言うのならあなたが総理なんだから、十分議論してみよう」と持ちかけ、ここから「息詰まるやりとり」が始まった。財政に通じた福田と、実業を知り尽くす田中の論争は1時間ほど続いた。

同席した相沢も高木も入り込む余地はなかったが、田中は途中で何度か「お前らはどう思っているんだ」と水を向ける。高木は敢然と言った。

「事務的にはやるべきだと言わざるを得ません。決してあなたにゴマをすって、一緒になって提灯をつけて歩いたわけでも何でもない。やりたいからやらせてもらう」

課税最低限を大きく引き上げることで個人所得税は減税となるが、法人税や自動車関係諸税、印紙税を増税するため、差し引きすれば税収を確保できる。全体として「引き締め型」の税制改正案となっていることは福田も理解していた。(76)

議論が進むうち、高木の目には、田中の減税論が優位に立っているように映った。

「やっぱり商売を通じて非常に詳しいものだから、税のことは田中さんの方が身についていた」と高木は話す。

長い論争の締めくくりに、福田が念を押すように田中に迫った。

「相沢次官から聞くところによれば、所得税減税は汝の執念とか。そのとおりか」

田中が「そのとおり」と返すと、福田はポンと膝を叩いて言った。

「致し方なし。汝の意見に乃公も従う」(77)

かくして所得税減税は生き残った。

だが、この判断も赤字国債再発行の原因になったとして、やがて厳しい批判にさらされることになる。福田はのちにこう語っている。

大型減税も、当初は総需要抑制の見地から好ましくないと考えたのですが、激動のなかでの国民の生活不安を配慮し、また、田中さんの構想をみんなつぶしてしまうのもどうかと考えてそうしたのです。しかし、いまになって思えば、やはり少し譲りすぎたという感じがします(78)

人心不安と取り付け騒ぎ

それは、田中が顔面神経炎の治療で東京逓信病院に入院した12月14日のことである。

愛知県豊川市にある豊川信用金庫の本支店に、4900人近い預金者が預金解約を求めて殺到した。オイルショック後に広がった人心不安が、ついに「取り付け騒ぎ」に発展したのだ。

事の起こりは前日の午後2時ごろ、同信金の小坂井支店（現豊川市）に50人ほどの預金者が押しかけ、閉店までの1時間で総額5000万円を引き出したことだった。

一夜明けると、支店には30人ほどが開店前から列を作り、昼過ぎには約200人が建物の周囲を取り巻いた。このため警察が出動したが、「カネを返せ」「早くおろしてくれ」などと職員に詰め寄る預金者もいたという。

午後になって騒ぎは本店や他の支店にも飛び火し、この日の午後10時までに約14億円の預金が払い戻された。預金者たちは「倒産するという噂を聞いた」「経営が危ないらしい」と口々に話していた。すべて根拠のないデマだった(79)。

日銀名古屋支店はすぐさま地元の東海銀行に協力を求め、払い出しに必要な現金を同行経由で供給する。預金者を落ち着かせるため各店舗の窓口に札束を積み上げたり、信金の総代（会員の代表）にあえて預金してもらったりした。

名古屋支店長を務めていた緒方太郎は、解決の決め手は警察への協力依頼だったと話す。

「ちょうどその頃、中日スタジアム事件（経営をめぐる恐喝事件）というのが収拾したばかりで、愛知県警に特捜本部がまだ置いてあった。当時の県警本部長が大学の同期生だったこともあって、早速協力を依頼した」

愛知県警は「信用棄損業務妨害」の容疑で直ちに捜査に乗り出し、預金者に情報の出所を聞いて回った。その結果、1週間ほど前、市内の女子高校生が登校中の電車内で「信用金庫は危ない」と友人に冗談を漏らしたことが発端だったと判明する。警察は悪意のない冗談によるデマだったと判断し、捜査を打ち切った。

「県警が発表して、騒ぎがぱったりと収まった。当時は例のオイルショック直後でトイレットペーパーを買い競ったぐらい人心が浮き足立っていた。だから理がなかなか通らず、そういう非常事態は警察の力が必要だった」と緒方は話す(80)。

突然の取り付け騒ぎは、本店で報告を受けた三重野に強いショックを与えた。

人心がいかに動揺していたか。だから、人気というのは怖いなとつくづく思いました。昭和の初めの金融恐慌のときの渡辺銀行とか、ああいうのを本で読んで、「ええ、そんなこともあるのかな」と思いましたが、あれを見ていると「なるほど、怖いな」と。(中略)「そういうときはきめが細かくて大胆なことをパッとやらないといけないな」ということは感じました(81)

三重野はすでに第五次公定歩合引き上げに向けて走り始めていた。

11月の卸売物価指数が前月比3・2%、前年同月比22・3%という暴騰を記録し、もはや待ったなしの状況に追い込まれていた(82)。そこに信金の取り付けである。浮足立った人心を抑えるには「大胆な一手」が必要だと三重野は確信する。

春に総務部長に就任したあと、三重野は政策関連部局による会議を定期的に開いていた。営業、調査、考査、外国局の局長と毎週1回議論し、5局の一致した意見として佐々木に政策提言しようという狙いだった。

「佐々木総裁があんまりすごく出来る人だものですから、周りの人たちがわりと総裁に遠慮して、本当にフランクに情勢の議論をしてないんじゃないかと思われたんです。そこで(中略)コンセンサスをつくっておいて、それを上にぶつけたほうがいいのではないかと思いまして、政策関連部局長会議というのをすぐつくった」と三重野は史談録で明かす。

オイルショックが起きたあと、「輸入インフレを金融引き締めで抑えるのはおかしいのではないか」という意見は政府部内や行内にもあった。だが、三重野は「石油がきっかけにはなっているが、これは明らかなホーム・メード・インフレだ」と譲らず、政策部局長会議で「財政金融面から引き締めを強化すべし」との意見をまとめ上げる。

三重野はすぐさま「可能な預金金利引き上げ幅との関連を考えると2%が適当か」と書き込んだ大幅利上げ案を作成し、予算編成直前の12月20日頃の決定を目指すことにした。(83) 取り付け騒ぎが起きる2日前のことである。

だが、政策担当理事の渡辺に上げたところ、あまり良い反応が得られない。逆に「総務部長、総裁に言え」と言われた三重野は、単身総裁室に乗り込み、意を固めて進言した。

「直ちに公定歩合を2ないし3%上げるべきだというのが、われわれの考えでございます」

佐々木はちょっとムッとして「きみ、3%はないだろう」と返した。

すると三重野は、「それじゃ、2％で行きましょう」と間髪入れず切り返す。佐々木は「ウーン」と考え込んだが、「いや、それはだめだ」とも言わない。三重野は「じゃあ、これでやります」と言って、総裁室を後にした。

公定歩合を一度に2％上げたことは未だかつてなく、9％という水準も明治の創業以来例がない。だが、政策部局長会議では全員の意見が一致した、と三重野は史談録で明かす。

「(公定歩合を)七％にしたあとワーッと物価が上がった。これじゃ、もう一％ではだめだと。もっと思い切ったことをやろうという、これは局長連中が言い出した」

総裁室を後にした三重野は、その足で理事の渡辺のところに行き、「総裁は二％上げることについて、だいたいオーケーしました。やりましょう」と合意を取り付けた(84)。大蔵省との交渉はすでに12月初旬には始まっていたが、これで一気に弾みがついた。

物価は狂乱状態

三重野の史談録によると、大蔵省銀行局長の吉田は2％案にすぐに賛成した。しかし、財政を預かる主計局と理財局が激しく抵抗する。三重野が書いた総務部長私信に、その理由が書かれている。

公定歩合引き上げや預金金利改定に伴う郵貯金利、運用部預託金利あるいは国債金利への跳ね返りと、それに基づく財政支出の増大がかなり多額(大雑把な試算によると1000億円以上)に上り、折からの49

年度予算規模を出来るだけ縮めようという財政側の方針と矛盾する処から、主計局、理財局を中心に大幅利上げに反対する空気が相当強かったようです(85)

主計局は再び「財政の論理」を掲げ、公定歩合の引き上げ幅を「0・75％以内」にとどめるよう要求した。

これに対し、佐々木は12月12日の記者会見で「投機的な物価引き上げの動きを冷やす上でも金利水準を見直す必要がある」と早期利上げを強くほのめかす。三重野が2％上げのペーパーを書いたまさにその日だ。12月13日、木曜日。危機感を抱いた事務次官の相沢が佐々木との直談判を求め、赤坂の日銀氷川寮で両者の会談が開かれることになった。田中と福田が会談したこの日、全国紙の朝刊はそろって「近く大幅利上げ」と報じていた。

同日付の吉野の備忘録にこうある。

午后四時三十分　遅れて役員集会に出席
但し　総裁も氷川荘における相沢次官との会談のため見えず（中略）
午后五時四分　渡辺理事より　本日の総裁と相沢次官との会談の趣旨につき話あり
昨日の総裁記者会見についての今朝の報道は大蔵省を刺激した模様
主計局は公定歩合　預金金利の大巾引上に伴う国債費の増額をおそれ反対
郵貯金利　過去の分につき遡って上げると資金運用部への預託利子を上げる必要あり（中略）一般会計の

負担増を生む
午后五時五分　総裁氷川荘より帰行　役員集会に出席
相沢次官との会談につき話あり　今日はお互い意見をぶつけた段階也(86)

1974年度予算編成を横目ににらみながらの攻防は、その後1週間ほど続いたが、銀行局が調整に走り回り、最後は福田が「引き締め強化に伴う財政支出の増大はやむを得ない」との裁断を下す。田中も大幅利上げを了承した。

国債発行条件の引き上げを小幅にとどめたい財政部局も、預金金利改定の際に「配慮」することを条件に矛を収めた(87)。

これを受けて日銀は18日に2％引き上げの最終方針を固め(88)、20日のマル卓で次のようにすべての準備が整った。

午后四時六分開会
三重野総務部長より　公定歩合引上げについての原案の説明あり
総裁声明文　公定歩合及預金準備率の引上げについてという趣旨声明文
政策委員会への付議事項
次いで石坂考査局長より　市中預貸金金利改訂《ママ》に関し政策委員会に関連する事項につき説明あり
更に三重野総務部長より　金利引上げに伴う今後の日程並に明日の日程につき説明　一部修正の上可決(89)

12月21日、金曜日。日銀は臨時政策委員会で公定歩合の2％引き上げと預金準備率の再引き上げを正式決定した。

年初から5回にわたる預金準備率の引き上げによって、大手銀行の当座性預金にかかる準備率は過去最高の4・25％に引き上げられ、総額1兆2700億円の「過剰流動性」が吸い上げられた。公定歩合の大幅引き上げに伴い、短期金融市場のコールレートも年末に10％、翌年3月には12％を超え、未曽有の高金利時代が到来した。

この日、全国の支店長に発送された総務部長私信に、2％上げの狙いがこう書かれている。

商品価格の大幅引き上げが相次ぎ、引き締めが物価面にも着実に浸透していくという従来の見通しは全く成り立たなくなりました。もちろん、このような動きについては金融面に責任があるわけではなく、またそうした動きに金融面から立ち向かおうとしても限界があることは明らかですが、そうかといって政府側にも特効薬があるわけでもなく、こうした情勢に対処するには、とりあえず各政策当局ができるだけ力を出し合っていくべきであり、そうなれば金融面でも一層強い姿勢を打ち出し、人心を引き締めるのがよいのではないか(後略)(90)

年が明けて1974年1月12日、土曜日。大阪に出張した福田は、記者会見で「物価はまさに狂乱状態」と評し、この「狂乱物価」が時代のキーワードになっていく。

その形容どおり、卸売物価指数は12月に前年比28・9%、1月34・2%と騰勢を強めたあと、2月の37・1%でピークをつける。消費者物価指数も2月に26・3%増を記録、終戦直後のインフレ期と肩を並べた。総理府の調べによると、消費者物価指数を構成する428品目のうち、1年前に比べて20%以上値上がりした品目は半分以上の238に上った。とりわけキャベツは4・8倍、サトイモ3・2倍、ホウレンソウ2・8倍、ニンジン2・7倍、チリ紙2・3倍、アジ2・0倍、小麦粉、即席ラーメン、ノートは1・7倍(東京都区部)など生活に欠かせない物品の値上がりが激しく、(91)深刻なモノ不足も重なって国民生活は混乱を極めた。

国民の怒りの矛先は石油会社や商社、銀行へと向かう。無論、日銀も例外ではなかった。

3月1日、金曜日。全国規模の「春闘3・1統一スト」の一環として、東京春闘共闘委員会に加盟する組合員約600人が正午過ぎ、日銀本店をぐるりと包囲した。最高気温6度という真冬並みの寒さのなか、デモ隊は赤旗を掲げ、「物価狂騰の責任はおカネを乱発した日銀にある」「諸悪の根源は大商社や大銀行の上に君臨する日銀だ」などと抗議の声を上げる。

驚いた日銀は、表通りに面したシャッターを全部下ろし、新館と旧館の周囲にもれなく守衛を配置した。デモ隊の代表は「インフレの責任をとれ。取引金融機関に対する融資状況を公表せよ」などとする佐々木総裁宛ての要求書を提出し、午後1時前に解散した。インフレを理由に日銀に抗議デモが押し掛けたのはこれが初めてだった。(92)

狂乱物価はその後も収まらず、1年以上にわたって2桁インフレが続いた。卸売物価の上昇率が30%を下回ったのは74年10月、消費者物価は74年中ついに20%を割ることがなかった。

さらに、強烈な金融引き締めによるデフレ効果で74年1—3月の実質成長率は年率9％超のマイナスに落ち込み、74年度全体でも戦後初のマイナス成長に陥る。国際収支の赤字と外貨準備の減少もしばらく続き、円相場は夏に1ドル＝300円台に下落。ユーロ市場での信用不安からドルの調達が困難になる「外貨危機」に直面し、サウジアラビアから公的借り入れを行う緊急事態にまで発展した。

円の切り上げを恐れるあまり、政府・日銀は通貨膨張を見過ごし、引き締めのタイミングを誤った挙句、日本経済をインフレと不況が併存する未曽有の「スタグフレーション」へと導いたのである。

佐々木退任、それぞれの総括

狂乱物価から1年近く経った。

インフレはなおもしぶとく、不景気はますます深刻になっていた。福田は1974年7月に閣外に去り、ニクソンはウォーターゲート事件で8月に任期途中で辞任した。残された田中も金脈問題を追及され、11月に退陣を表明する。

12月9日に発足した後継の三木武夫内閣は、16日付で5年の任期が切れる佐々木の後継総裁に前東京証券取引所理事長の森永貞一郎を充てる人事を閣議決定した(93)。

閣議のあと開かれた月例経済閣僚会議に出席した佐々木に対し、三木はとくに発言を求め、次のように挨拶した。

「経済の激動期に日銀の副総裁および総裁として12年間にわたり難しい金融政策を運営され、立派に職責を果たされた。政府として特にあなたに謝意を表したい」

佐々木が立ち上がり、黙って頭を下げると全閣僚が起立して拍手を送り、佐々木が退室するまで鳴りやまなかった。同席した新蔵相の大平は「珍しい感激の一場面だった」と振り返る。

日銀に戻った佐々木は、政策委員や部局長との昼食会で「いろいろ批判もあったが、一つ一つの政策はその時点で最善を尽くしたので悔いはない。あとは皆で一致団結して難局に当たってほしい」と謝辞を述べた。出席者の一人は泣きそうになったという。

だが、感動のシーンはここまでだった。

午後2時半に始まったお別れ記者会見で、佐々木は記者たちの容赦ない追及に直面する。通信社の日銀担当としてこの場にいた藤原作弥(のち副総裁)によれば、ある記者は立ち上がって質問し、まるで「総括と反省を求める糾弾のようだった」という(94)。

記者「ご苦労様と申し上げたいが、残念ながらこの間に物価が急上昇した。その責任について伺いたい」

佐々木「国際収支が黒字を続けていたので真正面から金融を引き締めるのは国際的に難しかった。黒字の下で早期引き締めは適当でないと判断したわけだ」

記者「総選挙を控えていたため、政治的な圧力がかかったのではないか」

佐々木「そのようなことは全くない。本格的な引き締めに踏み切らなかったのは、何よりも国際収支面への影響を配慮したことによるものだ」

記者「通貨価値の維持よりも国際収支への影響や引き締めによるデフレ効果を恐れたのは判断の誤りではなかったか」

佐々木「いま振り返ってみて、あの時もっと引き締めておけばよかったのではないかとの見方はあるかもしれないが、私としては当時として最も適切な措置をとった」
記者「日銀が政府に対して弱腰なのではないかという批判があるが」
佐々木「日銀に対し政治的圧力が加わっているのではないかとよく言われるが、全くそのようなことはない」
記者「もう一度聞くが、今振り返ってみると結果としては誤りだったのではないか」
佐々木「結果的に物価が上昇したという事実をいうのであれば、後世の歴史判断の材料にはなるかもしれず、当時のやり方が悪かったという見方が出てこないとも限らない(95)」

お別れ会見とは思えない厳しい追及にも佐々木は一つ一つ丁寧に答え、「在任中に最も印象に残ったことは」との問いに「やはりニクソン・ショック前後」と語った。最後に藤原が「今後の日本経済をどうみるか」と助け舟を出すと、佐々木はホッとしたように「うまくやっていけると信じています」と笑顔を見せたという。

振り返って藤原は、「政府や政治との関係において、日銀が戦後もっとも劣悪な立場にあった時代の総裁だった。しかも経済環境においても不幸な巡り合わせだった。佐々木さんは悲劇の人だった」と話す(96)。

佐々木本人は退任後のインタビューで「皆さんが忖度するほど、日銀が政治によって介入されるものではない」と強調しつつ、こんな本音とも冗談ともつかぬ言葉を口にした。

「冗談まじりですが、総理になられるのが最初が福田さんで後が田中さんなら非常に具合がよかった――

そんな話も出ましたが、そうだなって感じはありますね（笑）[97]」

もっとも、同時代を過ごした後輩たちの佐々木評はおしなべて厳しい。

吉野は『総合政策研究』に掲載された対談で、当時の調査局には「正しい意見」があったにもかかわらず、「総務部重視主義」の佐々木が聞く耳を持たなかったと批判し、そのうえで自省を込めて次のように語る。

幾ら聞かないからと言ったって、もっと本腰をいれて、いざとなったらやめる気になって言うべきだったと思うのです。ということは、結局私も含めて皆の補佐が足りなかったのです。これは一総裁の問題ではない。（中略）要するに、これは日本銀行全体の問題で、私は日本銀行が間違っていたというより他ないと思うのです。だから二度と再びこんな誤りを犯してはいけないと固く誓うべきなのです[98]

佐々木の5期後輩で元理事の外山は、自著でこう総括した。

狂乱物価の直接的原因は石油ショックにあるが、遠因はニクソン・ショック以後の円の為替相場問題処理の失敗にある。それは日本の朝野をあげての円切り上げ忌避の空気によるところが大きい。各界の最高指導者は、いざというときに、この「空気」を一変させる位の洞察力と指導力を持つべきだと私は思うが、残念ながらこの場合もそのような人がいなかった[99]

佐々木の側近だった中川は、このあと理事となり、１９７９年３月、日銀の幹部候補生向けの研修会で厳しい自己批判を展開した。

> 当時を振り返ってみて、やはり我々に勇気と決断が足りなかった点を強く反省せざるを得ない。もちろん、時の政府、国民の意向に全く反した政策は日銀としても採ることは困難である。その限りにおいて、我々の力にも限界がある。しかし、我々はもっと勇気をもって日本の政治を動かす人を説得し、時には断固たる決意を明らかにすることが当時を顧みて何よりも肝要である。（中略）もう少し勇気があればもっと別の途もありえたかと反省している[100]

また、中川は退任後の史談録でも「物価の見通しを間違えたのではないか」と問われ、「確かに私どもは間違えました。私だけではありません。日本銀行全体として物価の上昇をあまり重大視していなかったと思います」と打ち明け、改めて後悔の念を口にしている。

> 73年の1―3月に準備預金しかやらなかったということがいちばん罪が重い。（利上げできなかった）72年の秋がその次に罪が重い。72年の6月は、3月の時ならまだしも、6月になったということでは（公定歩合を）下げるべきではなかった

一方、大蔵省側は自らの政策選択をどう評価しているのか。

銀行局長から財務官となった吉田は史談録で、「本来、政策手段であるべきものを一種の神だなに祭り上げてしまったために、大変ゆがみがきた」[101]と語り、円切り上げ阻止に重心を置きすぎたことが失敗だったと指摘する。

官房審議官だった岩瀬は史談録で「過剰流動性なんか反省してみても、やはり大蔵省に失投がなかったとは言えないね。やっぱりポカがあったと思える点がある。（中略）大蔵省はえりを正さないといかぬところだ」[102]と語った。

当時大蔵省財政史室長だった秦郁彦は自著にこう書いている。

大蔵省は官庁の中の官庁だという自負心もあってか、剛直を尊ぶ気風が残っていた方だが、昭和四十八年度予算の編成で、時の相沢主計局長が突如として放漫予算を命じた田中首相にあっさりと屈し、狂乱物価を招いたのを境に一変してしまった。

何しろ主計局の方から頭をさげて「要求を水増しせよ。他に何かないか」と各省に要請したのだから、予算づくりの職人をもって任じていた主計局マンのプライドは丸潰れである。「情けない」と悲憤する人もいれば、「物いえば唇寒し」と達観する高官もいたが、上が崩れれば下も見習う道理で、「物いえば」派が圧倒的になってしまった[103]

そして官房長のとき福田にカミナリを落とされ、その後主税局長から事務次官に上り詰めた高木。彼の総括は、驚くほど手厳しい。

ここ2カ年間の私どものやったことはたいへん誤りであった。一番誤りであったのは71年8月15日のニクソン・ショックから72年度予算編成までの期間です。この誤りをそれは真剣に受け止めています。こういうインフレを起こしたのはけっして田中角栄氏の日本列島改造論によるものではない。私どもの責任であると考えております。（中略）とにかく為替レートを動かすことについて、恐怖感があったのですね。役所の中にもいろんな議論がございましたよ。こんなに固定相場にしがみついているのはどうなんだ。逆に言えばこんなに国内の景気を振興して、そのことを通じて輸出をとめようという努力をするのはおかしくはないかという議論もありましたけれども、結局、為替レートをいじることの恐怖心が先立ったのです。それがインフレの原因ですよ(104)

佐々木は退任後の1978年5月、都市銀行研修会で政府と日銀の関係について次のように語っている。在任中の政策運営のいわば基本思想といえるものだ。

総裁は政府に対して断固としてものをいわなければいけないということが、日本銀行の非常に大事なプリンシプル――信条になっているわけです。それはたしかに中立的に正しいと思ったことを実行することは、中央銀行でなくてもどこでも大事なことだと思います。

ただ、私自身の率直な感じを申し上げると、管理通貨制度になってからとその前の金本位制時代とはずいぶん変わってきているように思います。特に第二次大戦後の先進国の政策が完全雇用と、それからある程度の経済成長によって国民全体の福祉を増進することが中心になってきてからは、昔の市場原理を通すという場合の金融の運営とは変わってきているように思います。（中略）勤労者の給与についても、昔のように（不況時に）賃金を切り下げていくというような形はとてもできない。むしろ、いかに不況であっても毎年4％でも5％でも上昇するという姿が続いている。

こういう中における中央銀行の役割は金本位制の時とは非常に違う。そういう事態を踏まえた政府との関係でなければならない。それ以外にあり得ないと思います。そういう意味で昔と違った、いろいろ国の政策その他とのかみ合わせを考えた金融政策の運営も、いまの時代には非常に大事なことだと思います(105)

何より「政府との連携」に重きを置いた佐々木の政策運営は、図らずも通貨の膨張を介して大インフレ、そしてスタグフレーションという最悪の結末を日本にもたらした。

政府と中央銀行の政策連携は、「金融政策の自主性」を尊重する1998年の新日銀法でも明確に求められている。

ただ、財政、金融、為替政策の間でいざ連携をとろうとすると、しばしば不合理な介入に遭ってバランスを失い、予想もしない副作用をもたらすケースが少なくない。事実、日銀は80年代以降も同じような過ちを幾度となく繰り返し、そして現在もまた通貨膨張のリスクを抱えたまま身動きが取れなくなっている。

あの暑い夏を源流とする通貨失政の教訓は、未だ十分には生かされていないのかもしれない。

エピローグ——ニクソン・ショック異聞

ニクソン・ショックをめぐる興味深い「後日譚」を最後に一つ。

最大の論点となった外為市場を閉めるかどうかの判断をめぐり、佐々木直が総裁退任後に「あのとき日銀は閉鎖論だった」と告白し、関係者の間でちょっとした騒ぎになったのである。

佐々木の「問題発言」は1977年の『週刊 エコノミスト』に掲載された。聞き手である専修大学教授の志村嘉一が、市場を閉鎖しなかったことにずいぶん批判があったと水を向けたところ、佐々木はこう返した。

ほかの国が閉鎖しているのに、日本の場合は開いたままで際限なくドルを買っておった、あれは何ということだ——そういう批判を受けるわけですが、日本銀行は為替市場を閉めろという考えでしたね。

要するに、われわれ市場に直結しているものは、これじゃ市場の維持はたいへんだという気持でしたね。ただ、逃げ口上じゃありませんけれども、外国為替市場をどうするかという決定権は大蔵省にあるんですし、日本銀行は参考意見を述べるだけです。あの晩一二時ぐらいまで大蔵省で会議があって、結

局はしばらく市場を開けておこうということになったんですね（傍点筆者）[1]

佐々木の「閉鎖主張説」はこの一度だけではない。

翌78年5月の都市銀行研修会では「日本銀行も考え方としては、やはり他の国もそうですから閉めたらどうだという意見であったのですが、（中略）市場を開いておくことになった」[2]と語り、その4年後にも経済誌のインタビューで「日銀としては、動揺のあるときにはしばらく閉めて模様を見るという一つの便宜的な姿勢もあると述べ」（傍点筆者）た、と繰り返したのだ。[3]

一連の告白は多くの当局者を当惑させ、以来、日銀内で最大の謎となった。

というのも、ニクソン・ショック直後の大蔵省との合同会議で理事の井上四郎が市場継続を主張したことはすでに広く知られており、日銀が閉鎖反対の急先鋒だったというのが「通説」になっていたからだ。

事実、大蔵省の柏木雄介も「彼ら（日銀）も市場を閉めるのに反対。介入する。とにかく市場安定が先だという一本やり。我々も同じです」と証言する。[4]佐々木の話はこれらを根底から覆すものだった。

そもそも日銀における総裁の判断は絶対であり、これに反する意見を一理事が独断で表明したとは考えにくい。佐々木の懐刀だった総務部長の中川幸次ですら、「それなのになぜ開いたままにすることに決まったのか、正確なことは知らない」と自著に書いた。[5]

あの日、日銀首脳部で何が起きたのか――。

この謎を解明しようと再調査したのが、『日本銀行百年史』の編纂室長を務めた石川通達である。

回顧録によると、石川自身、佐々木の発言が長く気にかかっていた。

週刊誌が出たあと、複数の大蔵省OBから、閉鎖しないと一致して決めたはずなのに「日銀は事実をごまかして責任逃れをしている」「なぜあんな嘘を言うのだ。まるで大蔵官僚だけが馬鹿で国益を損じたという印象を与えるものであり、はなはだ不愉快である」などと抗議を受けていた。

このため、『百年史』を編纂する際には「日銀がどう関わったのかということだけは絶対に明らかにしなければならない」と心に決めていたという。

石川がまず着目したのは、ニクソン・ショックから10年後の夏に開かれた「佐々木元総裁をお慰めする会」だった。この会は当時の日銀関係者十数人が佐々木から思い出話を聞くために開かれたもので[6]、石川は出席者が書き残した佐々木の発言記録をひそかに入手した。だが、メモに書かれた内容は、佐々木が週刊誌で語ったものと全く同じだった。

そこで次に、ニクソン・ショック当日の8月16日のマル卓を調べ直すことにする。

あの日の午後、日銀本店では佐々木が京都から戻るのを待って、マル卓が開催されていた。役員集会は伝統的に議事録を残さないため、石川はすべての出席者から聞き取り調査を行った。

まず、井上は次のように証言した。

「自分はその場で、市場閉鎖をするとこういう難しい問題が起きるということを詳しく説明した。しかしそれに対して反対論を述べた人はいなかった。そしてそのうちに大蔵省から電話がかかってきて、会議を開きたいから早く来てくれと言うので、自分は総裁に「行ってまいります」と言って大蔵省に出向き、会議では自分の持論どおりに市場は開き続けるべきであるという意見を述べた」

一方、金融政策担当理事だった渡辺孝友の話はまず「閉鎖論」から始まった。

「当時自分はかねてから、円の切り上げはやりたくないけれどもやがては避けられなくなるのではないかという感じを持っていた。あの日は丸テーブルが始まる前にヨーロッパ市場が次々に閉鎖することを伝える電報がすでに入っていた。だからヨーロッパが市場閉鎖するなら当然日本も閉鎖しなければならないだろうと自分は思っていた」

そして渡辺の次の言葉に石川は仰天する。井上の証言とまるっきり違っていたからだ。


丸テーブルが始まる時間に部屋に入ったら、やがて佐々木総裁が入ってきて「もうこうなったら閉鎖するしか仕方ないなあ」とつぶやきながら自席に座った。そして会議が始まった。自分は閉鎖すべきであるという意見を述べたが、これに対して井上君からは何の反論もなかった。そこへ大蔵省から電話があって井上君は出かけたが、そのようないきさつから言って井上君は大蔵省の会議で当然閉鎖論を主張するものと自分は確信していた。（中略）

そうすると翌朝早く自宅に井上君から電話がかかってきた。何かと思って聞いてみると、井上君は「自分は（合同会議で）閉鎖論を極力主張したのだけれども、市場は引き続き開けておくことになった」ということを、がっかりしたというような、そして申し訳ないというような口ぶりで話した。だから、自分の記憶に関する限りでは、日本銀行は閉鎖論であったし、井上君も大蔵省で閉鎖論を述べたはずだと思う

この渡辺の回顧談と符合する証言が、「佐々木元総裁をお慰めする会」のメモにもあった。この会で佐々木はこんな話をしていた、と石川の回顧録に書いてある。

あの日、大蔵省との会議に出かけた井上君から会議の結果の報告がなかなか来ないので心配して待っていたら、夜の11時ごろにやっと電話がかかってきて、残念ながら市場閉鎖ということにはなりませんでした、あしたも開き続けますという報告を受けた。そうか、それは非常に残念なことだけれども、しかしまあそう決まったんなら仕方ない、というふうに自分は思った

「市場継続に反対論はなかった」と言う井上に対し、渡辺と佐々木は「日銀が望まぬ形で継続が決まった」というニュアンスで話している。

石川はほかの出席者にも話を聞いたが、「論戦という感じの意見の応酬はなかった」「何人かが感想めいた発言をした程度だった」と記憶はあいまいだった。また、詳細なメモを残すことで知られた理事の吉野俊彦は、休暇先の軽井沢から東京に戻りマル卓に駆け込んだが、すでに井上は大蔵省に出向いたあとだった。

井上と渡辺の違いに困惑した石川は、当時総裁の前川春雄に「デリケートな問題が生じて往生している」と打ち明けた。後日、前川が井上と渡辺にこの話を持ち出し、「石川君が困っている」と相談したところ、2人の間で論争が始まり、いずれも自分の記憶が正しいと主張して譲らなかったという。

このため石川は、最後の手段として佐々木本人にぶつけることにした。「実は佐々木総裁と井上理事のお話が180度違うのです」と。

長い沈黙のあと、佐々木は「そうですか、井上君がそういうことを言っていますか。井上君がそう言うなら仕方ありません」と言い、こんな話を打ち明ける。

自分はヨーロッパ諸国が市場閉鎖すれば、日本だけがそれと違う決定をするのはおかしい、それに倣うのは当然だろうと思っていた。そういう意味では、日本も市場閉鎖した方がいいと漠然と思っていた。しかしそれ以上には、この問題について自分には確信がなかった。井上君から閉鎖すればこんな問題が起きますよと言われると、それに対して反論する自信がなかった。だから井上君が持論を述べると、それに対して自分の意見を明瞭に述べることができず、なんだかモゴモゴとなってしまった。確かに自分の態度は誤解を生じさせるような態度であったかもしれない

そして意外にも「反省の弁」が佐々木の口をついて出る。

「当時のことを思い返すと、総裁たる者は自分の意見について誤解が生じないよう明確に部下に意思表示しなければならなかったと思う。私はその点を今になって非常に反省しています」(7)

井上は金解禁で知られる井上準之助元蔵相・日銀総裁の子息であり、複数の証言では、こと外為問題に関する四郎の判断に佐々木は全幅の信頼を置いていたという。自著に「なぜ開いたままにしたのか、正確なことは知らない」と書いた中川も、史談録ではこんな話を明かしている。

佐々木さんの話だと、「日本銀行は閉めろという説だった」というんですが、しかし井上さんが大蔵省へ行って言ったのは、「オープンしろ」という。（中略）総裁は後でそう言ったけれども、井上さんがそういうふうに言うのを黙認するというか、認めておったと思います(8)

一連の調査から石川は、マル卓の前に佐々木と井上の二者会談が行われ、①井上は市場閉鎖したら大変なことが起きるということを佐々木に懸命に説明し、佐々木は井上君がそう言うなら仕方がないかなという気持ちになっていたのではないか、②マル卓で閉鎖論を唱えたのは渡辺一人だったため、井上から見れば目立った反対は出ず、佐々木も事前の説明ですでに納得している模様だと受け止めた、との解釈に至る。

さすがに佐々木と井上の二者会談の詳細まで確認できなかったが、いずれにしても井上に対する佐々木の指示が不明瞭だったため、てっきり了解が得られたと思った井上は、信念に基づき市場閉鎖に反対する意見を大蔵省に伝えた――。こう結論付けた石川は、『百年史』に次のように記述することにした。

短時間のうちに明確な方針を打ち出すに至らず、続いて大蔵省内で開かれた大蔵省・本行の合同会議では、本行側は市場閉鎖に伴う問題点を指摘し、市場閉鎖は適当でない旨の意見を表明した（第6巻第6章、傍点筆者）

つまり、ニクソン・ショックの対処方針を決める最重要局面で、日銀には統一された意思が存在しなかったのだ。『百年史』のこの一文に、石川のやりきれない思いが込められている。

経済誌のインタビューで「決定権は大蔵省にある」と弁明したように、佐々木は当時、外国為替を大蔵大臣の専権事項と捉え、極力深入りしないようにしていたふしがある。

確かに、日銀は外為法上は大蔵大臣の「代理人」となっているが、そうした消極的な態度に部下の多くは疑問を抱いていた。

元理事の外山茂は「外国為替市場の問題は国内金融政策を左右する極めて重大な問題だから、もっと積極的に主張すべきであったろう。その点、佐々木さんは分を弁える人でありすぎた」(9)と批判し、緒方四十郎も史談録でこう語る。

> 大蔵大臣の専権事項だから、自分は意見を述べるだけだと。それはあまりにもリーガリスティック(律法主義的)な議論ですね。基準相場をどうするかというのは、中央銀行にとって大変なことです。(中略)相場をいくらにするかというのは自分の仕事ではないと思っている人が総裁だったのですから。僕はそういうのは反対です。やっぱり法律論の問題じゃないと思うのです(10)

日本の運命が大きく動いたあの夏の日、「様子見」を決め込んだ蔵相の水田三喜男と同じく、佐々木もまた明確な指示を下すことができなかった。

側近の若月三喜雄は、佐々木が「相当迷った末に、やはり市場を閉めたら大変だという判断に少しずつ傾いていった」のをまるで昨日のことのように覚えている。(11)

注

プロローグ

（1）　明治2年（1869年）、大隈重信の建白により、①通貨単位を「両」から「円」に改め、②十進法を基本とし、③硬貨を円形とする方針が決まり、明治4年4月に造幣寮（局）が開業、新貨条例が公布された。

（2）　福田赳夫『回顧九十年』（1995年、岩波書店）より

（3）　福田とのやり取りを含めて、高木文雄史談録「昭和45～46年の官房長当時の諸問題」「昭和46～49年の主税局行政他」（1980年6月聴き取り）および高木文雄「私の履歴書」（1994年3月15日付日本経済新聞）を基に再構成した。

（4）　正式名称は「総合的対外経済政策に関する基本方針」。輸入自由化や関税引き下げのほか、特恵関税の早期実施、資本自由化の促進、非関税障壁の整理、秩序ある輸出の確立、経済協力の推進、財政金融政策の機動的運営が盛り込まれた。

（5）　1971年6月28日、コナリー長官からピーターソン補佐官宛て書簡

（6）　GNP（Gross National Product）とは一定期間に国民が生み出した財とサービスの付加価値の合計。一国の経済規模を示す指標として頻繁に使われたが、経済のグローバル化と統計基準の改定に伴い、1993年から「国内総生産（GDP）」が用いられるようになった。

第1章──運命が変わった日

（1）　1971年8月16日付日本経済新聞の国際面には、ニクソン大統領が前週末にキャンプ・デービッドで財務長官ら4人と会談し、インフレやドル不安など「経済問題への対処策が論議されたことは想像にかたくない」と紹介した特派員のコラムが掲載されている。

（2）　小山五郎が佐々木直追悼録刊行会編『佐々木直』（199

0年)に寄せた追悼文の中で明らかにした。
(3) 日本銀行金融研究所は2003年5月から04年4月にかけて緒方に11回のインタビューを実施し、オーラルヒストリー記録(史談録)にまとめた。緒方に関する記述はこれを参照した。
(4) 藤岡真佐夫『転換期の国際金融』(1975年、金融財政事情研究会)より
(5) https://www.youtube.com/watch?v=ye4uRvkAPhA(リチャード・ニクソン財団 YouTube チャンネル)
(6) 新経済戦略は、①ドルと金の一時交換停止、②10%の輸入課徴金、③自動車消費税の撤廃、設備投資税控除の復活、個人所得税の減税繰り上げなど総額62億ドルの減税、④物価・賃金の90日間凍結、⑤対外経済援助など連邦歳出の46億ドル削減――などで構成された。
(7) 稲村光一史談録「昭和45~47年の国際金融局行政」(1980年11月聴き取り)より
(8) 柏木雄介「ニクソン声明直後の欧米に飛ぶ」(『ファイナンス』1972年4月号)
(9) National Security Archive/The U.S.-Japan Project.(1996年2月行天豊雄インタビュー)より
(10) 1991年8月6日付読売新聞夕刊
(11) 行天は2022年9月、筆者の単独取材に応じた。
(12) 1971年8月15日、在米日本大使館発外務省宛て公電
(13) 1971年8月16日、日銀外国電信受信通知によると、ニューヨーク駐在参事からの電話報告は、「今夕の当地報道(CBS放送等)によれば(中略)経済緊急措置をとる旨発表したと伝えられる」といった程度だった。
(14) 鈴木秀雄「国際金融秘話㊦ スミソニアンの真相」(『日経ビジネス』1980年1月14日号)より
(15)『佐藤栄作日記』第四巻(1997年、朝日新聞社)。1971年8月16日の欄には「ロジャーズ長官が大統領の代理として小生への電話。只今は大統領はTVに出ており、首相に伝へてくれとの大統領の命で電話すると前おきして(以下略)」と書かれており、実際は演説が始まってから内容を知らされたとみられる。
(16) NHK取材班編『日本の条件 2』(1981年、日本放送出版協会)、竹下登『政治とは何か――竹下登回顧録』(2001年、講談社)より
(17) 鈴木健二『水田三喜男伝 寒椿』(2015年、城西大学出版会)より。また、相沢英之(当時主計局長、のち衆議院議

員)も2012年9月15日付読売新聞で、「ずっと1ドル＝360円で来たものだから、水田蔵相もよくわかっていなかったので、結局、日本だけが市場を開くことになった」と証言している。

(18) 細見卓『激動する国際通貨』(1982年、時事通信社)より。IMF理事の鈴木秀雄も前掲「国際金融秘話」で、「日本としては、金とドルの交換性停止、という措置がピンとこなかったんですね。日本はドルエリアだし、もともと金をドルに換える、なんてことはしてこなかった」と話している。

(19) 佐々木直「戦後産業史への証言」(『週刊 エコノミスト』1977年11月15日号)より

(20) ポール・ボルカー『ボルカー回顧録』(2019年、日本経済新聞出版社)より

(21) ポール・ボルカー、行天豊雄『富の興亡』(1992年、東洋経済新報社)より

(22) 大統領補佐官のピーターソンも8月12日、大統領宛てメモで、一律の輸入課徴金(across-the-board import surcharge)の導入を提案している。ニクソンは8月16日、同日午前零時にさかのぼって輸入課徴金を実施する大統領令を布告し、全米の関税で徴収が始まった。

(23) この「カバー(cover)」について、コナリーは金との交換という意味で使っているが、ボルカーは前掲『富の興亡』で「後に知ったところでは、英国の要求は、彼らの保有するドルの価値を維持するためのいくつかの「カバー(均衡化操作)」を組み合わせたものであり、必ずしも金との交換を要求したものではなかった」と明かしている。

(24) William Safire, *Before the Fall: An Inside View of the Pre-Watergate White House*, Doubleday & Company, Inc., 1975.

(25) 1971年8月10日、国務省作成文書 "Summary of Discussion on our Economic Relations with Japan (Chaired by Mr. Peterson at the White House)" より。この会議で、前駐日大使のアレクシス・ジョンソンは「見える形で日本人に圧力をかけるのは逆効果になる。たとえ円の切り上げを望んでも、われわれが圧力をかけていると国民に知られるのは最悪のやり方だ」と発言している。

(26) ニューヨーク連銀副総裁だったチャールズ・クームズは自著『国際通貨外交の内幕』(1977年、日本経済新聞社)で「ニューヨーク連銀総裁ヘイズは、この決定について相談も受けなければ、知らされてもいなかった」と書いている。

また、クームズは当時日銀にとって貴重な情報源だったため、結果的に米側から十分な情報を得ることができなかった、と緒方四十郎は史談録で語っている。

(27) (20)に同じ。駐米大使の牛場信彦は8月18日、コナリーとの面談で「今回の措置は驚きであった」と突然の発表に強い不満を表明し、これに対し、コナリーは「十分事前に通報できなかったことは遺憾であったが、それが困難であったことを理解してほしい」と語った、と同日付の在米日本大使館発外務省宛て公電に記されている。

(28) 正式名称は「外国為替平衡操作」。大蔵省(現財務省)の命令を受けて、代理人である日銀が外為特別会計の資金を使い、自国通貨と特定国通貨(通常は米ドル)の売買を行う。

(29) 法律に基づき外国為替業務を特別に認可された銀行の総称。1998年の外国為替及び外国貿易法(改正外為法)の施行に伴い、外為業務は完全自由化された。

(30) 佐上は退官後、『週刊 東洋経済』1982年10月16日、同11月13日、83年1月1日号にニクソン・ショックの回顧録を寄稿した。氏に関する記述はこれを基に再構成した。

(31) 佐上武弘『経済奇跡のゆくえ――西独の経験と日本への教訓』(1970年、財務出版)

(32) 鳩山は退官後に参議院議員となり、福田赳夫内閣で外相を務めた。『週刊 金融財政事情』1985年7月22日号のインタビューで「次官になる前、主計局長のときから切り上げはしなくちゃいけないんだと思ってましたからね。西ドイツの切り上げの経験を克明に記録した佐上の本を読んだりしてね」と話している。

(33) 1971年7月31日付日本経済新聞。これに先立ち、通産省(現経済産業省)は円を5%切り上げると主要13品目の輸出が10%以上減少するという調査結果を明らかにしている。

(34) 鳩山威一郎「当事者が語る 財政金融政策の真相(上)」(『週刊 金融財政事情』1985年7月22日号)より

(35) (19)に同じ。日本社会や日本人の行動様式を「空気」という概念で分析した山本七平の『空気の研究』は1977年に出版され、佐々木も愛読した。

(36) 『日本銀行百年史』編纂に関する石川通達の回顧録より

(37) 林大造「〝アルファー(円切上げ)作業〟始末記(下)」(『週刊 金融財政事情』1974年6月24日、7月1日号)、同「「円切上げ作業」の挫折からフロートまで①②」(同77年1月31日、2月7日号)を基に再構成した。

(38) 稲村光一「当事者が語る 財政金融政策の真相」(『週刊

金融財政事情』1987年7月13日号)。この点については、柏木も大蔵省の史談録で1967年に赤字転落の危機に直面し、「薄氷を踏む思いで乗り切った」ことを力説している。

(39) 澄田は「私の履歴書」(1993年10月21日付日本経済新聞)では、「林君も私も、省内の会議で円の切り上げを口にしたことはなかった。腹の中では同じことを考えながら、お互いにそれに触れるのを避けていた」と書いている。

(40) (9)に同じ

(41) 柏木雄介史談録「昭和43~46年の財務官当時の諸問題」(1980年8月聴き取り)より

(42) 慎重論の一方、佐々木もいずれは円切り上げ不可避とみていたとの証言もある。緒方の史談録によると、佐々木は1969年の暮れ、外国局などの若手をひそかに呼び、円切り上げの影響を検討させた。また、元理事の中川幸次も佐々木が都銀首脳との懇談の席で「(いずれは)当然切り上げですよ」と語っていたことを史談録で明かしている。

(43) (19)に同じ

(44) ブレトンウッズ協定は各国通貨の対ドルレート変動幅を±1%と規定したが、これだとドル以外の第三国通貨間の変動幅が大きくなりすぎるため、先進諸国は自主的に±0・75%の変動幅を選択した。高木信二『入門 国際金融』(2006年、日本評論社)参照

(45) (34)に同じ

(46) 鳩山は前掲「当事者が語る 財政金融政策の真相(上)」の中で「円の値打ちが上がるということがわかっていてね、市場を開いている間為替で儲けたい人は儲けなさいなんて、そういう不当利得の発生は許されないじゃないか」と語る。相沢英之(当時主計局長)も2012年9月15日付読売新聞で「主計局は、世界中のドルを日本が背負うことになると困るので、(市場を)閉めた方がいいという考えでした」と述べている。

(47) 佐上武弘「天皇陛下と円の切上げ」(『週刊 東洋経済』1982年10月16日)より

(48) 1971年8月29日付毎日新聞

(49) (34)に同じ。幹部会合の模様は、この鳩山証言および前掲佐上武弘「天皇陛下と円の切上げ」、前掲林大造「「円切上げ作業」の挫折からフロートまで」を基に再構成した。

(50) National Security Archive/The U.S.-Japan Project.(1996年2月行天豊雄インタビュー)より

(51) 筆者による行天インタビューより

(52)　(9)に同じ

(53)　(34)に同じ

(54)　『日本銀行百年史』第6巻第6章および前掲石川回顧録より

(55)　(51)に同じ

(56)　(14)に同じ

(57)　(34)に同じ。さまざまな証言を突き合わせると、「決断できなかった」というこの鳩山の分析がいちばん的を射ているようである。

(58)　8月16日の『佐藤栄作日記』には「為替相場のあり方について注意する事を水田君に連絡する」との記述があるが、これが水田からの報告を指すとは考えにくい。また水田は日記や手記を残しておらず、井上の話を裏付ける資料等は得られなかった。

(59)　1971年8月17日付日本経済新聞夕刊。また毎日新聞は8月18日付夕刊で円切り上げはやむを得ないという「大蔵省首脳」の見解を報じ、これを財務官が記者会見で否定する騒ぎが起きた。この「首脳」も鳩山とみられている。

(60)　(14)に同じ

(61)　1971年8月17日付朝日新聞朝刊および夕刊

(62)　速水優「証言円切り上げ」(『週刊 東洋経済 金融と銀行』1981年10月15日号)。会議の翌日、帰りを急ぐ速水の写真がフランスの新聞に掲載された。これを見つけ、「〝怒ったジャポネが車のドアを閉め、帰っていった〟と書いてありますよ」と速水に電話で伝えた人物がいる。当時パリ駐在だった福井俊彦(のち日銀総裁)である。

(63)　緒方の史談録によると、オブライエンからの至急報は、極東担当アドバイザーのターナーに親書を託し、東京に派遣したいという内容だった。ターナーは8月19日に来日し、佐々木と会談したあと大蔵省にも出向いたという。

(64)　大蔵省財政史室編『昭和財政史 12巻――昭和27―48年度国際金融・対外関係事項(2)』(1992年、東洋経済新報社)によると、8月17日昼に再度大蔵省と日銀の合同会議がもたれ、ここで水田蔵相の裁断により市場継続が決定したとされるが、これを裏付ける資料や証言は得られなかった。行天も筆者の取材に対し、17日に大臣裁定が出たという記憶はなく、「流れは16日に決まった」と語っている。

(65)　(8)に同じ

(66)　(15)に同じ

(67)　菅野は2022年5月、筆者の単独取材に応じた。

（68）　呉文二『日本の金融界』（1981年、東洋経済新報社）より

（69）　小島邦夫史談録より。金融研究所は2004年6月から05年6月にかけて小島に9回のインタビューを行った。また、当時共同通信社の日銀担当キャップだった松尾好治が日本記者クラブに寄稿した「ニクソン・ショック狂騒劇」にも「柏木さんと緊密に連絡を取り合っていた井上日銀理事は「為替市場は断固開き続けますよ」と息巻いていて、この井上さんの気迫には私も思わず圧倒されたほどである」とある。

（70）　前掲『日本銀行百年史』などによると、ドルの買い持ちを強制された為銀は先物でカバーするが、1971年春のドル不安で先物ディスカウント幅が急拡大したため、やむなくカバーを手控え、外銀からのドル借り入れに切り替えようとした。だが、外銀借り入れへのシフトは外貨準備を急増させ、円切り上げにつながると危惧した日銀は、外為貸しの繰り上げ返済を抑制し、ドルを持ち続けるよう為銀を指導した。先物カバーできなかった為銀の10億ドル弱は、日銀内で「コブ」と呼ばれた。

（71）　（34）に同じ。水田も柏木と同じ考えだったようだ。細見卓は水田の追想集『おもひ出』に「水田さんは（中略）特に中小企業者が、多額のドル手形をたくさん持たされている、あるいは銀行筋が外為資金貸しのドルを大量にかかえ込んでいる、その価値が大きく変ることで大きいショックを与えることはどうしても避けたい、と考えておられたようです」と書いている。

（72）　柏木雄介『激動期の通貨外交』（1972年、金融財政事情研究会）より

（73）　佐上武弘「円切上げ対策の秘密省議」（『週刊　東洋経済』1982年11月13日号）より

（74）　主要10カ国の大蔵大臣と中央銀行総裁による会議。日、米、英、仏、西独、伊、カナダ、オランダ、ベルギー、スウェーデンで構成され、国際通貨制度や世界経済について意見交換する。1984年からスイスも加わった。G5やG7はこのG10から派生した。

（75）　（8）に同じ。また、前掲佐上武弘「円切上げ対策の秘密省議」にも、レネップ発言として、①平価維持をしようという（日本の）考え方は、フランスを除く欧州からみれば、国際協調の点において欠けるところがあると見られるだろう、②フランスを除く欧州の国々は、日本の切り上げがなければ事態の収拾は不可能と思っている。欧州諸国は米国の輸入

課徴金が主として日本を狙ってとられた措置であることから、これを廃止するためにも、日本の切り上げがぜひ必要だと考えている、との報告があったことが記されている。

(76) 帷幄上奏とは、明治憲法下で軍部が閣議を経ず天皇に直接上奏すること。帷幄は幕を張り巡らせた陣営を指す。佐上は後日、蔵相秘書官から「大臣に会う時は必ず事前連絡し、秘書官立ち合いの上で会うのがしきたりだ」と釘を刺されたという。

(77) 佐上の水田邸訪問は(47)を基に再構成した。

(78) 斉藤剛『大蔵大臣 水田三喜男』(2016年、中央公論事業出版)より

(79) リーズ・アンド・ラグズ。輸出入業者が為替の変動や金利差を見越して決済時期を意図的に早めたり(リーズ)、遅らせたり(ラグズ)すること。

(80) 大蔵省はこの日、債務残高規制のほか、輸出前受けの実体調査のため為銀と商社に立ち入り検査を実施するなど為替管理強化策を次々と打ち出した。

(81) ロバート・エンゼル『円の抗争』(1993年、時事通信社)より

(82) 1971年8月21日、在米日本大使館発外務省宛て公電。これに先立つ8月18日、大統領補佐官のピーターソンも「日本のように過小評価された通貨で〝近隣窮乏的〟な経済ナショナリズム政策を採る国がもはや出てこないように、通貨調整の方法を根本的に改めるべきだ」と大統領宛てメモで進言している。

(83) 軽部謙介『ドキュメント 沖縄経済処分』(2012年、岩波書店)によると、沖縄返還を目指す佐藤首相は、返還前の円切り上げに強く反対していた。柏木は通貨交渉と並行して返還交渉にも深く関与しており、首相の意を汲み平価維持に固執した可能性もあるが、これを裏付ける証言や資料は得られなかった。

(84) 細見卓史談録「昭和46—49年の財務官・顧問当時の諸問題」(1980年1月聴き取り)より

(85) (21)に同じ。緒方も史談録で「柏木さんはどちらかと言うと知米派だった。それがだんだん(欧米に)出張している間に考えが変わってきたような印象は僕らも報告で受けています。みんなちょっとアメリカ寄りだったのでしょう」と話している。

(86) (15)に同じ

(87) (14)に同じ

(88)　(51)に同じ

(89)　(47)を基に再構成した。1973年春に防衛庁長官が防衛問題に関する内奏を明かし、天皇の政治利用だとして辞任に追い込まれるまで、内奏はかなりオープンだったと佐上は書いている。水田の伝記『寒椿』にも「天皇の質問にいたく感銘を受け、帰京すると大蔵省首脳の何人かにご進講の模様をオフレコとして漏らした。あるいは漏らすことで、大蔵省を市場閉鎖の方向へ誘い込もうとしたのかもしれない」とある。

(90)　稲村光一は史談録で「頭が光っているから普通で行ったら目立つというのでベレー帽(細見と佐上の記憶では「鳥打帽」)をかぶって来られ、正面から入ると(記者が)張っているといけないというので、たしか裏の方からひそかに入られた」と語る。歴史ある蔵相公邸は1993年に建て替えられ、三田共用会議所となった。

(91)　前掲『寒椿』より

(92)　変動相場制移行の方針は8月23日夜の幹部会議で固まったと考えられているが、本田敬吉・秦忠夫編『柏木雄介の証言』(1998年、有斐閣)によると、柏木自身は22日に大臣公邸で開かれた会議で「私からの報告をもとにフロートの方針が決まった」と認識している。

(93)　柏木報告の概要は1971年8月28日、日本銀行総務部長私信(案)「為替変動幅制限の停止について」に記録されている。当時、日銀の総務部長や営業局長は、政策の意図や背景を本店幹部と全国の支店長に伝達するため、節目節目で「私信」を送っていた。「私信」の形をとっているが、その内容は対外秘とされた。

(94)　(84)に同じ

(95)　(9)に同じ。柏木は前掲『激動期の通貨外交』で「大局において私の得た情報は誤りなく、問題の実体を把握し、解決への目途を与えてくれたと思う」と強調する。行天は筆者の取材に対し、「鈴木さんの助言を聞き、それを受け入れた。そこが柏木さんの偉いところでもある」と語った。

(96)　1971年8月23日、総務部長私信「最近の国際通貨情勢について」より。円転規制とは為銀が外貨資金を取り入れ、円に転換すること(円転)を制限する措置。海外からの短期資金の流入で国内の金融市場が攪乱されるのを防ぐため、68年に導入された(77年に撤廃)。

(97)　(9)に同じ

(98)　(34)に同じ

(99) 水田、佐々木会談については、細見卓史談録、佐上武弘「フロート移行とデノミ始末記」(『週刊 東洋経済』1983年1月1日号)および前掲総務部長私信「最近の国際通貨情勢について」を基に再構成した。

(100) (15)に同じ。これに先立つ8月24日、水田は佐藤に概要を伝え、佐藤が「360円の時代も俺の時代で終わりか。また一つ戦後が終わるのだな」と漏らしたというエピソードが前掲『寒椿』に記されている。

(101) 外為資金貸しの返済が認められると、為銀は引き当てに使ったドル債権を自由に処分できるようになり、持ち高規制を守るためにドルを無理に買い入れる必要がなくなる。突然の方向転換の狙いについて、緒方は史談録で「期限前返済を認める、円転換してもかまわないというようなことによって、買い持ちの解消を期待し、暗にプロモートするような立場をとった」と率直に認めている。

(102) 若月は2022年6月、筆者の取材に応じた。

(103) 前掲佐上武弘「フロート移行とデノミ始末記」より

(104) 鳩山威一郎「当事者が語る 財政金融政策の真相(下)」(『週刊 金融財政事情』1985年8月19日号)より

(105) (73)に同じ。当時理財局長だった橋口収は、「当事者が語る 財政金融政策の真相」(『週刊 金融財政事情』1987年8月31日号)で、硬貨の鋳造能力、法的措置、政治休戦の「三条件が満たされなきゃできっこないといった」と話し、佐藤以外にも通産相の田中と外相の福田が反対したことを明かしている。

(106) 8月26日の『佐藤栄作日記』には、変動相場制の報告に続いて「仝時にデノミをと云ふ事だが、これには賛成せず、為替問題だけを許す」と記されている。

(107) 吉野俊彦「昭和四十六年役員集会覚書」より。日銀の役員集会は議事録を残さないため、吉野がその場で書いた備忘録は信憑性が高く、判読困難な箇所もあるが、当時の政策決定プロセスを知る貴重な手がかりとなる。

(108) (104)に同じ

第2章　スミソニアンへの難路

(1) 日々の資金の過不足を調整するため、銀行同士が貸借するごく短期の資金(コール)に適用される金利をコールレートと呼ぶ。金融政策の重要な操作目標となっている。

(2) 国が民間から吸い上げる租税や国債発行などの収入が財

政資金の支払いを超過した場合を「揚げ超」、逆に公務員給与や公共事業費の支払いなどで国庫収支が支払い超過となった場合を「払い超(散超)」といい、いずれも資金需給に影響を及ぼす。外為特会の払い超額は日銀保存資料「1971年8月30日、臨時支店長会議における総裁挨拶」より抜粋。

(3) Financing Bills の略。国庫の一時的な資金不足を補うために発行される短期の割引債。2009年2月に割引短期国債(Treasury Bills)と統合され、国庫短期証券(T-Bills)という統一名称で発行されている。

(4) 前掲『日本銀行百年史』第6巻第6章

(5) 日銀は2008年、当座預金に付利する新制度を導入したが、これも売出手形に似た資金吸収手段の一つだった。当時はリーマン・ショック直後だったため、政府側に目立った反対論はなかったが、通貨発行益に対する中央銀行の裁量をどこまで認めるかは財政民主主義が絡む難しい問題である。

(6) 売出手形の認可は6カ月ごとに更新され、1977年3月になって認可期限はなくなったが、資金吸収手段としてはその後FB売却が主力となっていった。

(7) 前掲小島邦夫史談録より

(8) 1971年8月28日、総務部長私信案「為替変動幅制限の停止について」より

(9) 1971年8月28日の毎日新聞夕刊は「為銀だけを救済」と批判し、『週刊 東洋経済』9月11日号は、日銀と為銀の「ナレあい」と解説した。『朝日ジャーナル』9月10日号に掲載された記者座談会では、担当記者が「私は前日の二六日に情報がもれたと推測する」と発言している。

(10) 国会議員や井上四郎の発言は、1971年9月1日、17日、30日、10月5日の委員会議事録からそれぞれ要約引用した。

(11) 中川幸次史談録は2005年7月から06年7月にかけて実施された7回のインタビューに基づく。

(12) 前掲石川回顧録より。ここには『百年史』の編纂に対する各部局の干渉を防ぐため、独立した「理事直轄の編纂室」を作ったことや、「法王」の異名をもつ一万田尚登元総裁の側近から事前に原稿を見せてほしいと依頼があり、これを断ったところ「オレはもう百年史とは縁を切る」と一万田の逆鱗に触れたことなど興味深いエピソードが書かれている。

(13) (11)に同じ

(14) 前掲緒方四十郎史談録より

(15) 井上四郎「あの日・あの頃」(『日の友』1996年1月

号)より。井上は理事を退任したあとアジア開発銀行の第二代総裁を務め、2010年7月に95歳で死去した。
(16) 1971年8月30日、日銀保存資料「臨時支店長会議における総裁挨拶」
(17) 中川は「東京だけ市場を開いていたのは明らかに大失敗」、呉は「今日では馬鹿げた措置だったというのが定説」とそれぞれ自著に書き、当時人事部次長だった三重野康も「狂気の沙汰ではないかと思った」と史談録で酷評する。一方で、「金融村の村長」として民間金融機関との信義を守り、損を被るのは当然との意見もある。
(18) 水田はフロート移行時の記者会見で「早くこのような暫定的措置から離脱できるよう努力したい」と述べ、佐々木も30日の支店長会議で「IMF体制を堅持するという趣旨から、なるべく早く固定相場へ復帰すべきものと考えている」と語っている。
(19) 1971年9月1日、ロジャーズから大統領宛てメモ
(20) 1971年9月5日、キッシンジャー、ピーターソンから大統領宛てメモ
(21) 多角的通貨交渉の概要については、前掲『昭和財政史12巻』、牧野裕『日米通貨外交の比較分析』(1999年、御茶の水書房)、田所昌幸『「アメリカ」を超えたドル』(2001年、中央公論新社)、伊藤正直『戦後日本の対外金融』(2009年、名古屋大学出版会)などを参照した。
(22) 1971年9月18日付日本経済新聞夕刊の声明全文を筆者要約。当時は水田自身が書いたと各紙で報じられ、「全文に蔵相の〝憂国の情〟がみなぎり、読む人に一種の感動さえ与える」(19日付同紙夕刊)などと称賛された。
(23) 前掲 National Security Archive/The U.S.-Japan Project. (柏木雄介インタビュー)より
(24) (4)に同じ
(25) 細見卓「当事者が語る 財政金融政策の真相(上)」(『週刊 金融財政事情』1985年9月16日号)より
(26) 1971年10月4日付日本経済新聞
(27) 前掲『日本の金融界』より
(28) 「戦後の歴代総裁論と政策裏面史」(『週刊 東洋経済 金融と銀行』1982年9月29日号)より。高橋亀吉は金解禁時の経済論争や『昭和金融恐慌史』などで知られる民間エコノミストの草分け的存在。
(29) 佐々木直「『円高罪悪論』から脱け切れなかった日本」(『週刊 東洋経済 金融と銀行』1982年9月29日号)より

(30) 週刊「金融財政事情」編集部編『決断――戦後金融史の主役たち』(1986年、金融財政事情研究会)より
(31) 前掲佐々木直「戦後産業史への証言」より
(32) 日本経済新聞社編『日本銀行の研究』(1989年、日本経済新聞社)より
(33) 日米繊維協定調印の翌月、米上院は沖縄返還協定を批准し、これに続き日本の国会も承認した。
(34) ハーバート・スタイン『大統領の経済学』(1985年、日本経済新聞社)より
(35) 前掲『ドキュメント 沖縄経済処分』より。著者は「佐藤・コナリー会談議事録」(1971年11月12日財務省作成)からこの発言を引用している。また、前掲『佐藤栄作日記』11月11日に「円の切り上げについては課徴金廃止で二四%と云ふ。一度には無理だと思ふと本人も言っておる」と、これを裏付ける記述がある。
(36) 細見は前掲「当事者が語る 財政金融政策の真相」でも「水田蔵相とか田中通産相なんかは、フロートアップすることに相当ナーバスで抵抗されました」と語っている。
(37) 細見卓史談録、前掲『昭和財政史 12巻』より
(38) 前掲『激動期の通貨外交』より
(39) (29)(31)に同じ
(40) 前掲『富の興亡』および前掲『昭和財政史 12巻』より
(41) 前掲『日本の条件 2』より
(42) 前掲『富の興亡』で、ボルカーは「コナリーは(中略)彼自ら行動を起こすべき時がきたとの感触を得たためだったと語った。しかし、そうした計算の一部には大統領がNATOの主要諸国と一連の会議を予定しており、その際同諸国がこの問題に関して圧力をかけるとみられていたという事実があったことは間違いない」と書いている。
(43) (38)に同じ
(44) 前掲『昭和財政史 12巻』
(45) 前掲『佐藤栄作日記』第四巻より
(46) コナリー、水田会談は行天豊雄『円の興亡』(2013年、朝日新聞出版)、柏木雄介史談録および前掲(23)を基に再構成した。このなかで柏木は「(水田蔵相は)おれは死にたくないんだよと言った。忘れもしません」と証言した。また通訳を務めた行天は、「決して単純に対外交渉の手段としておっしゃっていたということだけはなくて、おそばで拝見しておって、本当に井上準之助蔵相の暗殺というあの問題と(中略)デフレに対する危機感というものを大変強く持っておられた

ような気がいたします」と史談録で語っている。

(47) 前掲柏木雄介史談録より

(48) 筆者による行天インタビュー

(49) 前掲細見卓史談録および(25)を基に再構成した。

(50) １９７1年12月20日付朝日新聞

(51) 前掲『富の興亡』より

(52) 行天の回想は(48)に同じ。水田は福田、田中に続く「将来の総裁候補」と言われ、この年の暮れに「水田派」を立ち上げたが、１９７6年12月、病気のため71歳で急逝した。

(53) 「実質切り上げ率」の数値は前掲鈴木秀雄「国際金融秘話㊦ スミソニアンの真相」より。ボルカー発言は前掲『富の興亡』より

(54) スミソニアン会議をめぐるエピソードは、若月への単独取材および前掲(31)に基づく。

(55) 水田三喜男「ポスト佐藤・円問題のすべてを語る」(『週刊 サンケイ』１９７2年2月11日号)より

(56) １９７1年12月20日付日本経済新聞は社説で「大幅きわまる円切り上げが日本の経済運営の失敗の跡始末という性格を多分にもっている」と書き、毎日新聞は「このような事態に追いつめられたことへの政府の責任感覚も反省も残念ながら全くみられない」と批判した。ほかにも「米攻勢に後退一筋」(朝日新聞)、「またも誤算と譲歩」(読売新聞)といった記事が並んだ。

(57) 通貨交渉に深くかかわった柏木は、この4カ月で欧米を回る世界一周を3回、欧州への出張2回、米国出張を1回こなし、合わせて9つの国際会議に出席した。出張の延べ日数は58日間で、8月半ばから12月半ばまでの約半分を国外で過ごした。退官後は東京銀行の頭取・会長を務め、２００4年に死去した。

(58) 横山昭雄『現代の金融構造』(１９７7年、日本経済新聞社)より。同じく日銀ＯＢの黒田晃生は『日本の金融政策』(２０1９年、日本評論社)の中で、都銀などの資金ポジション改善が短期金融市場でコールレートの急速な低下を招き、それが貸出採算を好転させ、銀行の貸出行動を積極化させたと分析している。

(59) 自由な市場では量と価格(金利)は通常「コインの裏表」になるが、１９７０年代はまだ規制金利だったため、金利とは別個に貸出量が決まり、結果として「量的緩和」状態が作られていた。窓口指導(後述)という量的規制が採られていたのもそのためである。

(60) 中川幸次『体験的金融政策論』(1981年、日本経済新聞社)より。1971年12月21日付日本経済新聞は社説で「このまま事態を放置するならば、不況が一層加速され、不必要な混乱と摩擦に産業界が苦しまなければならなくなるおそれが強い」と書いた。

(61) のちに総裁となる三重野康は史談録で「役員集会は多数決ではないんですね。定款上は「総裁ガ統裁スル」と書いてあって、理事全体が反対しても総裁が決めればそれが結論ということになっていた」と話す。旧日銀法下の定款には「役員集会ハ総裁之ヲ統裁ス」(第二四条)とある。1997年の日銀法改正に伴い、役員集会は廃止された。

(62) 臨時の措置として始まったこの方式はその後も続き、金利自由化の完了後も当座預金の無利子を定める根拠法として残った。現在の法律は「内閣総理大臣及び財務大臣は、当分の間、経済一般の情況に照らし必要があると認めるときは、日本銀行政策委員会をして、金融機関の金利の最高限度を定めさせることができる」(第二条)と規定している。

(63) 1971年12月28日、総務部長私信

(64) 前掲『体験的金融政策論』より

(65) 広瀬は福田赳夫、大平正芳と当選同期の自民党議員。父は日田郵便局長、次男道貞はテレビ朝日社長、四男勝貞は通産事務次官、大分県知事を歴任している。

(66) 1971年12月25日付朝日新聞

(67) 1972年6月1日、衆議院逓信委員会議事録より。広瀬はこの場で発言内容を明らかにした。

(68) 郵便貯金制度に関する記述は、伊藤真利子「高度成長期郵便貯金の発展とその要因」(2010年、郵政資料館研究紀要)を参照した。

(69) (64)に同じ

(70) 前掲吉野俊彦「昭和四十六年役員集会覚書」より

(71) 1971年12月28日、総務部長私信

(72) 1971年12月29日付朝日新聞

(73) 1972年1月13日付朝日新聞

(74) 通常国会は平成の初めまで12月に召集され、議席指定などの手続きをすませて年末年始の自然休会に入るのが通例となっていた。これに対し、年明けの日米首脳会談までに沖縄返還協定の法的手続きを終えたい自民党は、召集日に異例の冒頭審議に踏み切った。

(75) (45)に同じ

第3章 緩和、さらなる緩和

（1）『佐藤栄作日記』第五巻（1997年、朝日新聞社）より
（2）前掲高木文雄史談録より
（3）FRBは1971年12月10日、公定歩合を年4・75％から4・5％に引き下げた。一方、金価格を1オンス＝38ドルに改定する「平価変更法案」は72年3月21日に米議会で承認され、大統領の署名を経て5月8日付で発効した。
（4）速水優『変動相場制10年——海図なき航海』（1982年、東洋経済新報社）より
（5）吉野俊彦「私の履歴書」（1992年10月24日付日本経済新聞）より。吉野の女婿である松下滋は2人の関係を「水と油。ついに混じり合うことがなかった」と評している。
（6）『日本銀行百年史』資料編
（7）「円外国為替政策に関する特別視察団の報告」（『週刊 エコノミスト』1972年3月7日号）を基に筆者要約
（8）ヤング報告に関する部分は、吉野俊彦『円とドル』（1987年、日本放送出版協会）、同「「ヤング報告」の歴史的意義」（『週刊 エコノミスト』1972年3月7日号）を参照した。
（9）行天は筆者の取材にも、「あの数字（1ドル＝308円）が一体何を日本経済にもたらすかということについて、誰も考えていなかったし、分かってもいなかった」と語った。また当時通産事務次官だった両角良彦も次のように回想する。「円レートの問題は非常に重大な検討項目であったわけですが、正直なところ、では一体どうすればいいのかということについては、通貨当局にしても、またわれわれ通産省側も定見あるいは提案を持たなかったんですね。（中略）いわば、みなが雲をつかむような戦後初めての経験をしていたわけです」（小長啓一『日本の設計』（1986年、ネスコ））
（10）（4）に同じ
（11）前掲『昭和財政史 12巻』によると、外為特会が保有するドルにも4117億円の評価損が発生したが、これによって直ちに現金不足が生じるわけではないとして、「貸借対照表上の評価損として整理し、なんら特別の措置は講じない」ことで事実上放置された。
（12）バーディ発言は1972年3月17日付、岩佐発言は同14日付毎日新聞
（13）前掲『昭和財政史 12巻』より

(14) 藤岡真佐夫「金融の国際化と為替管理」(『週刊 金融財政事情』1972年2月21日号)より
(15) 1972年3月14日、参議院大蔵委員会議事録より
(16) 水田と田中の答弁はいずれも1972年3月15日、衆議院予算委員会議事録より
(17) 1972年1月29日、衆議院本会議議事録より
(18) 二木会は毎月第二木曜日に東京都港区の白金迎賓館(現東京都庭園美術館)で開かれ、佐藤はほぼ欠かさず出席していた。永田恭介『佐藤番日記』(1968年、徳間書店)によれば、二木会メンバーは佐藤の経済政策に重要な影響を与えたとされる。
(19) 1972年4月1日、調査局作成資料「日本経済の展望と課題」
(20) 支店長会議での総裁挨拶は前掲『日本銀行百年史』第6巻第6章より
(21) (1)に同じ
(22) 1972年4月13日、総務部作成資料「当面の政策課題について」
(23) それぞれ1972年4月7日付朝日新聞、4月27日付日本経済新聞
(24) 1972年5月10日、日本銀行秘書室作成「佐々木総裁記者会見要旨」
(25) 前掲『体験的金融政策論』より。この佐々木発言について、中川は行内向けには5月12日、総務部長私信で「公定歩合引き下げ論議が急速に高まってくる情勢が見通されましたので、機先を制して、かねて考えておられた金利引き下げの考え方をはっきり出されるということになったものです」と、かなり苦しい説明をしている。
(26) 吉野俊彦「昭和四十七年役員集会覚書」より
(27) 総合政策研究会『総合政策研究』1982年11月10日号より
(28) (1)に同じ
(29) 前掲『政治とは何か』より。のちに竹下が尋ねたところ、佐藤は戦前の例を持ち出し、「昔は三井が政友会で、三菱が民政党。政治の恣意で金利の操作がなされると騰貴《ママ》が起こる。したがって閣議の上で議論すべき問題ではない」と語ったという。
(30) 沖縄返還に際し、日銀は現金540億円を自衛艦で輸送し、このうち315億円を沖縄本島など46の島々で使われていた米ドル1億346万ドルと交換する大事業に取り組んだ。

偽札が混入しないよう発券局の職員4人が米サンフランシスコ連銀で事前研修を受け、司令塔となる那覇支店は5月15日に新設された。通貨交換の舞台裏は前掲『ドキュメント 沖縄経済処分』に詳しい。

(31) 中川は前掲『体験的金融政策論』に「経団連と田中通産大臣が(利下げの)口火を切った」と書いている。また、『週刊 金融財政事情』1972年5月22日号に、田中と水田が5月の連休中に会談し、金利引き下げ断行を佐藤に進言したとの興味深い記事があるが、これを裏付ける証言等は得られなかった。

(32) (26)に同じ

(33) 第二次円対策では、田中通産相が提唱する「第二外為特会」構想も争点となった。外為特会とは別の会計を作り、外貨準備を海外での資源開発などの投融資に活用すべきだという案だが、大蔵省はこれに猛反対し、田中との熾烈な綱引きを演じる。結局、第二会計設立には至らず、「外貨貸し」制度を新設することで決着した。

(34) 前掲『日本銀行百年史』第6巻第6章より

(35) 前掲『体験的金融政策論』より

(36) 5月26日の『佐藤栄作日記』には「九時閣議、三十分で終了。低金利政策の採用とこれについての郵貯の協力をきめる」とある。

(37) 5月29日、総務部作成メモによると、日銀は公定歩合引き下げの時期について、5月30日を第一案、「6月3～5日頃」を第二案、「9～13日頃」を第三案としていた。ただ、第二案については「中途半端の印象を与える」、第三案には「間があきすぎる。公定歩合操作が郵貯に引きずられているとの印象を与える」との批判的コメントを付けていた。

(38) 郵政審への諮問事項は「郵便貯金の利子のあり方についていかに」という漠然としたものだった。引き下げの方針は理解するが、いつから、どの程度引き下げるかについては白紙で議論すべきだというのが郵政省の立場だった。

(39) 郵貯をめぐる閣議でのやり取りを含め、1972年6月1日、参議院逓信委員会議事録を基に再構成した。

(40) 6月7日記者会見での佐々木発言や支店長に配られた想定問答を含め、1972年6月7日、総務部長私信より抜粋

(41) (26)に同じ

(42) (27)に同じ

(43) 小口貸付制度の正式名称は「郵便貯金預金者貸付」。1973年1月に創設され、「ゆうゆうローン」として普及した。

当初、貸付限度額は担保となる郵便貯金の9割相当で一人あたり10万円まで、貸付期間は6カ月だった。

(44) 近藤道生史談録「昭和45～47年の銀行局行政」(１９８１年1月聴き取り)より。この件については、中川も行内向けに「我が国最高の行政意思決定機関で決まり、首相の強い指示もあった事柄が、かくもゴタゴタするということはまったく異常と言わざるを得ず、この問題を政権の末期に解決しなければならなくなったことは洵に不幸であった」(１９７２年6月23日、総務部長私信)と書いている。

(45) 中川幸次史談録より。第六次下げをめぐっては、『日本銀行百年史』も「いわゆる調整インフレ論にくみしたわけではないが、(中略)公定歩合引下げがもたらすであろうインフレ的影響についての見方が甘かったこと、さらに通貨価値の安定を最大の使命とする中央銀行としてこの問題への取組み方が適切でなかったことは遺憾ながら否定できない」と総括している。

(46) (4)に同じ

(47) スミソニアン合意で決まった4・5%の変動範囲内で、欧州通貨がより狭い幅(2・5%)を保ちながら変動する様子が「トンネルの中の蛇(Snake in the tunnel)」に似ているとして命名された。速水優は前掲『変動相場制10年』で「土管の中のヘビ」と訳している。

(48) 急激なスイス・フラン高を受けて、スイス政府は7月から非居住者の預金にマイナス金利(年8%相当)を賦課するなど強力な外資流入規制に乗り出した。

(49) １９７２年6月24日付日本経済新聞。翌日付の同紙も「最後まで抵抗したのはほかならぬ水田蔵相だったといわれる。(中略)蔵相を説得するのには、大蔵省幹部もかなり骨を折ったらしい。市場閉鎖の決定が二十四日未明までずれこんだのもそのためだったようだ」と書いている。

(50) 英国からの通報、水田邸訪問を含め、林大造「「円切上げ作業」の挫折からフロートまで④」(『週刊 金融財政事情』１９７７年2月21日号)より

(51) https://www.nixonlibrary.gov/sites/default/files/forresearchers/find/tapes/watergate/wspf/741-002.pdf

(52) 前掲『富の興亡』より

(53) 前掲『国際通貨外交の内幕』より

(54) C20はG10メンバーのほか、豪州、エジプト、インドネシア、インド、イラン、ブラジル、チリなどで構成された。

(55) 新政権発足時には下駄ばきで自宅のコイに餌をやる首相

の写真が新聞に掲載され、「「角さん」大いに語る」(朝日)、「出ました〝庶民派〟総裁」「角さん、たのみます」(読売)、「新潟から日本の角さんに」(毎日)、などと好意的な記事が目立った。

(56) 前掲『政治とは何か』より

(57) 田中角栄「都市改造の大計と財政金融政策」(『週刊 金融財政事情』1968年6月10日号)より

(58) 相沢英之「当事者が語る 財政金融政策の真相」(『週刊金融財政事情』1985年10月28日号)より

(59) 浜中秀一郎『史料で読む日本の金融』(2021年、きんざい)より

(60) 1972年7月20日、駐日アメリカ大使館発国務省宛て公電より。この電話のあと、インガソルは午前11時に首相官邸を訪ね、ニクソンからの書簡を田中に手渡した。

(61) 1972年7月20日付朝日新聞、日本経済新聞の会見要旨より

(62) 1972年7月17日、キッシンジャー大統領補佐官からインガソル駐日大使宛て書簡、同年7月(日付不明)インガソルからキッシンジャー宛て書簡などより。秘密外交で知られるキッシンジャーは、この件についても「最高レベルの秘密保持」をインガソルと田中側に求めている。

(63) 1972年8月18日、ロジャーズ国務長官から大統領宛てメモ

(64) 1972年8月15日、ホワイトハウスのヘイグ大将からインガソル大使宛て"US-JAPAN Trade Issues"

(65) ホワイトハウス文書"MEMORANDUM OF CONVERSATION Prime Minister Tanaka's Call on President Nixon, August 31, September 1, 1972"

(66) 行天は前掲『富の興亡』に「この会談は田中にとってどちらかというと不吉なものであった」と書いている。

(67) 共同声明の骨子は、①日本は過去の戦争で中国国民に重大な損害を与えた責任を痛感し、深く反省する、②日本は中華人民共和国政府を唯一の合法政府として承認する、③中国は台湾が不可分の領土であることを表明し、日本はこれを理解し、尊重する、④中国は日本への賠償請求を放棄する、⑤両国は平和友好条約の締結を目指す。

(68) 1972年10月1日付日本経済新聞

(69) 1972年8月10日付毎日新聞および朝日新聞

(70) 中川は前掲『体験的金融政策論』に、「ひどいインフレは困るが、少しぐらいなら景気のよい方が望ましいという考

え方は、まだ一部に根強いようだが、それははなはだ危険である。(なぜなら)インフレは次第に加速する」と書いている。

(71) 前掲中川幸次史談録より

(72) のちに理事となった中川は、1979年5月の政策委員会に総務部長当時の経験を報告し、それを踏まえて「47、8年の反省」と題するメモを作成した。

(73) 前掲橋口収「当事者が語る 財政金融政策の真相」より。橋口は自身の史談録でも「47年度の補正は公共投資の追加が非常に大きなウェートを占めていて、それが後世いろいろ言われる原因をなしています」と批判している。

(74) 中川メモによると、1971年10月1日の合併で誕生した第一勧業銀行(現みずほ銀行)が、メーンバンクの地位確保を目指す他行の株式取得増と融資拡大を煽る一因になったという。

(75) 「過剰流動性」という言葉は早くから新聞で使われていたが、1973年1月の預金準備率引き上げに際し、日銀が「流動性過剰の状態を是正する」と説明したことで世間に広がり、時代を象徴するキーワードになった。当時の中川の総務部長私信では、「実体的な経済活動に必要な量を上回って流動性が存在している状態、あるいは実体的な経済の伸び以上に流動性が供給されているような状態」と定義されている。

(76) それぞれ1972年7月20日付日本経済新聞、8月24日付同、10月5日付朝日新聞

第4章 失政と狂乱の果て

(1) 吉野俊彦『歴代日本銀行総裁論』(2014年、講談社)より。佐々木の評価は若いころから高く、1953年発行の『財界新人物記』(山王書房)には「その切れ味もさることながら、年に似合わずすでに事務家の域を脱した幅を持ち、(中略)「佐々木時代近し」の呼び声はつとに高い」、56年に日銀担当記者が書いた『日本銀行』(朋文社)でも「若いが政治性も多分にあり、一番キレる。部内の上からも下からも評判がよい」などと評されている。

(2) 現代俳句協会会長を務めた金子は、佐々木の採用面接を受けて戦時下の日銀に入行し、定年まで勤めた。佐々木は金子の力量を評価し、俳諧活動を応援したという。

(3) 加治木、中山証言ともに志村嘉一監修『戦後産業史への証言 四』(1978年、毎日新聞社)より

(4) 例えば、高杉良『小説・日本興業銀行 第一部』(1986

年、角川書店）、草野厚『証券恐慌』（1989年、講談社）

（5）元日本興業銀行副頭取の梶浦英夫が佐々木から直接聞いた話として、前掲の追悼録『佐々木直』に書き残した。

（6）若月への単独取材より

（7）佐々木直「金融問題管見」（東京銀行協会編『都市銀行研修会講義集』1978年11月）より

（8）前掲『佐々木直』より

（9）当時調査局調査役だった鈴木淑夫は、1974年刊行の『現代日本金融論』（東洋経済新報社）で、「円切り上げないしフロートの用意もなく金融引き締めに転じた場合には、国際的な非難が集中して日本商品を差別する動きが強まり、また投機的な短資流入が生ずるなど国際通貨の面に混乱が起こったにちがいない」と指摘している。

（10）1972年8月21日付朝日新聞は1面で「日銀内に円再切上げ論」と書いた。細見も史談録で「日本銀行の円切り上げ論というのがあるわけなんで、それを副総裁の河野通一さんが正直な人だからどこかでぽろっとしゃべって大騒ぎになったこともあるぐらいでした」と話している。

（11）1972年11月9日、参院予算委員会議事録

（12）前掲佐々木直「「円高罪悪論」から脱け切れなかった日本」より

（13）前掲「中川メモ」より

（14）「昭和47年11月国際決済銀行における為替レート変更の影響に関する各国中央銀行専門家会議出席記録」より

（15）吉国二郎史談録「昭和47〜48年の次官当時の諸問題」（1979年8月聴き取り）より

（16）青山俊史談録「昭和43〜44年の理財局行政」（1981年1月聴き取り）より。岩瀬はこの席に聞き手の一人として参加し、自身の体験を明かした。

（17）1979年3月13日、中川幸次「昭和46年以降の金融政策を顧みて」より

（18）元調査局長の呉文二も、自著『金融政策』（1973年、東洋経済新報社）に「現実問題として、政府の日本銀行に対する影響力は命令権の有無にかかわらずかなり強いと思う。（中略）日本銀行が意気地がないからいけないのだといわれると確かにそういうところもあるが、日本銀行の責任者に特別な勇気を期待するのも現実的ではない」と書いている。日銀法は1997年に全面改正され、98年4月に施行された。

（19）1996年10月、中川は筆者のインタビューに応じた。前掲『日本銀行百年史』にも「大蔵省側は新内閣が軌道に乗

り、予算案が編成されるまでは、政策転換と受け取られるような措置をとることはいっさい困るという態度であったため、本行はやむをえないと考え」た、の記述がある。

(20) このトップ会談の2日前、不慮の事故で死去した日銀理事、広瀬久重の遺体が帰国した。広瀬は佐々木の代理として欧州出張したが、11月28日夜、帰りの日航機が経由地モスクワ郊外の空港で墜落、重傷を負った広瀬は23日後にモスクワの病院で死去した。12月28日に日銀葬が執り行われている。

(21) 前掲吉野俊彦「昭和四十七年役員集会覚書」より

(22) 大蔵省も1月30日、金融界に対し土地取得関連融資の抑制を求める銀行局長通達を出した。不動産、建設、商社など5業種に対する融資を総貸出の伸び率以下に抑えるよう指導したもので、1990年の「総量規制」の原形となった。

(23) 1973年1月9日、総務部長私信より。預金準備率の変更にあたっては、大銀行をターゲットに1兆円超の預金区分が新設され、金融債と信託元本にも準備率が設定された。

(24) 1973年1月23日の役員集会覚書には「総裁より 明日田中総理と会い 金利につき所見を述べる旨話あり」と記されている。

(25) 1973年1月25日付日本経済新聞、朝日新聞

(26) 吉野俊彦「昭和四十八年役員集会覚書」より。また前掲「中川メモ」には「総裁は極秘裏に総理に再切り上げを進言した」との記述がある。時期は不明だが、1月24日の会談で「平価三月迄はいじりたくない」との田中発言が記録されていることから、佐々木はこの場で進言したと考えられる。

(27) 前掲佐々木直「「円高罪悪論」から脱け切れなかった日本」より

(28) 1973年2月2日、衆議院予算委員会議事録

(29) (26)に同じ

(30) (26)に同じ

(31) NHKが1982年10月に放送した「NHK特集」で73年当時の相沢英之主計局長が「証言し、従来予算案審議中の公定歩合変更は絶対のタブーであり、「日銀にまあまあと思いとどまるようお願いした」といった趣旨のことを述べ」た、と前掲『日本銀行百年史』に記されている。

(32) 吉田太郎一史談録「昭和47~49年の銀行局行政」(1982年4月聴き取り)より

(33) 林大造「「円切上げ作業」の挫折からフロートまで⑤」(『週刊 金融財政事情』1977年2月28日号)より

(34) 前掲稲村光一史談録より

(35)　前掲『昭和財政史　12巻』より。ほかにも、①西独と同時あるいはその後でなければアクションは起こさない、②ドルについても適切な措置(切り下げの含み)がとられることが前提、③フロートの仕方は日本の実情に応ずる、などの方針が決まった。

(36)　細見は前掲「当事者が語る　財政金融政策の真相」で、73年度予算編成のころに「ぐらぐらしているドルとの固定平価なんてものを決めたって、しょっちゅう変えなきゃいかんということになる(中略)、もうフロートにしておく以外にはないんじゃないかという感じになって、それを皆でいいだした」と証言している。

(37)　稲村光一史談録に添付された「稲村メモ」より。市場閉鎖からフロート移行までの経緯については、特に断りのない限り、このメモと史談録、前掲林大造「「円切上げ作業」の挫折からフロートまで」を基に再構成した。

(38)　(34)に同じ。ボルカーの来日をめぐっては、もはや隠し通せないとみた米財務省が10日に公表し、「通貨でも忍者外交」(朝日新聞)、「ボルカー隠密訪日」(日本経済新聞)などと大きく報じられた。

(39)　(15)に同じ。吉国は打電を依頼するため外務省に出向いたが、マスコミにつけられていたためまず公正取引委員会の建物に入り、ボイラー室を経由して隣の外務省に入った、と史談録で語っている。

(40)　細見卓「激動期の通貨外交回顧録」(『週刊　金融財政事情』１９７４年4月15日号)より

(41)　英国、イタリア、アイルランドは共同フロートには加わらず、日本と同じ単独フロートの採用を続けた。

(42)　稲村は前掲「当事者が語る　財政金融政策の真相」で、「さしあたりフロートしましたが、予算が通ればレート変更をして固定制に戻るという方針でした」と語り、行天豊雄も「変動相場制は一時的なものであり、世界も平価制度への復帰という点で強いコンセンサスが存在するものと思っていた」と前掲『富の興亡』に書いている。

(43)　細見卓「円がフロートした日の舞台裏――「ある財務官の覚書」から」(『週刊　エコノミスト』１９８３年2月22日号)より。バーンズとの会談は73年3月6日に行われた。

(44)　１９７３年2月16日付日本経済新聞は1面トップで「追加引き締め見送る」との観測記事を掲載した。

(45)　１９７３年3月2日、総務部長私信より

(46)　吉野の役員集会覚書１９７３年3月19日の欄に「渡辺理

事より公定歩合引上げにつき大蔵省と協議に入りたき旨話あり」と書かれている。

(47) 1973年3月16日、参議院予算委員会議事録より

(48) 吉野俊彦「昭和四十八年役員集会覚書」より

(49) 1973年4月2日、総務部長私信より

(50) (48)に同じ

(51) 中川幸次史談録より。当時調査役だった鈴木淑夫は、前掲『現代日本金融論』で「黒字が再び拡大傾向を示し、また国会では景気刺激を一つの目標に掲げた大型補正予算が審議されている(昭和)47年の秋に、金融政策が単独で物価安定を目指し、金融引き締めに転ずることは難しい」として、「政策発動の遅れを金融政策の責めに帰するのは現実的でない」と主張した。だが、理事を退任した後に書いた『日本の金融政策』(1993年、岩波書店)では「一九七二―七三年の金融政策の運営は大失敗」と率直に誤りを認めている。

(52) 日本銀行金融研究所は2003年4月から06年3月にかけて三重野康に20回のインタビューを実施し、史談録にまとめた。三重野に関する記述はこれを参考にした。

(53) 三重野康『あるセントラルバンカーの半生記』(2010年)。三重野はこの回顧録を250部限定で自費出版した。

(54) 1973年5月17日付日本経済新聞。「これまで実施してきた金融引き締め措置で対処できるか」との質問に対し、佐々木は「大丈夫だとあぐらをかいているわけにはとてもいかないし、十分だとは言えない」と答えた。

(55) 同じころ大蔵省では「経済安定法」の検討が進められていた。景気の強弱に応じて関税率や企業の償却率を上げ下げできる権限を蔵相に付与するほか、①「安定国債」を発行して市中の余剰資金を吸収し、②それを財源とする「景気調整資金」から不況時に支出する、③「貸出準備率」を銀行に新設する、という過激な内容だったが、政府の権限が強くなりすぎるとして与野党の理解が得られず、国会提出は見送られた。当時事務次官だった吉国二郎は「非常立法的なものが日本の憲法で欠けているから、本当にいざという時に手の打ちようがない。やっぱり委任できる立法を一つ作っておく必要があると僕は思う」と史談録で話している。

(56) 1973年6月30日、総務部長私信および前掲『体験的金融政策論』より。利上げ決定の前日に開かれた物価対策閣僚協議会では、公共投資繰り延べの強化、消費者米価据え置き、国鉄運賃引き上げ延期などが検討され、佐々木もこの場で利上げの可能性に言及した。

(57) 日銀は1955年8月に公定歩合を4厘(年1・46%)引き上げた。ただ、これは「高率適用」と呼ばれた貸出制度から公定歩合中心の政策運営に転換する際に、公定歩合を当時の貸出実効金利に合わせるための技術的調整だった。

(58) 吉野の備忘録によると、佐々木は8月20日のマル卓で「28日の政策委員会」で追加引き締めを決定したいと発言し、翌日までに政府代表を除く4人の政策委員から賛同を取り付けた。また24日のマル卓では三重野総務部長が早々と声明文を事前説明しており、第4次利上げに向けた調整は極めて円滑に進んだとみられる。

(59) 記者会見は1973年8月29日付朝日新聞、インタビューは同9月3日付日本経済新聞。

(60) 中川幸次「金融政策の課題と展望」(東京銀行協会編『都市銀行研修会講義集』1984年11月)より

(61) 後藤新一『日本物価狂騒史』(1983年、金融財政事情研究会)より

(62) 前掲『日本の金融界』より

(63) 小宮は1976年4月、「昭和四十八、九年インフレーションの原因」(『経済学論集』42巻1号)と題する論文を発表し、「インフレの最重要の原因は3年足らずの期間に過大な貨幣供給がなされたことにあり、責任の大部分は金融政策当局(日本銀行)にある」と指摘した。

(64) 前掲佐々木直「金融問題管見」より。この説明に対し、呉は前掲『日本の金融界』で「(緩和期の)47年春ごろまでの状態と(引き締めが必要になった)47年夏以降の状態とがごちゃごちゃになっている」と批判する。一方、三井銀行社長を務めた板倉譲治は、「銀行が貸すのが悪いと言われるのは心外である。金融緩和政策がとられ、低金利である以上、貸し出しが増加するのは当然なことであって、因果関係からいえば因ではなく果のほうである」(『週刊 東洋経済』1973年3月17日号)と銀行主犯説に反論している。

(65) 2006年刊行の『追想 吉野俊彦』に作家・水木楊が寄せた追悼文によると、1974年1月に開かれた景気討論会で吉野が「物価高騰は異常であり、金融引き締めは正念場に入った」と発言すると、下村は「吉野さんの言う通りです」と同調し、以後「ゼロ成長論」を唱えるようになった。吉野は2005年8月、90歳の天寿を全うした。

(66) それぞれ鈴木淑夫『日本金融経済論』(1983年、東洋経済新報社)、同『試練と挑戦の戦後金融経済史』(2016年、岩波書店)より

(67) 前掲『体験的金融政策論』より
(68) 2009年11月28日付朝日新聞夕刊および翁邦雄『日本銀行』(2013年、筑摩書房)より。『決定版 昭和史 17』(1985年、毎日新聞社)は「中曽根通産相が10月31日のNHK番組で紙の使用合理化運動を呼びかけた」ことを原因の一つに挙げている。
(69) 前掲『日本銀行百年史』第6巻第6章
(70) 前掲橋口収「当事者が語る 財政金融政策の真相」より
(71) 前掲相沢英之「当事者が語る 財政金融政策の真相」より
(72) 一木豊『蔵相』(1984年、日本経済新聞社)より
(73) 前掲『回顧九十年』より。愛知の多事多端はつとに有名で、インフレ対策や国会対応に追われる傍ら、1973年3月からの半年間で5回の海外出張をこなした。
(74) 1973年11月24日付日本経済新聞夕刊
(75) 蔵相就任に至る経緯は、前掲『回顧九十年』、五百旗頭真監修『評伝 福田赳夫』(2021年、岩波書店)および高木文雄史談録を基に再構成した。
(76) 経営者たちが飲食代から政治献金まであらゆる経費を会社負担にしているのは、法人税が不当に安く、個人所得税が高すぎるからだ、と高木は考えていた。史談録で「法人税を上げて所得税を下げる、特に高額所得者を下げてというのは一貫した論理なんですよ。(中略)これをやらないと法人税は増税できない、全体としての税収にはそんなに響かんのだということで決着がつきました」と述懐している。
(77) 田中、福田会談の模様は、高木文雄史談録、高木文雄「当事者が語る 財政金融政策の真相」(『週刊 金融財政事情』1985年11月18日号)および同「私の履歴書」(1994年3月16日付日本経済新聞)を基に再構成した。
(78) 福田赳夫「当事者が語る 財政金融政策の真相」(『週刊金融財政事情』1986年3月24日号)より
(79) 1973年12月15日付日本経済新聞、同朝日新聞など
(80) 前掲『日本銀行の研究』より
(81) 前掲三重野康史談録より
(82) 1973年12月7日の衆議院予算委員会で、佐々木は日銀券の高い伸び率について「20%を超えているのに何にもしないでいるというようなことは適当ではない」と述べ、追加引き締めを示唆している。
(83) 1973年12月12日、総務部作成「公定歩合引上げ及び預・貸金利等の改訂について」

(84)（81）に同じ

(85)１９７３年12月21日、総務部長私信

(86)（48）に同じ。この翌日12月14日付の欄には「星野理事より豊川信用金庫取付につき報告あり」「石坂考査局長より豊川信金問題と銀行局長談（話）につき報告」などと取り付け騒ぎへの対応についても記されている。

(87)１年もの定期預金金利は２％引き上げられたが、２年ものについては１月債の応募者利回りを押さえ込むため０・７５％上げにとどまった。

(88)吉野の役員集会覚書によると、佐々木は12月18日のマル卓で２％案について政策委員会の任命委員（銀行代表）から「異存なし」との回答を得たことを明かしている。そのうえで、20日のマル卓で総務部長の三重野が利上げの議案と総裁声明文を説明した。

(89)（48）に同じ

(90)（85）に同じ。三重野は史談録で「福田さんがオーケーと言わなければ、いくら吉田太郎一さんが頑張ってくれてもだめだったと思いますね。（中略）そういう意味で、政策というのは案外人間と人間の関係が大事で、理屈だけでは動かないなということが、僕はその時よくわかりました」と語る。当時大蔵省銀行局に出向していた福井俊彦は、「ショックによるインフレだったから、ショック療法が必要だった」と回想している。また、生活物資の買い占めや売り惜しみを防ぐ「国民生活安定緊急措置法」と石油の割り当てを実施するための「石油需給適正化法」が成立し、このころ施行された。

(91)１９７４年３月１日付読売新聞夕刊

(92)１９７４年３月２日付朝日新聞および読売新聞

(93)森永は元大蔵事務次官。副総裁には元日銀理事で日本輸出入銀行副総裁の前川春雄が任命され、ここから大蔵省と日銀が交互に総裁を出す「たすきがけ人事」が始まった。

(94)佐々木退任の日の模様は、藤原作弥『素顔の日銀総裁たち』（１９９１年、日本経済新聞社）より

(95)１９７４年12月14日、秘書室作成「佐々木総裁記者会見要旨」より

(96)藤原は２０２１年７月に筆者の取材に応じた。

(97)（27）に同じ

(98)前掲『総合政策研究』より

(99)外山茂『金融界回顧五十年』（１９８１年、東洋経済新報社）より

(100)前掲中川幸次「昭和46年以降の金融政策を顧みて」より

(101)（32）に同じ。経済学者の小宮隆太郎は『現代日本経済』（1988年、東京大学出版会）で「日本銀行の誤った金融政策が（中略）激しいインフレをひき起した」と結論付ける一方、「フロートへの移行が半年早く行われ、同時に金融政策がもっと速やかに引締めに展開していたならば、事態は著しく異なっていただろう。したがってインフレをひき起こした責任の何割かは、為替政策当局（大蔵省、とくに国際金融局）にある」と指摘している。

(102)（16）に同じ

(103) 秦郁彦『官僚の研究』（1983年、講談社）より

(104) 高木文雄、木村禧八郎「対談・租税体制をどう直すか（『週刊　エコノミスト』1974年7月16日号）より。当時事務次官だった高木は、経済評論家の木村との対談でこの発言をした。

(105) 前掲佐々木直「金融問題管見」より

エピローグ

(1) 前掲佐々木直「戦後産業史への証言」より

(2) 前掲佐々木直「金融問題管見」より

(3) 前掲佐々木直「『円高罪悪論』から脱け切れなかった日本」より

(4) 前掲National Security Archive/The U.S.-Japan Project.（柏木雄介インタビュー）より

(5) 前掲『体験的金融政策論』より

(6) 緒方の史談録によると、佐々木はのちに「市場を開けるのに反対だったと言われるが、じゃあ水田大蔵大臣にそれを言ったのですか」と問われ、「電話で一回言っただけだ」と答えたという。ただ、蔵相と総裁の電話会談がどの時点で行われたのかは判然としない。

(7) 井上、渡辺、佐々木、前川とのやり取りを含め、前掲石川回顧録より

(8) 前掲中川幸次史談録より

(9) 前掲『金融界回顧五十年』より。また、吉野俊彦も1987年6月1日放送のNHK市民大学「円とドル」に講師として出演し、「法的な権限はないにせよ、介入によって通貨が大幅に増発され、物価が上がるようでは困るから、円を切り上げるべきだと政府に勧告すべきだった。その意味で日本銀行にも責任がある」と述べている。

(10) 前掲緒方四十郎史談録より。小宮隆太郎は『現代国際金

融論——歴史・政策編』(1983年、日本経済新聞社)のなかで、市場を閉鎖しなかった当時の判断を「国際金融政策史上に類例のない錯誤」と批判し、「日本の為替・金融関係者の間には、プライス・メカニズムの機能を消極的にしか理解しない統制主義者が多数派を占め、フロート制の効用をほとんど理解していなかった。そのことが錯誤的な政策決定を生み出した基本的な背景であったように思われる」と分析している。小宮は2022年10月、93歳で死去した。

(11) 若月への単独取材より。佐々木は総裁退任後に経済同友会代表幹事などを務め、1988年7月、81歳で亡くなった。

あとがき

50年前、筆者は中学生だった。ニクソン・ショックのことはよく覚えていないが、田中角栄首相の誕生とトイレットペーパー騒動、それと金の値段が上がっているというニュースを見た記憶がある。

大学を出て通信社で経済記者になってから、当時の裏話を聞こうと何度か試みたが、日銀の幹部は「あまり思い出したくない」と言って教えてくれなかった。以来、自分の中に漠然とあった「通貨失政」の全体像を、ようやく捉えることができた。

予期せぬ事態が起きると思考が停止し、とりあえず現状維持でしのごうとするのは、日本の統治機構にありがちな反応である。

中川幸次は『体験的金融政策論』に「日本人ははじめての大事件に遭遇すると、とかく対応を誤りやすい傾向がある」と自戒を込めて書いた。作家の半藤一利も対談本の中でこんな分析をする。

「日本人の良いところなのか悪いところなのか、「起きて困ることは起こらない」と思い込んでしまう（中略）。起きたら困るなら準備をすればいいのに、「起きないんじゃないか」と主観的かつ楽観的にいい方にいい方に考えて対応をズルズル引っ張ってしまう」（『明治維新とは何だったのか』祥伝社より）

似たようなケースは90年代以降の不良債権問題や金融危機でもみられるため、外為市場の開閉問題だけをあげつらうのはフェアでないし、生産的でもない。当局者たちには、常日頃から情報網を磨き、不測の事態に対応できる構想力と胆力を養うよう願うしかない。

むしろ70年代で罪深いのは、過剰流動性が芽生えたあとの金融政策対応だろう。大蔵省による日銀支配や郵便貯金の問題など、さまざまな制約があったにせよ、景気反転後の公定歩合引き下げとその後の金融引き締めへの転換は、明らかにタイミングを誤った。政策発動の遅れが致命的結果を生むことは、狂乱物価と命名された当時の激しいインフレ率や最近の米国の例が証明している。

70年代に味わったこの苦い教訓は、後任の森永、前川両総裁に引き継がれ、第二次オイルショックの対応ではそれなりの成功を収めることができた。しかし、次の澄田時代に、これもニクソン・ショック時の教訓から通貨調整(プラザ合意)を進んで受け入れた結果、予想以上の円高・ドル安に直面して長期の金融緩和を余儀なくされ、バブル経済を招いてしまう。円高不況を恐れるあまり、なかなか金利を上げられない当時の執行部の苦悩ぶりは、佐々木時代と瓜二つである。

そして三重野時代には「バブル退治」で金融機関の不良債権が表面化し、松下、速水両総裁の下で金融危機とデフレが起きる。金利はついにゼロになり、次の福井時代に量的緩和が拡大し、白川時代には超円高への不満を背景に「デフレ脱却」という政治の旗が立った。黒田の異次元緩和はそうした「歴史的後退戦」の延長線上にある。

振り返れば、日銀はこの50年間、インフレリスクを過剰警戒しながらも、知らず知らずのうちに「円高恐怖症と過剰緩和のスパイラル」に入っていった。すべての原点は、ニクソン・ショックにある。

70年代と現在との共通項は冒頭にも書いたが、原稿を書き進めるうちに日銀そのものにも類似点があることに気づいた。長い歴史の中で育まれた組織文化に起因するものもあるが、注意喚起の意味を込めていくつか紹介する。

一、佐藤・田中両内閣は「円切り上げ阻止」という政治目標を掲げ、これを達成するため金融政策を割り当てた。この目標を「国際協調」に置き換えれば80年代後半のバブル揺籃期、「デフレ脱却」に置き換えればこの10年間の政策運営にそっくり当てはまる。

一、70年代には、固定相場制の下で国際収支黒字が定着・累積したことが円高圧力につながった。本来なら自発的な円切り上げが正しい処方箋だったが、政府・日銀は円高不況を恐れ、金融緩和でしのごうとした。一方、潜在成長率が低下した現在の日本では、成長戦略や構造改革、人口対策への取り組みが正しい処方箋だが、デフレが諸悪の原因という認識に立ち、異次元緩和に解を求めた。構造問題と循環問題を混同した点で両者は酷似している。

一、「円切り上げ」は当時タブー視され、それを論じた日銀幹部は佐々木に叱責された。一方、黒田時代に「このまま量を拡大していいのか」と疑問を抱いた調査研究部門のスタッフは、企画局の幹部から「期待に働きかけようとしているときに、期待を削ぐような研究をしてもらっては困る」とたしなめられたという。異次元緩和の出口戦略についても、「時期尚早」だとして、自由な研究や発信は未だ許されていない。

一、当時も今も足元の金融政策と「整合」するように先行きの経済見通し（とりわけ物価見通し）を組み立てている。70年代は「追加緩和をしても物価は上がらない」と言い続けて見通しを大きく外し、現在は「2年程度で2％物価安定目標を達成できる」と言いながら、結果的に達成時期を6回先送りし、最後は時期の目標すら取り下げた。いずれも調査部門が企画部門に従属し、「現行政策を正当化するための調査」となっていることが主因と見られる。

一、佐々木は当時、為替問題は法的に大蔵省の責任だとする杓子定規な立場に終始した。一方、円安・ドル高に直面した黒田も「為替政策は完全に財務省の権限と責任」と言い、財政運営についても何ら注文を付けない「リーガリスティック」なスタンスを取り続けている(いずれも2022年11月時点)。

一方、当時と明らかに違うのは、日銀の独立性が強化されたことである。大蔵省に従属していた旧法の時代と異なり、1998年施行の新日銀法で金融政策の「自主性」が保障されている。ただ、「中央銀行の独立性」よりも「政府との協調」に重心を置いている点で、佐々木と黒田には奇妙な共通点がある。

第二に、日銀は当時民間金融機関との信義を重んじ、為替差損を自ら被ろうと画策した。その是非はともかく、イングランド銀行以来の中央銀行の立ち位置である「金融村の村長」の役割を果たそうとしたことは事実だ。

これに対し、2016年のマイナス金利導入で金融界の反発が強まっていることを指摘された黒田は、「金融政策は金融機関のためにやっているものではない」と批判を一蹴した。金融政策の波及経路を担う金融界はこの一言に不信感を抱き、もはや日銀を「村長」とは見なさなくなっている。

第三に、佐々木は70年代当時、政府の物価対策会議に欠かさず出席したが、２０２２年の春から開かれている政府の物価対策会議に日銀総裁の姿はない。現在の物価上昇は原油高や円安など「日銀の管轄外の問題」が原因だからというのが不在の理由らしい。

だが、黒田は就任時から「その原因が何であれ、デフレ克服の責任は日銀にある」と主張し、異次元緩和に踏み切った。にもかかわらず、いざ物価が上がり始めると今度はその要因を分解し、日銀法が定める「物価の安定」の責務を政府に委ねようとしている。首尾一貫していない、と批判の声が行内で上がらないのは何故なのか。将来を嘱望されたエコノミストたちが次々と離職している点を含め、気がかりである。

2期10年続いた黒田時代は間もなく幕を閉じ、新たな総裁がやってくる。

ただ、誰が新総裁になるにせよ、財政に深く組み込まれた異次元緩和の正常化は困難を極めるだろう。黒田の狙いどおり、賃金と物価の好循環が実現したとしても、逆に実現しなくても現行政策の枠組みは根本から再検討を迫られる。その過程で、債券市場と為替市場は予想もしない反応を示すだろう。

今はただ、「第二の通貨失政」の烙印が押されることのないよう、新総裁の巧みな手綱さばきを祈るばかりだ。

終わりに、今回の出版にあたり特に感謝しなければならない2人を紹介したい。

一人は故吉野俊彦博士の女婿である松下滋氏である。旧三和総合研究所(現三菱ＵＦＪリサーチ＆コンサルティング)の役員を務めた松下氏とは、ある講演会で偶然出会い、不思議なご縁を得た。吉野氏が残した備忘録にたどり着き、あの特徴ある文字を解読できたのも松下氏の助力のおかげであり、本書は氏と故吉野博士の2人に捧げたい。

もう一人は、帝京大学教授の軽部謙介氏である。筆者が通信社にいた頃の先輩であり、検証取材の難しさと醍醐味を教えてくれた恩人でもある。1999年に2人で共著して以来、国の経済政策に関するドキュメントを競い合うように書いてきた。

氏の作品のうち、本書でも引用した『ドキュメント 沖縄経済処分』は、沖縄返還時の通貨交換を追った労作である。今回の拙著とは対を成しており、併読すればこの時期の政策判断をさらに深く理解できると思う。また軽部氏は、日本の経済ジャーナリズムにおける情報公開請求の先駆者である。本書の中で紹介した資料の中には氏の助力と助言により得られたものが少なくない。

大蔵省(現財務省)や日銀および金融研究所のOB、現役職員からは今回も多大なる協力を得た。いずれも名は伏せるが、この場を借りて深謝したい。東洋経済新報社の西村豪太氏には資料発掘で助けていただいた。そしてこのタイミングで出版できたのは、岩波書店の上田麻里氏の深い問題意識と厳しい「千本ノック」の賜物である。各人に心からの謝意を伝えたい。

二〇二二年一一月

西野　智彦

主な参考文献（五十音順）

愛知揆一遺稿集刊行会編『天神町放談』（1974年）
朝倉孝吉『新編 日本金融史』（日本経済評論社、1988年）
五百旗頭真監修『評伝 福田赳夫』（岩波書店、2021年）
一木豊『蔵相』（日本経済新聞社、1984年）
一ノ瀬篤『固定相場制期の日本銀行金融政策』（御茶の水書房、1995年）
一ノ瀬篤、角南英郎『激動期の日本銀行金融政策』（大学教育出版、1999年）
伊藤正直『戦後日本の対外金融』（名古屋大学出版会、2009年）
NHK取材班『日本の条件 2』（日本放送出版協会、1981年）
ロバート・エンゼル『円の抗争』安藤博、江良真理子訳（時事通信社、1993年）
太田赳『国際金融 現場からの証言』（中央公論社、1991年）
緒方四十郎『円と日銀』（中央公論社、1996年）
翁邦雄『日本銀行』（筑摩書房、2013年）
翁邦雄『人の心に働きかける経済政策』（岩波書店、2022年）
柏木雄介『激動期の通貨外交』（金融財政事情研究会、1972年）
軽部謙介『ドキュメント 沖縄経済処分』（岩波書店、2012年）

行天豊雄『考えてきたこと』(1999年)
――『円の興亡』(朝日新聞出版、2013年)
金融研究記者クラブ編『日本銀行』(朋文社、1956年)
草野厚『証券恐慌』(講談社、1989年)
チャールズ・クームズ『国際通貨外交の内幕』荒木信義訳(日本経済新聞社、1977年)
呉文二『日本の金融界』(東洋経済新報社、1981年)
――『金融政策』(東洋経済新報社、1973年)
黒田晃生『日本の金融政策』(日本評論社、2019年)
黒田東彦『財政金融政策の成功と失敗』(日本評論社、2005年)
後藤新一『日本物価狂騒史』(金融財政事情研究会、1983年)
小長啓一『日本の設計』(ネスコ、1986年)
小宮隆太郎「昭和四十八、九年インフレーションの原因」(『経済学論集』42巻1号、1976年)
――『現代日本経済』(東京大学出版会、1988年)
小宮隆太郎、須田美矢子『現代国際金融論――歴史・政策編』(日本経済新聞社、1983年)
斉藤剛『大蔵大臣 水田三喜男』(中央公論事業出版、2016年)
佐上武弘『経済奇跡のゆくえ――西独の経験と日本への教訓』(財務出版、1970年)
佐々木直追悼録刊行会編『佐々木直』(1990年)
『佐藤栄作日記』第四巻、第五巻(朝日新聞社、1997年)
山王書房調査部編『財界新人物記』(山王書房、1953年)

塩田潮『霞が関が震えた日』（サイマル出版会、1983年）
島村高嘉『戦後歴代日銀総裁とその時代』（東洋経済新報社、2014年）
志村嘉一監修『戦後産業史への証言 四』（毎日新聞社、1978年）
週刊「金融財政事情」編集部編『決断――戦後金融史の主役たち』（金融財政事情研究会、1986年）
鈴木健二『水田三喜男伝 寒椿』（城西大学出版会、2015年）
鈴木淑夫『現代日本金融論』（東洋経済新報社、1974年）
――――『日本金融経済論』（東洋経済新報社、1983年）
――――『日本の金融政策』（岩波書店、1993年）
――――『試練と挑戦の戦後金融経済史』（岩波書店、2016年）
ハーバート・スタイン『大統領の経済学』土志田征一訳（日本経済新聞社、1985年）
総合政策研究会『総合政策研究』（1982年11月10日号）
高木信二『入門 国際金融』（日本評論社、2006年）
高木文雄「私の履歴書」（日本経済新聞、1994年3月15日）
高杉良『小説・日本興業銀行 第一部』（角川書店、1986年）
高本光雄編『戦後金融財政裏面史』（金融財政事情研究会、1980年）
竹下登『政治とは何か――竹下登回顧録』（講談社、2001年）
武田晴人『高度成長』（岩波書店、2008年）
館龍一郎ほか編『コンファレンス日本経済』（東京大学出版会、1976年）
田所昌幸『「アメリカ」を超えたドル』（中央公論新社、2001年）

東京銀行協会編『都市銀行研修会講義集』(1978年11月・1984年11月)
外山茂『金融界回顧五十年』(東洋経済新報社、1981年)
――『金融問題21の誤解』(東洋経済新報社、1980年)
中川幸次『体験的金融政策論』(日本経済新聞社、1981年)
永田恭介『佐藤番日記』(徳間書店、1968年)
西野智彦『ドキュメント 日銀漂流』(岩波書店、2020年)
日銀職場史研究会編『日本銀行もう一つの職場史』(1987年)
日本経済研究会編『ステーツマン――愛知揆一追想録』(1979年)
日本経済新聞社編『インフレ論争』(日本経済新聞社、1973年)
――編『日本銀行の研究』(日本経済新聞社、1989年)
野口悠紀雄『戦後日本経済史』(新潮社、2008年)
秦郁彦『官僚の研究』(講談社、1983年)
浜中秀一郎『史料で読む日本の金融』(きんざい、2021年)
速水優『変動相場制10年――海図なき航海』(東洋経済新報社、1982年)
――『円が尊敬される日』(東洋経済新報社、1995年)
福田赳夫『回顧九十年』(岩波書店、1995年)
藤岡真佐夫『転換期の国際金融』(金融財政事情研究会、1975年)
藤原作弥『素顔の日銀総裁たち』(日本経済新聞社、1991年)
細見卓『激動する国際通貨』(時事通信社、1982年)

ポール・ボルカー、クリスティン・ハーパー『ボルカー回顧録』村井浩紀訳（日本経済新聞出版社、２０１９年）
ポール・ボルカー、行天豊雄『富の興亡』江澤雄一監訳（東洋経済新報社、１９９２年）
本田敬吉、秦忠夫編『柏木雄介の証言 戦後日本の国際金融史』（有斐閣、１９９８年）
牧野裕『日米通貨外交の比較分析』（御茶の水書房、１９９９年）
三重野康『利を見て義を思う』（中央公論新社、２０００年）
――『あるセントラルバンカーの半生記』（２０１０年）
水木楊『田中角栄 その巨善と巨悪』（日本経済新聞社、１９９８年）
――『エコノミスト三国志』（文藝春秋、１９９９年）
水田三喜男追想集刊行委員会『おもひ出――水田三喜男追想集』（１９７７年）
柳田邦男『日本は燃えているか』（講談社、１９８３年）
矢部洋三編『現代日本経済史年表』（日本経済評論社、２０１６年）
横山昭雄『現代の金融構造』（日本経済新聞社、１９７７年）
吉野俊彦『円とドル』（日本放送出版協会、１９８７年）
――『歴代日本銀行総裁論』（講談社、２０１４年）
吉野俊彦博士追想録刊行委員会編『追想 吉野俊彦』（２００６年）

William Safire, *Before the Fall: An Inside View of the Pre-Watergate White House*, Doubleday & Company, Inc., 1975.

石井修監修『アメリカ合衆国対日政策文書集成』第16期・第23期・第25期・第37期（柏書房、２００５・２００８・

２００９・２０１５年）
大蔵省財政史室編『昭和財政史――昭和27～48年度』（東洋経済新報社、２０００年）
財務省財務総合政策研究所財政史室編『昭和財政史――昭和49～63年度』（東洋経済新報社、２００５年）
日本銀行百年史編纂委員会編『日本銀行百年史』（１９８２―86年）
――――――――編『日本銀行職場百年』（１９８２年）
『決定版　昭和史　17』（毎日新聞社、１９８５年）
『週刊　エコノミスト』『週刊　金融財政事情』『週刊　東洋経済』各誌
朝日新聞、日本経済新聞、毎日新聞、読売新聞の縮刷版

西野智彦

1958年長崎県生まれ.
慶應義塾大学卒業後，時事通信社を経て東京放送(TBS)入社. 日本銀行，大蔵省，自民党などを担当したほか，「筑紫哲也NEWS 23」「報道特集」「Nスタ」の制作プロデューサーを務めた. 2020年よりTBSホールディングス常勤監査役.

〔著書〕
『検証 経済失政――誰が，何を，なぜ間違えたか』(共著，岩波書店，1999年)(簡体字中国語版，2018年)，『検証 経済迷走――なぜ危機が続くのか』(岩波書店，2001年)(簡体字中国語版，2021年)，『検証 経済暗雲――なぜ先送りするのか』(岩波書店，2003年)(簡体字中国語版，2017年)，『改革政権が壊れるとき』(共著，日経BP，2002年)，『平成金融史』(中公新書，2019年)，『ドキュメント日銀漂流――試練と苦悩の四半世紀』(岩波書店，2020年，第42回石橋湛山賞受賞)(韓国語版，近刊)など.

ドキュメント 通貨失政
――戦後最悪のインフレはなぜ起きたか

2022年12月23日　第1刷発行
2023年 1月25日　第2刷発行

著　者　西野智彦《にしのともひこ》

発行者　坂本政謙

発行所　株式会社 岩波書店
〒101-8002 東京都千代田区一ツ橋2-5-5
電話案内 03-5210-4000
https://www.iwanami.co.jp/

印刷・精興社　製本・牧製本

ISBN 978-4-00-023903-5　Printed in Japan